KB260622

세계의 교양을 읽는다

3

사회 · 자연과학편

세계의 교양을 읽는다

3

사회·자연과학 편

최영주 엮음

Humanist

바칼로레아의 질문은 개인에 대한 무한한 존중

1

교양이란 사회적으로 자신을 돋보이게 하는 지적·문화적 소양인 가? 혹은 우아함, 세련됨으로 표현되는 삶의 여유인가? 대부분의 사람들은 교양이 있고 없고를 말투나 말의 난해함, 클래식 음악과 추상 미술을 얼마나 아느냐로 판단한다. 그러나 소수만 누릴 수 있는 것, 있으면 좋지만 없어도 살아가는 데 큰 지장이 없는 것으로서의 교양은 매너–문화 기술, 지식에 불과하다. 보다 근본적인 의미에서의 교양인이란 '나는 무엇을 할 수 있고 무엇을 하여야 하는가'에 대해 끊임없이 질문하고 삶의 의미를 찾기 위해 '노력하는 자'의 유사어가 아닐까? 교양인에게서 공통적으로 느껴지는 것은 남을 이해할 줄 아는 마음의 풍요로움과 세상을 향한 지적 호기심이다. 말하자면 내게 있어 교양인이란 인간다움의 가치를 믿고 추구하며 작은 질문과 사물 앞에서 여전히 감동할 수 있는 사람을 의미한다.

'사는 게 다 그렇지', '인생 뭐 있나'라는 체념적 세계관이 마치 달관한 지혜처럼 통용되는 오늘날, 세상을 바라보며 어린아이처럼 놀랄 수 있다는 것은 대단한 행운이 아닐 수 없다. 놀라움으로부터 질문이 시작되고 질문을 받은 세상은 무한경쟁의 장과 회색빛 생존의 터전에 머물지 않고 의미 있는 세상이 된다. 그리고 세상은 의미가 있다고 생각함에 따라 질문자 역시 변화하게 된다. 프랑스 고등학교 시절 이 책에 실린 질문들을 처음 접한 이후 나는 수차례 답안을 작성하고 수정하고 변경했다. 시간의 흐름과 함께 현실과 세상에 대한 나의 인식도 많이 변화하였고 앞으로도 나는 계속 다른 답안을 작성하게 될 것이다. 그러나 분명한 것은 이 질문들을 모르고 지나쳤더라면 나의 현재 삶은 완전히 다른 모습이었을 것이라는 확신이다.

2

이 책에서 다루고 있는 질문들은 프랑스 수능이라 할 바칼로레아 철학시험 문제로 제시되었던 것이다. 사람들은 흔히 프랑스를 합리적이고 현실주의적인 나라로 이해하지만 '인권과 국익 중 무엇을 더 선호해야 하는가?', '나쁜 사람도 행복할 수 있는가?' 등의 질문을 제기하는 그들의 태도는 실용적이라기보다는 이상적이다. 세계에서 유일하게 존재하는 프랑스의 고등학교 철학교육에 대해 어떤 사람들은 실업 문제가 모든 사회의 발목을 잡는 신자본주의 시대에 이런 질문들이 과연 본질적인 것인가라는 의문을 제기하기도 한다. 실제로 프랑스 교육은 시대가 요구하는 인재, 유능한 사회인의 양성만을 목적으로 하지 않는 듯하다. 가끔은 도발적일 수도 반사회적일 수도 있는 이 질문들이 의미하는 바는 무엇일까? 나는 그것이 각 개인에 대한 무한한 존중이라고 생각한다. 오랫동안 개인은 전체에 있어 그리 중요한 존재가 아니었다. 기술의 승리라 할 피라미드의 건립을 위해, 국가의 이익을 위해 수많은 사람들이 희생되었다. 그러나 인간 개개인의 죽음은 별문제가 아니었다. 왜냐하면 인간은 얼마든지 있었기 때문이다. 이에 반해 프랑스 철학시험의 질문들은 인간이란 하나의 도구나 자본으로 전락될 수 있는 하찮은 개인이 아니라 세상의 중심에서 외쳐야 할 소중한 존재임을 일깨워준다. 질문을 한다는 것은 대화를 통한 변화를 도모한다는 뜻이다. 질문을 받은 세상이 새롭고 의미 있는 세상으로 변모하듯이 질문을 던지는 개인 역시 다른 누구와 비교할 수 없는 귀한 존재가 된다. 프랑스 학생들이 주어진 법과 질서를 수동적으로 따르는 것을 모범적 삶이라 생각하고 욕망의 충족을 행복이라 착각하는 단순한 소비자나 생산자로 성장하기보다는 진정한 행복과 자유를 누리는 정의로운 시민이 되기를 바라는 그곳 지식인들의 진심이 나는 프랑스 철학교육 제도를 유지하는 원동력이 되고 있다고 생각한다.

오늘날 우리나라의 원동력이 되고 있는 것은 무엇일까? 몸짱, 얼짱, 성공, 웰빙……. 건강보험을 드는 사람은 많아도 정신보험이라 할 교양과 문화에 신경쓰는 사람은 그리 많지 않은 듯하다. 지혜가 그 빛을 발하는 때는 어려운 순간이며 높은 정신은 가장 추운 곳에서도 살아 움직인다. 실패할 때나 고난을 겪을 때 인간을 동요와 절망에서 구원해 줄 수 있는 것은 그 사람이 가지고 있는 것이 아니라 그 사람이 누구인가 하는 것이다. 사고에 대비해서 보험을 들듯이 우리는 누구도 피할 수 없는 실존적 불행에 대비해서 지혜와 앎에 보험을 들어야 한다. 오늘날 지식과 정보는 넘쳐나지만 지혜로 연결되지 않는 지식이 얼마나 피상적인 것이며 실천적 덕으로 승화되지 않은 앎이 얼마나 위험한 것인지는 수많은 역사적 사례를 통해 증명되었다. 가령 2차대전 당시 세계 최고의 문명국가였으며 최고의 지식인들을 보유했던 독일에서 유태인 대학살이 벌어졌다는 사실은 우리에게 시사하는 바가 크다. 만약 현대인들이 과거의 경험을 잊고 기술발전과 현실적 쾌락에만 힘쓴다면 우리는 이보다 더한 재앙을 피할 수 있으리라고 장담할 수 없다. 현대사회는 더 많은 풍요와 편리를 향해 끝없이 전진하고 있다. 하지만 그 질주의 끝에 무엇이 있는지, 무한경쟁의 궁극적 목적이 무엇인지에 대해 질문을 던지는 사람들은 그리 많지 않다. 경쟁 자체가 이미 경쟁의 목적이 되어버린 것일까? 개인의 삶에 있어서도 어떻게 하면 행복해지는지에 대해서는 모든 사람들이 관심을 가져도 어떻게 하면 행복에 걸맞은 사람이 되는지에 대해 관심을 갖는 이는 몇 안 된다. 인간관계에서 중요한 것은 능력과 매너가 아니라 진실이라는 것을 더 이상 강조하지 않는 사회에서 인간은 과연 행복을 꿈꿀 수 있을까?

형태는 다르지만 이 책에서 끝없이 제기하는 질문은 현실과 이상, 실재와 당위 간의 갈등과 모순이다. 과연 인간적이라는 것은 무엇인가? 양을 잡아먹는 늑대를 탓하지 않듯이 항상 죽음의 불안에 떨어야 하는 인간이 이기적일 수밖에 없다는 사실 역시 적자생존, 약육강식의 논리에 따라 정당화해야 할까? 시인 르네 샤르(René Char)는 명철함이란 "태양으로부터 가장 가까이에 있는 상처"라고 말했다. 진리에 가까이 다가가면 갈수록 인간의 마음은 상처를 입는다는 뜻이다. 실제로 앎이 단지 기쁨만을 동반하는 것은 아니다. 그것은 우리가 부인하고 싶어하는 인간 현실의 추악하고 모순된 면마저 보게 하고 생에 대한 낙관적 이상을 접게 할 수도 있다. 그러나 진리와의 투쟁을 통해서만이 인간의 삶은 더욱 견고해질 수 있다. 진리의 문제를 배제한 평화로운 행복은 인간에게 결코 어울리지 않으며 그것은 향기 없는 조화(造花)와 같다. 생에 질문을 던지지 않는 동물과 생에 질문을 던질 필요가 없는 신이 경험할 수 없는 것이 바로 현실과 이상 사이에서의 인간의 방황일 것이다. 그러나 갈등 속에서 이상을 포기하지 않으려 노력하는 의지 속에서만이 인간적 삶의 의미가 발견되며, 그것은 신이 결코 경험할 수 없는 인간만의 위대함이다.

프랑스 철학 선생님들의 답안지를 참조하여 나 나름대로 질문들에 답하는 과정에서 다시 한번 나는 내가 혼자 사유하는 것이 아니라는 사실에 고마움을 느꼈다. 지금 내가 주장하고 있는 것들도 결국 나를 앞서간 수많은 사람들의 노력과 시간에 빚지고 있음을 깨닫는다는 것은 타인의 존재가 얼마나 소중한 것인지를 일깨워주는 계기가 된다. 세상에서 가장 귀한 것은 결국 누구에 의해서도 독점될 수 없으며 모두가 함께 나누고 공유할 수 있는 것이 아닌가 하는 생각도 하게 된다. 이 책은 내가 알아야 할 것들의 서론에 지나지 않으며 보다 많은 사람들이 질문과 대화의 작업에 동참해 이 미완성된 답안지를 좀더 완벽하게 작성해 주기를 바라는 것이 이 책을 쓴 동기이기도 하다.

4

이 책에서 우리는 과학과 사회제도가 현대인에게 무엇을 의미하는지를 살펴볼 것이다. 기술문명의 놀라운 발전과 함께 그로 인한 문제점들이 제기되면서 그 어느 때보다 과학발전에 대한 관심과 주의가 요구되고 있다. 장 로스탕(Jean Rostand)은 "우리 인간이 자질을 갖추기도 전에 과학은 우리를 신으로 만들었다"고 말하면서 정신문명과 물질문명 간의 불균형이 야기할 문제점들을 지적한 바 있다. 실제로 물질문명이 현란한 개화(開花)를 자랑하는 이 시대에 그 주인인 인간의 문제가 도외시된다면 우리는 그 사회를 온전한 사회로 생각할 수 없다. 한편 시민의 권리가 중시되는 민주주의 국가 안에서 법과 정의가 어떤 의미를 지니는지도 반드시 확인해야 한다. 어떤 과학적 발전이나 정치적 이상도 그것이 의미를 갖는 근거는 인간의 구체적 현실이며 그렇기 때문에 과학과 사회에 대한 질문은 인간의 행복과 따로 떼어놓고 생각할 수 없다. 부분은 전체를 통해 고찰되어야 하며 전체는 부분에 대한 앎을 통해 보다 명확해진다. 마찬가지로 기술과 법은 모든 인간의 행복과 정의를 지향한다는 조건에서만 의미를 지닌다. 21세기를 살아가는 우리가 생명윤리, 환경보호, 사회불평등 등의 문제에 어떻게 대처할 것인지를 생각해 보자.

시를 저버리지 않는 세상을 생각하며 시인이 시를 쓰듯이 이 책을 쓰며 나는 질문을 저버리지 않는 세상을 생각했다. 질문을 한다는 것은 더 나은 삶을 위해 노력한다는 것이며 그것은 희망한다는 증거이다. 희망은 현실에 대한 인간의 마지막 저항이다. 희망을 통해서만이 현실은 정화될 수 있으며 인간은 '인간적인 삶'을 영위할 수 있다. 우리는 모두 생존 이상의 것을 추구한다. 이 '인간적 바람'이 지향하는 행복한 삶을 위한 끊임없는 질문과 사유가 얼어붙은 현대인의 내면을 가르는 새로운 희망이 되길 기대해 본다.

2005년 12월
최영주

차례

1. 1808년 나폴레옹에 의해 처음 실시된 바칼로레아(프랑스에서는 흔히 BAC라고 줄여 표시한다)는 프랑스 대입 자격시험으로 철학 논술은 '세계적 명성'을 얻고 있다. 바칼로레아 철학 논술 시험은 주어진 철학 텍스트 비평과 주제문에 대한 논술로 이루어지는데, 이 책에선 주제문에 대한 논술만을 다루었다. 학생들은 주어진 세 가지 질문 중 하나를 선택해 4시간 동안 답안지를 작성하게 되며 이때 고대 그리스부터 현대 철학, 문학과 역사에 등장하는 여러 사례와 문구를 적절하게 인용해야 한다.

2. 이 책에 게재된 주제들은 지금까지 프랑스 철학 논술에서 다루어진 수많은 문제들 중 공통주제(예술, 타인, 언어, 정치, 의식, 무의식, 욕망, 상상, 행복, 윤리, 과학, 역사, 사회, 종교, 자유, 권력, 법, 철학 등)를 함축적으로 담고 있으며, 자주 출제되는 문제들을 골라 실은 것이다.

3. 질문에 대한 답변은 각기 다른 여러 프랑스 철학 선생님들의 답안지들을 비교, 종합하여 부분적으로 편역한 것이며, 구성과 편집에 있어선 저자의 주관이 개입되었다.

4. 다소 추상적으로 여겨지는 주제들을 한국의 현실, 혹은 구체적 상황과의 관계에서 고찰해 보고자 '더 생각해 봅시다'라는 코너를 추가하였다. 현실적 문제를 이론적 논거를 바탕으로 살펴보는 것은 매우 흥미로운 작업으로 현실과 이론 사이를 오가며 그 둘 사이의 연관관계를 살펴보는 것은 문제의식을 고취시키는 계기가 될 것이라고 생각된다. 또한 제시된 문제와 연관된 주제들을 함께 살펴봄으로써 사고의 응용성과 창의성을 높일 수 있을 것으로 기대된다.

01

기술발전을 두려워해야 하는가?

Baccalauréat, 1996

참된 자연질서는 자연 속에서 우리가 기술적으로 정돈하는 질서이다.

바슐라르(Gaston Bachelard, 프랑스 과학자·철학자)

진정한 발전이란 내적인 것일 뿐이다. 물질적 발전은 허무이다.

쥘리앙 그린(Julien Green, 미국 출신의 프랑스 작가)

인류는 자신이 만들어놓은 발전의 무게에 반쯤 짓눌린 채 신음하고 있다.

베르그송(Henri Bergson, 프랑스 철학자)

서론

컴퓨터, 전화, TV, 전자오락, 유전공학 등 현대사회를 특징짓는 대
표적 기술에 대한 사람들의 우려는 날로 높아지고 있다. 사람들은
기술이 인간에게서 자유의지를 앗아가고 있으며 점차 단순하고 수
동적인 욕망의 소비자로 만들 것이라는 비관적인 전망을 내놓기도
한다. 이런 불안은 과장된 것일까? 기술은 어디까지나 인간의 수단
에 불과한가?

　오랫동안 기술은 인간이 자연을 변형시키기 위한 단순한 앎의 도
구들이라고 정의되어 왔다. 그리고 인간에게 이성과 도덕적 의지가
존재하는 한 도구로서의 기술에 대해 위협을 느낄 필요는 없다고
사람들은 생가해 왔다. 사실상 기술만큼 인간의 삶에 기여한 것이
또 있을까? 기술은 배고픔, 추위, 병 등으로 대표되는 인간의 자연
적 결핍으로부터 인간을 해방시켰다. 그리고 보다 풍요롭고 안락한
삶을 인간에게 제공하고 있다. 기술의 목적이 단순히 인간의 물질
적 행복이라면 이에 부응하고 있는 기술의 발전에 의문을 제기할
이유는 없는 듯하다. 모든 도구가 그렇듯이 기술은 그 자체로 윤리
적 의미를 지니지 않으며 주어진 목적과 인간의 의지 사이의 중재
자로서 중립적 가치만을 지니기 때문이다.

　그러나 오늘날의 기술은 기술 본연의 중립적 성격을 넘어 이미
그 자체로 목적이 되어버린 느낌이다. 사람들은 기술이 무엇에 쓰
일지를 생각하지 않고 무조건 기술을 발전시키고 있다. 기술은 원
래 인간의 도구였으나 현대인의 일상을 살펴볼 때 인간은 기술과학
에 의지하고 있는 동시에 그것에 중독되어 있는 듯하다. 컴퓨터나

자동차가 고장났을 때 현대인들이 경험하는 불편함은 그것 없이도 잘 살았던 시대가 있었다는 주장을 무색하게 한다. 기술은 점차 그 자체의 목적이 되어가고 있는 것이 아닐까? 기술이 발전할수록 그에 대한 공포심을 토로하는 사람들이 늘고 있다. 이러한 불안과 적개심은 정확히 어디에서 연유하는가? 인간을 자연의 억압으로부터 자유롭게 하는 것을 목적으로 한 과학기술이 인간을 다시 기술의 노예로 만들고 있지는 않은지 의심해 볼 필요가 있다.

기술은 가치중립적이다

인간은 기술과 본질적인 관계를 맺고 있다. 베르그송(H. Bergson)이 말했듯이 인간은 단지 호모 사피엔스(homo sapiens, 지혜의 동물)가 아니라 호모 파베르(homo faber, 제조의 동물)이기도 하다. 인간에게 반드시 기술이 필요하다는 것은 인간 조건의 모순을 보여주는 것일 수도 있다. 인간은 매우 연약하면서도 강한 존재이다. 우리는 동물과 같은 신체적 강함을 지니고 있진 않지만 대신 기술을 발명할 수 있었기에 동물을 지배할 수 있는 힘을 지니게 되었다. 나아가 기술은 인간으로 하여금 동물성에서 벗어나 환경을 변형, 발전시킬 수 있도록 해주었다. 인류의 문명은 기술 없이 상상할 수 없다.

아리스토텔레스(Aristoteles)는 기술을 힘 중의 하나로 분류하였다. 의학은 치유의 힘이고, 건축술은 집의 힘이며, 전투술은 전쟁의 힘이다. 그런데 인간의 이성으로부터 비롯된 이 기술들은 상반되는 성격을 그 안에 내포하고 있다. 가령 의술은 병과 건강의 힘이 동시에 될 수 있다. 가장 좋은 의사는 또한 가장 훌륭한 독살가일 수도 있기 때문이다. 의사와 독살가는 모두 신체구성을 잘 알고 있으며 그들의 지식을 어떻게 사용하느냐에 따라 결과는 상반될 수 있다.

이러한 사례는 모든 기술에 적용될 수 있다. 전투술은 공격에 쓰일 수도 있지만 방어를 위해 쓰일 수도 있다. 유전공학은 우생학을 위해 쓰일 수도 불치병을 치료할 수도 있다. 핵폭탄 역시 대규모로 사람들을 죽일 수도 있고 많은 편리함을 가져다줄 수도 있다. 낭만적인 우주여행은 또 어떠한가? 별만을 생각하면 그것은 과학적 쾌거라고 하겠지만 우주탐사는 무엇보다 전략적·군사적 이해관계를 담고 있다. 이처럼 모든 기술의 힘이 두 가지 방식으로 쓰일 수 있는 이상, 그것은 도덕적으로 중립적이라고 말해야 옳지 않을까?

실제로, 대부분의 과학자들은 기술은 가치의 문제에는 연관되지 않고, 있는 그대로의 사실에만 관계한다고 말한다. 그리고 윤리란 사실에 가치와 규범이 첨가되는 순간부터 존재하는 것이기 때문에 사실에만 관계하는 것에 대해선 윤리적 평가를 내릴 수 없다고 주장한다. 동물의 행동을 보고 그것이 윤리적으로 '옳다, 나쁘다, 선하다, 악하다' 말하지 않는 것과 마찬가지로 기술과학에 대해 윤리적인 가치를 적용하는 것은 과학의 정의에 어긋나는 것인가? 예를 들어 어떤 과학연구를 진행하기 위해 재정적 후원자가 필요할 때 그 후원자가 윤리나 종교 혹은 그외 이유로 과학자들에게 특별한 요구를 해온다면 문제는 심각해질 것이다. 과학연구는 엄격한 실험과 논증을 바탕으로 성립되므로 모든 검열로부터 독립적이어야 하며 이러한 자유를 바탕으로 해서 과학은 발전할 수 있다는 것이 기술의 중립성을 강조하는 사람들의 주장이다. 보다 구체적으로 과학이 가치중립적이라는 말은 다음 두 가지 의미를 지닌다. 첫째는 과학적 실험을 통해 자연현상을 기술할 때 개인적 취향이나 가치관에 따라 결론을 취사선택할 수 없다는 것이고, 둘째는 과학으로부터 얻은 지식 그 자체가 가치에 관한 판단이나 결정을 좌우할 수 없다는 것이다.

기술연구의 결과는 그 지식이 일부에게 불이익을 준다거나 혹은 일부에게 이익을 안겨준다거나 하는 것과 상관없는 엄격한 객관적 논리의 산물이다. 칸트(I. Kant)는 "기술이란 그것의 결과가 현명하거나 좋거나, 그것과 관련된 것이 아니라 단지 그 결과에 이르기 위해 내가 사용해야 할 수단들이다"라고 《도덕형이상학》에서 강조한 바 있다. 이 같은 관점에서 본다면 자신의 환자를 낫게 하기 위해 의사가 따라야 할 규정과 독살자가 그 환자를 확실히 죽이기 위해 사용한 규정은 그 자체로는 같은 가치를 지닌다. 칸트는 이 규정을 '기술적'이라고 정의한다.

이 도덕적 중립성에서 벗어나기 위해선 범주적 정언명법에 일치하는 행위가 부가되어야 한다. 이 정언명법 중 목적 자체의 정식은 다음과 같은 사항을 지시한다. "인간은 물건이 아니다. 따라서 수단으로서만 사용될 수 있는 그러한 것이 아니고, 일체의 그의 행위에 있어서 언제나 목적 자체로서 간주되지 않으면 안 된다. 그러므로 나는 나의 인격 안에 있는 인간을 훼손하고 결단내고, 아니면 죽이게끔 처리할 수는 없다." 즉, 인간을 대상으로 한 행위는 아무 조건 없이 도덕적 의무로 여겨져야 한다는 것이다. 바로 이 정언명법에 따라 의사와 독살자는 구분될 수 있다. 의사는 자신의 의무에 충실했고 독살자는 금기된 것을 유린했다.

하지만 이 논리를 따르자면 도덕적 판단과 기술적 판단은 구별되는 것이고 '의지'라는 개념과 무관한 기술은 도덕 밖에 위치하므로 인간의 의지가 잘못된 것이지 기술 자체는 도덕적으로 중립적이라는 결론에 이를 수 있다. 기술은 그 자체로 어떤 나쁜 의도도 갖고 있지 않으므로 모든 영역에서 기술이 발전할 수 있도록 내버려두어야 한다고 단언할 수 있는가? 윤리가 과학 문제에 있어 어떤 역할을 수행할 수 있을까? 과학발전의 진행단계와 보급, 응용 과정에서 어떤 발언권을 지닐 수 있을까?

과학사를 살펴볼 때 과학적 연구는 윤리적 관심과 동떨어진 채 독립적으로 연구, 발전되었음을 알 수 있다. 기술의 가치중립성을 옹호하는 사람들에 따르면 종교적·윤리적 검열은 얼마 동안 진리의 배포를 연기할 뿐이지 윤리나 종교가 과학의 발전 그 자체를 완전히 막을 수는 없다. 말하자면 장기적 관점에서 볼 때 이 같은 윤리적 검열은 비효율적일 뿐이므로 과학기술의 발전에 윤리적 기준을 적용해서는 안 된다는 것이다. 그러나 기술이라는 점에서는 동일하다 하더라도 물을 정화하는 기술과 새로운 무기를 발명하는 기술을 같은 맥락에서 이해하는 것이 바람직할까? 최근에 와서 과학의 가치중립성에 대해 회의를 표시하는 과학자들이 점점 늘고 있으며 윤리적 필요성에 대한 요구 역시 증대하고 있다. 프랑스 현상학자 미셸 앙리(Michel Henry)는 《야만》에서 "모든 관계에서 자유로우며 모든 조리 있고 목적 있는 전체에서 벗어난 채, 기술은 그저 앞으로 전진한다. 국제 유성로켓처럼 어디로부터 왔는지, 어디로 그리고 왜 가는지도 모르는 채 기술은 앞으로 전진한다"는 표현을 통해 과학기술 발전의 맹목적성을 고발했다. 이러한 과학기술의 발전을 제지할 수 있는 방법을 찾던 과학자들은 과학의 최종 목적과 윤리는 과학자들 스스로가 구축할 수 없는 것이므로 외부로부터 제공되어야 한다는 결론에 이르게 된다. 그리고 이러한 요청에 따라 프랑스에서는 유전공학을 둘러싼 문제를 집중적으로 다루는 윤리위원회가 구성되었는데 이 윤리위원회는 현재 진행 중인 연구의 의미를 윤리적 잣대로 고찰 감시하면서 과학자들에게 그들의 연구가 봉착하게 될 윤리적 문제들을 환기시키는 역할을 하고 있다. 그러나 아무리 감시가 철저하다 해도 윤리위원들이 과학자들의 연구에 직접적으로 개입하거나 그들의 연구정책을 결정할 수는 없다. 더욱이 그들이 모든 과학실험을 관찰할 수 있는 것도 아니다. 그들의 조언을 참작하지 않는 과학자들의 모임이나 실험은 항상 존재할 수 있으며 이 경우 실험의 결과에 대한 어떤 강구책도 마련할 수 없으므로 윤리적 제지는 근본적인 한계를 지닌다.

기술발전이 초래한 문제점들

아리스토텔레스는 《정치학》에서 노예를 "움직이는 기계"로 정의하고 기계가 발달한 시대가 오면 더 이상 노예가 필요 없을 것이라고 말했다. 로봇이라는 단어의 기원인 체코어 '로보타(robota)'는 '강제된 의무, 노역'을 의미하는데 만약 로봇이 일상에 도입된다면 실제로 단순노동에 종사하는 사람들은 더 이상 존재하지 않게 될 것이다. 《방법서설》에서 데카르트(R. Descartes)는 기술과 과학의 발달 덕에 인간은 자연의 지배자가 될 수 있었다고 설명했다. 과학주의가 성행하던 19세기에 과학자들은 과학이 인류가 당착한 모든 문제를 해결하게 될 것이라고 전망했다. 실제로 기술은 많은 편리와 혜택을 가져왔으며 인간이 병이나 자연재해와 같은 실존적 불행에 굴복하지 않게 도와주는 인류의 아군으로 각광받았다. 그러나 현대에 와서 과학자의 이미지가 긍정적인 것만은 아니다. 과학자를 생각할 때 우리는 인류를 구하는 자(예를 들면 파스퇴르)와 인류를 파괴하는 자(예를 들면 프랑켄슈타인 발명가)를 동시에 떠올린다. 또한 기술은 편리함을 주는 동시에 끊임없이 새로운 필요와 불만족을 만들어내고 있다는 사실에 주목하는 사람들도 늘어가고 있다. "아는 것이 힘이다"라는 문장으로 유명한 프랜시스 베이컨(Francis Bacon)은 《새로운 아틀란티스》에서 유토피아를 묘사하면서 "사물의 원인과 움직임을 알 것, 모든 가능한 것을 실현하기 위해 인간세계의 한계를 넓힐 것"을 강조했다. 과연 그가 말한 유토피아를 향해 인류는 나아가고 있는 것일까? 《1984년》에서 조지 오웰(George Orwell)은 "우리는 멋진 신세계에 살고 있는 만큼 또한 '멋진 공포' 속에 살고 있다"고 말했다. 기술적 유토피아가 디스토피아로 변질되지 않기 위해선 어떤 노력을 해야 하는 것일까?

20세기 동안 우리는 과학기술이 산출한 수많은 문제점들을 목격했다. 환경파괴, 핵문제, 무기생산, 유전공학 등의 문제는 '과연 과학의 발전을 무조건 환영할 것인가?', '기술의 독립성을 신뢰해도 되는가?' 하는 의문을 갖게 했다. 현재 우리는 기술을 통해 지구상의 모든 생명체를 말살시킬 수 있고 인간을 복제할 수 있으며 뇌를 조작할 수 있는 시대에 살고 있다. 그렇다면 놀랄 만큼 빨리 발전하는 기술발전을 보면서도 기술은 단지 중립적이며 도덕과 상관없는 것이라고 계속 주장하는 것은 현실감과 책임감을 결여한 태도가 아닐까? 사람들은 아인슈타인(A. Einstein)이 히로시마에 폭탄이 투여된 사실을 안 후 에너지에 관한 그의 연구가 이런 결과를 가져올 줄 알았더라면 그것을 퍼뜨리는 것을 삼갔을 것이라고 말했다는 점을 강조한다. 이것이 사실인지 아닌지를 떠나 이러한 믿음은 얼마간의 순진함을 내포하고 있다. 왜냐하면 과학적 지식의 발전은 아인슈타인 없이도 진행되었을 것이 분명하며, 아인슈타인이 윤리적인 이유로 그 연구를 중단하였다면 다른 과학자가 같은 이론을 발견했을 것이기 때문이다. 실제로 과학사를 살펴보면 과학의 발전은 일종의 결정론에 복종하는 듯하고, 어떤 문제가 성숙단계에 이르면 필연적으로 국적·종교와 상관없이 한 과학자에 의해 해결책을 찾게 되었음을 보게 된다.

기술의 발전은 일단 한번 이루어지면 거스르기가 힘들다는 문제점을 안고 있다. 단기간 동안 개인적 차원에서 저항할 수 있다 하더라도 여론에 동참해야 하기에 우리는 새로운 과학기술을 결국엔 받아들이게 된다. 현대인들은 말 대신 자동차를 타고 촛불 대신 전구를 켠다. 자동차 사고의 위험이 있다 해서 자동차의 편리함을 포기할 사람은 거의 없을 것이다. 기술이 제공하는 편리함은 너무나 달콤한 것이라 이에 저항한다는 것은 인간에게 거의 불가능하다. 그렇다면 아무리 윤리의식이 강하다 하더라도 인간의 의지에는 한계가 있으며 수단은 항상 유혹을 동반한다는 사실을 인정해야 하지 않을까? 질베르 오투아(Gilbert Hottois)[1]는 "무엇을 해야 할 것인가는 근본적으로 내가 무엇을 할 수 있는가"의 문제와 연관된다고 말한 바 있다. 다시 말해 더 많은 것을 행할 수 있는 자의 의무와 능력 없는 자의 의무는 동일하지 않다는 뜻이다. '노블레스 오블리제'라는 표현이 시사하듯 능력이 커질수록 사회에 대한 도덕적 책임은 증가한다. 그러나 많은 경우 윤리적 의무감은 능력을 따르지 못하기에 그로부터 문제가 발생하게 되는 것이다. 플라톤(Platon)의 《공화국》에 등장하는 가이거의 반지에 대한 일화는 이 문제를 잘 설명하고 있다. 이 일화에는 투명인간이 될 수 있는 능력을 갖게 된 사람이 등장하는데, 그는 이 능력으로 인해 전능한 존재가 된다. 그러나 바로 이 전능한 힘 때문에 순박하고 조용했던 목동 가이거는 그 능력을 남용하게 되고 점차 폭군으로 변해 간다. 마찬가지로 과학자들의 원래 의도는 악하지 않았다 해도 결국 그 기술적 능력을 남용하게 되지 않을까?

같은 저서에서 소크라테스(Socrates)는 화가 잔뜩 난 사람이 그가 맡겨둔 무기를 되찾으러 친구 집에 가는 경우에 대해 이야기한다. 이 경우 친구는 무기로 나쁜 짓을 할지도 모르므로 무기를 그 주인에게 돌려주지 말아야 한다고 소크라테스는 충고한다. 이처럼 도덕적 관점에서 볼 때 수단을 제공한다는 것이 반드시 중립적인 것이

---

1) 질베르 오투아(Gilbert Hottois) : 현대 벨기에 철학자. 생명과학, 윤리의 문제에 관한 많은 논문을 발표했다.

라고는 볼 수 없다. 역사를 뒤돌아보면 인간은 이성적으로 이해할 수 없는 수많은 범죄와 광기 어린 행동을 감행했다. 그렇다면 지혜보다는 광기를 더 많이 증명했던 인류에게 너무 많은 능력을 제공하는 것은 그 자체로 범죄행위가 되지 않을까? 하이데거(M. Heidegger)가 과학을 "위험한 정복자적 특성"을 지닌다고 고발했듯이 과학기술은 일정 지점에 이르면 스스로를 제어하지 못하는 상태에 이르게 된다는 점을 우리는 상기해야 할 것이다.

한편 과학기술과 권력구조 간의 관계에 대해서도 관심을 가져야 한다. 오늘날 맹목적인 기술발전은 수많은 사회문제를 발생시키고 있다. 문명사회에 비판적이었던 루소(J. J. Rousseau)는 기술의 발전에 의해 인간의 육체적 역량이 저하되고 있음을 지적했다. "(도구라고는 자신의 몸밖에 없었던) 야성인은 여러 방식으로 자신의 몸을 사용하는데, 우리의 몸은 연습이 부족하여 그런 능력이 없다. 바로 우리의 산업이 필요성이 갖도록 요구하는 힘과 민첩성을 앗아간 것이다." 마르크스(K. Marx)는 기계와 산업에 의해 인간이 소외될 것을 예상하고 그 사실을 강도 높게 비난했다. 실제로 인간의 전인성을 무시한 분업적 생산과 끊임없는 경쟁력 강화는 인간소외를 낳았고, 자유시장의 목적에 종속된 기술발전은 빈곤계층의 소외와 고통을 가중시켰다. 찰리 채플린의 영화 〈모던 타임즈〉에서 볼 수 있듯이 돈과 기계에 매인 '현대인의 비극'은 기술적 발전에 의해 가속화되고 있다. 베르그송은 기술문명이 "인간을 기계 상태로 축소시켰음"을 지적하며 인간과 기계의 관계가 전도되고 있는 사실을 비판한 바 있다.

지문인식기 등 신체 일부의 특징으로 자신의 정체성을 증명하는
생체인식 기술이 급속도로 발전하고 있다. 디지털 사회에서 개인의
사생활과 인권은 보장될 수 있는가?

한편 인간을 대신해서 노동할 수 있는 로봇과 기계의 발명이 수많은 노동자들의 실업으로 이어질 것을 우려할 수 있다. 실업은 사회불안과 빈부격차의 증대를 가져올 것이고 이런 자본주의의 또 다른 이면은 큰 사회문제로 등장할 것이다. 또한 기술의 발전은 모든 곳에서 동일한 리듬으로 전개되지도 않을 것이므로 세계적인 빈부의 양극화를 가져올 것이다. 그리고 그 과정에서 아시아, 아프리카의 '개발도상국들'은 잔인하게 도태될 것이다. 기술을 통한 인간의 자연에 대한 지배는 인간의 인간에 대한 지배로 이어질 위험이 크다. 오늘날 우리는 인류 전체를 파괴할 수도, 인간의 사생활을 24시간 내내 감시할 수도, 인간복제를 시도할 수도 있는 사회 속에서 살고 있다. 기술이 인간의 행복에 봉사하기 위해 발명되었다면 기술 앞에서의 현대인의 불안과 강박은 어떻게 설명할 수 있는가?

사실 우리가 두려워하는 것은 기술 그 자체가 아니라 우리가 그것과 맺고 있는 관계이다. 기술에 도움을 청하는 것은 특별한 목적이 있기 때문이다. 그리고 그 목적은 대부분 실용적이고 이기적인 성격을 띠고 있다. 우리가 기술발전을 강조하는 것은 그것이 대부분 나의 편리와 나의 풍요를 목적으로 하며 상업적 이익으로 전환되기 때문이다. 나아가 우리는 기술적 지식이 지속적으로 권력의 활용과 유시에 사용된다는 것을 수없이 검증했다. 그렇다면 기술발전을 강조하는 것 자체가 이미 특별한 자세를 취하는 것이라고 볼 수 있다. 분명한 것은 현대사회에서 권력의 유지를 위해 동원되는 기술의 범위와 힘이 더욱 막강해졌다는 것이다. 기술발전을 통해 강대국의 반열에 진입하는 것을 목적으로 하는 사회는 과학의 발전이 그 구성원들에게 위험을 초래할지도 모른다는 사실을 예감하면서도 그 사실을 애써 무시한다. 핵연구가 발전소 근처에 사는 주민들에게 어떤 위험을 안겨주는지를 잘 알면서도 연구가 계속 추진되듯이 기술적 발전과 사회적 욕망은 맹목적이고 극단적이므로 엄중한 주의를 요한다. 미셸 세르(Michel Serres)가 강조했듯이 과학은 권력이나 기업, 군대에 의해 자유자재로 이용될 수 있다. 그리고 이러한 현실은 타나토크라시(thanatocratie, 그리스어로 '타나토스'는 죽음을, '크라토스'는 권력을 의미한다. 즉, '타나토크라시'는 죽이는 능력에서 오는 공포를 무기로 군림하는 권력형태이다)를 초래할 수 있다. 타나토크라시란 지금까지보다 훨씬 광범위하고 훨씬 이성적으로 죽음을 배포하는 능력을 의미한다. 이 경우 행복을 목적으로 하는 개인은 죽음을 무릅쓰고라도 더 많은 생산을 추구하는 사회나 과학과 모순적인 관계에 빠지게 될 것이다.

기술은 윤리를 요구한다

가장 나쁜 것과 가장 좋은 것을 동시에 가능케 하는 과학의 양면적 성격에 대한 지적은 오래 전부터 존재했다. 《80일간의 세계일주》를 쓴 쥘 베른(Jules Verne)은 이러한 과학의 문제를 소설에서 표현했고, 그보다 더 유명한 예로 메리 셸리(Mary Shelley)의 《프랑켄슈타인》은 과학의 역기능과 재앙을 잘 보여주었다. 죽음을 초월한 존재를 만듦으로써 인류에게 행복을 가져다줄 것이라던 박사의 장담에도 불구하고 재앙으로 끝난 프랑켄슈타인의 전설이 보여주듯이 과학에 대한 맹목적인 찬양은 엄청난 재앙을 불러올 수 있다. 가상적

픽션을 예로 들지 않더라도 현실 속에서 과학의 폐해는 강렬하게 증명되었다. 2차대전 동안 나치가 과학연구라는 목적으로 생체실험을 행한 것이나, 미국이나 소련이 행한 핵폭탄 실험으로 실험장소 부근에 살던 많은 주민들이 희생되었다는 것, 그리고 수많은 과학실험의 결과가 현재 무기생산에 이용되고 있다는 것은 이미 잘 알려진 사실이다. 호르크하이머(M. Horkheimer) 등은 과학이론은 독립적으로 존재하는 것이 아니라 점점 더 도구적 차원에 의해 측정된다는 점을 강조했다. 실제로 현대 과학이론은 그 실질적 효용성에 따라 평가되는 것이 사실이다. 과학은 더 이상 순수한 지적 목적만을 위해 존재하지 않는다. 과학은 권력과 매우 가까이 있다. 심지어 특정한 정치적·산업적 목표를 위해 기업이나 권력의 자금이 연구기관에 투자되는 것도 흔히 본다. 호르크하이머가 지적했듯이 군사적·경제적·산업적 실용성을 인정받는 기술과 과학이론만이 연구되고 채택되는 시대에 우리는 살고 있는 것일까?

우리는 기술이 진보할수록 문명이 발전한다고 생각하며 인간의 진보를 기술의 진보와 동일시하는 경향이 있다. 그러나 과연 인류의 진보와 기술적 진보가 같은 것이라고 장담할 수 있을까? 인류의 진정한 발전은 도덕적 차원에서 질문되어야 하는 것이 아닐까? 아무리 기술이 발전하여도 인간의 근본적 갈등과 문제는 지속될 것이며, 병과 죽음은 지연될 뿐 결코 극복되지는 못할 것임이 분명하다.

오늘날 기계문명을 우려하는 목소리는 그 어느 때보다 높다. 근엄한 비판자들은 기계문명은 인간에게 물질적인 행복을 제공하기 때문에 인간으로 하여금 동물적인 만족을 추구하는 데 탐닉하게 하고 정신생활을 외면하게 할 것이라고 예언한다. 그러나 기계문명과 정신문명을 흑백논리에 따라 대립시키는 것은 지나치게 경직된 사고일 수도 있다. 덕을 실천하는 데 최소한의 물질적 안정이 필요하다고 13세기의 토마스 아퀴나스(Thomas Aquinas)가 말했듯이 정신생활을 하기 위해 물질적 안정은 필수적이다. 문제는 기계화는 인간의 물질적 능력을 과도하게 증대시켰는 데 반해, 인간의 지혜는 너무나 빈약한 상태에 머물러 있다는 점이다. 장 로스탕(Jean Rostand)은 "우리가 인간의 자질을 갖추기도 전에, 과학은 우리를 신으로 만들었다"고 말한 바 있다. 원자폭탄의 위협과 인간복제에 대한 우려 속에서 우리는 베르그송이 《도덕과 종교의 두 원천》의 마지막 장에서 말하고 있는 염려와 불안을 상기할 필요가 있다. 기계화는 영혼과 육체의 균형을 파괴했다. 왜냐하면 우리의 육체의 힘은 기계의 힘이 발전함에 따라 경이적인 증가를 하였으나, 우리의 영혼은 제자리걸음을 하고 있기 때문이다. 그러므로 기술과 관련된 새로운 윤리관을 도입하는 일은 시급하고 중요하다. 맹목적인 기술은 윤리적 의지에 의해 조절되어야 한다.

결론

인간의 의도와 의지가 담긴 것만이 도덕적으로 '좋다, 나쁘다'의 평가를 받을 수 있다는 가정하에 우리는 지금껏 기술은 윤리적으로 중립적인 것이라고 주장해 왔다. 그러나 오늘날 이 기술영역에서 인간은 너무나 큰 능력을 보유하게 되었고, 그 기술의 놀라운 위력이 '기술은 인간에게 봉사하기 위해 구상된 단순한 도구이다'라는 주장을 무색하게 하고 나서야 인간은 그때까지 의심치 않았던 기술의 중립성에 대한 의문을 뒤늦게 제기하고 있다. 이미 우리는 역사를 통해 과학기술의 힘이 얼마나 파괴적인지, 인류 전체를 위협할 수 있는 그 힘이 얼마나 공포스러운 것인지를 체험하였다. 특히 맹목적인 기술발전이 가져온 폐해를 직접 경험하고 있는 현대인들은 기술발전과 함께 인간의 비인간화, 규격화, 물질만능주의 현상이 발생하고 있음에 회의와 두려움을 나타내고 있다.

그러나 아무리 기술에 내재된 파괴력을 비판한다 해도 환경파괴와 인간소외를 낳은 것은 기술 자체라기보다는 권력욕, 특히 모든 것을 돈으로 환산하고 인간 역시 자본으로 간주하는 특정한 정치·사회·경제체제라고 보는 것이 더 타당하지 않을까? 현대 인간은 전화, 컴퓨터, TV의 노예라기보다는 상업광고와 자기 자신의 욕망의 노예이다. 따라서 만약 스스로 고독과 권태, 탐욕의 문제를 해결할 수 있다면 우리는 기술에 대해 보다 여유로운 태도를 취할 수 있을 것이다. 한스 요나스(Hans Jonas)라는 현대 철학자가 지적했듯이 피할 수 없는 기술의 진보 앞에서 노이로제를 창출하는 무조건적인 적대감이나 두려움보다는 이성적인 태도를 지녀야 하며 동시에 기술과 조화될 수 있는 새로운 윤리를 모색해야 한다.

과학자들노 시민이며 동시에 인간이다. 그리고 바로 그 사실로부터 우리는 그들에게 윤리적인 결단을 내릴 것을 요구할 수 있다. 가

---

2) 가르강튀아(Gargantua)는 16세기 프랑스의 작가인 프랑수아 라블레(François Rabelais)의 풍자문학작품 《가르강튀아와 팡타그뤼엘》에 나오는 주인공이다.

르강튀아[2]가 의식 없는 과학이란 영혼의 파멸이라고 자신의 아들에게 충고했듯이 기술의 발전은 궁극적으로 인간의 행복을 목표로 한다는 사실을 잊지 말아야 한다. 인간을 이롭게 하는 기술을 위해 윤리를 배제한 무조건적인 기술의 발전을 경계하고 그에 저항할 때 우리는 폭력과 약육강식의 법칙이 난무하는 세계로부터 문명을 보호할 수 있을 것이다.

바칼로레아의 질문들

- 기술은 인간을 자연으로부터 멀어지게 하는가? (1992)
- 앎은 권력의 한 형태인가? (1996)
- 기술능력이 정치적 권위를 형성할 수 있는가? (1995)
- 기술이 인간을 해방시켜 준다면 과연 무엇으로부터 해방시켜 주는가? (1999)

더 생각해 봅시다 ❶

생명복제 기술에 대하여

생명복제 기술은 현재 과학기술이 도달한 최첨단 분야로 가장 치열한 사회적·윤리적 쟁점이 되고 있는 주제이다. 우리나라에서도 황우석 박사가 최초로 인간 배아 줄기세포를 만든 이후 생명복제에 관한 논의가 활발히 이루어지고 있다.

기술의 발전이 언제나 윤리적 문제와 충돌한다는 사실은 핵무기, 정보기술의 발달과 보안문제 등의 사례에서도 확인할 수 있다. 특히 배아복제를 중심으로 하는 유전공학 분야의 경우 잠정적으로 인간이 대상이 될 수 있기에 그 윤리적 심각성은 지대하다. 줄기세포 연구에 찬성하는 사람들은 다음과 같은 이유로 연구를 정당화한다. "난치병 치료에 가장 뛰어난 수단이다." "배아를 인간으로 보기 어렵다." "미래 산업의 성장 동력이다." 반면 연구에 반대하는 사람들의 주장은 다음과 같다. "배아는 인간으로 성장할 수 있는 잠재적 생명체이다." "환자의 생명을 살리기 위해 또 다른 생명(배아)을 파괴하는 행위다." "인간복제에 악용될 가능성이 있다." "인간의 존엄성 훼손이다." "난자 추출 시술의 부작용이 밝혀지지 않았으며 적법성에도 문제가 있다." "여성이 생물학적 실험도구로 전락할 가능성이 있다."

현재 줄기세포 연구에 대한 세계 각국의 반응은 반대 쪽으로 기울어 있다. 2001년 유럽회의(EC) 41개 회원국 가운데 과반수인 24개국에서 이미 '배아 분리, 세포핵 이식 및 기타 기술을 통한 인간복제를 금지하되, 오로지 연구 목적으로 세포나 조직을 복제하는 경우에만 엄격한 조건 아래 허용하는 것'을 주요 내용으로 하는 '인간복제금지협정'에 비준하였다.

이 같은 상황에서도 우리나라에서 복제연구는 가속화될 전망이다. 그렇다면 이에 따른 보다 철저한 윤리적 점검이 필요하지 않을까? 우선 과학계와 종교계, 윤리학계가 서로 다른 주장을 하고 있는 인간생명에 대한 규정이 보다 더 명확해져야 한다. 생명이란 무엇이며 인간이란 무엇인가? 정자와 난자가 결합하는 순간을 인간생명의 탄생으로 볼 것인가, 아니면 수정 후 14일 이후를 인간생명의 탄생으로 볼 것인가가 규정되지 않는 한 생명윤리 논쟁은 끝없이 반복될 것이다. 또한 동물실험을 통해 안전성을 충분히 확보한 뒤에 제한적으로 배아 줄기세포를 이용한 연구를 허용하여야 윤리적 비판을 어느 정도 피할 수 있을 것이다.

생명복제와 관련한 기술 문제는 단순한 과학이나 의학의 문제가 아니다. 그것은 중대한 사회문제인 동시에 인류의 미래를 결정짓는 철학의 문제이다. 과학 없는 윤리는 공허하고, 윤리 없는 과학은 맹목적이다. 그러므로 인류의 미래와 관련된 생명복제 기술과 그 개발정책에 보다 진지한 관심을 기울일 필요가 있다.

원자력 발전

원자력의 문제를 언급하기에 앞서 우리는 이것이 특수 전문과학 분야라는 사실에 부담감을 느끼게 된다. 원자력의 실질적 활용과 위험을 모르는 상태에서 원자력에 대해 무조건적인 반대를 해야 하는가? 원자력 발전을 찬성하는 핵에너지 전문가들은 비전문가들이 필수적인 에너지 수급원인 원자력을 무조건 적대시하고 있음을 비판한다. 그들은 핵에너지의 경제적 가치를 강조하고 외부 유출을 철저히 막아 환경에 피해를 주지 않으므로 무공해 에너지라는 점을 주장한다. 그리고 원자력 에너지가 대단히 안전하게 설계되었음을 명시한다. 반면 시민단체들이나 환경운동가들은 핵에너지가 반환경적 유해성, 군사적 무기로의 악용 가능성, 사고발생시 초래할 재앙 등을 지적하며 원자력 발전에 반대한다. 환경보호자들에 따르면 아무리 안전하게 이용한다 해도 핵에너지는 언제라도 군사적·정치적 목적을 위해 사용될 수 있다. 핵에너지가 군사적 목적으로부터 분리될 수 없다는 사실은 각 나라의 핵연료 관리상태를 국제원자력기구가 세심히 사찰하는 것에서도 분명하게 알 수 있다. 그리고 아주 적은 확률의 위험이라 해도 사고발생시 그 피해가 매우 심각하다는 점을 고려해야 한다. 경수로에 많은 안전장치가 되어 있다는 것은 결국 원자력이 근본적으로 안전하지 않다는 것을 증명한다. 더욱이 그들이 설치한 안전장치는 직접적인 경험이나 실험에 의해 그 안전성을 입증받지 못했다는 큰 과학적 결함을 지니고 있다. 자연재해나 그 외 원인에 의해 안전장치가 작동되지 않을 경우를 우리는 충분히 가정할 수 있다. 핵에너지는 인간으로부터 엄격하게 분리되어야 하며 방사능에 노출되었을 때 발생할 수 있는 피해는 치명적이다. 따라서 어쩔 수 없이 현장에서 일해야 하는 사람들은 우주복과 같은 특수복을 입고 단시간만 일해야 하는데, 이러한 노동조건은 매우 비인간적이라는 점을 지적할 필요가 있다. 또한 핵폐기물의 처리에 있어 장기적으로 어떻게 보관할 것인가의 문제가 발생한다. 무엇보다 생물자원, 풍력, 수력, 화석연료 등이 자연 자체로부터 비롯된 것인 데 비해 핵에너지는 물질 자체의 구조를 변형하는 것에서 유래하므로 전통적인 에너지와 그 근본이 다른 반환경적인 에너지라는 점에 주의를 기울일 필요가 있다. 이러한 인위성이 가속화될 경우 환경파괴와 지구의 온도 평형의 파괴 역시 염려할 수 있다. 원자력 발전이 이렇게 위험하다면 우리는 어떤 논리와 이론으로 연구를 그만두게 할 수 있을까? 핵에너지 문제는 경제적·군사적 문제와 직결되기에 결코 해결하기가 쉽지 않다. 그러나 보다 장기적인 시각에서 세계의 평화와 발전을 도모한다면 핵에너지 사용에 좀더 신중할 필요가 있지 않을까? 핵에너지를 대신할 수 있는 보다 친환경적인 에너지에 대해 생각해 보자.

더 생각해 봅시다 ❸

인간에게 기술은 수단에 불과한가?

사람들은 기술이란 자연적인 제약을 넘어서기 위해 인간이 만들어낸 수단이라고 말한다. 과연 기술은 인간의 행복과 복지를 위한 중개자에 불과한 것일까? 수단이란 그 자체로 의미를 지니지 않는 것이며 따라서 우리는 기술적 발전을 그 자체로 비판할 수는 없다고 말하기도 한다. 그러나 기술은 발전하면서 그 자체로 목적이 되어버리는 경향이 있지 않은가? 특별한 목적이 없더라도 기술은 더 완벽해지고 복잡해지기 위해 변화에 변화를 거듭한다. 신기술이 만들어내는 제품들이 과연 우리의 삶에 필수적인 것들인가? 우리기 요구하기 진에 기술은 우리의 욕망을 앞서 기획하고 욕망을 인위적인 방식으로 야기시키기까지 한다. 마치 더 아름답고 강해지려는 욕망이 인간에게 자연스럽듯이 기술은 초월적 목적이나 진리추구와 상관없이 독자적으로 완벽을 향해 나아가고 있다. 과거 인간이 기술의 주인이었다면, 시간이 갈수록 기술이 인간의 욕망을 끌어가고 있는 듯한 느낌을 지울 수 없다. 기술은 과연 인간을 해방시키는가? 아니면 새로운 욕망의 노예가 되도록 하는가? 기술의 수단적 성격에 대해 생각해 보자.

기술적 증후군

우리가 가진 문제에 만능의 해결책이란 없고, 앓고 있는 병에 만병통치약이란 없습니다. 그러기에는 기술적 증후군은 너무나 복잡하고, 여기서 벗어나는 건 생각조차 못할 일이지요. 우리가 중대하게 방향전환을 하든가, 우리의 습관을 전면적으로 바꾼다 하더라도 근본적인 문제가 사라지지는 않을 겁니다. …… 미래가 어떻든 간에 우리는 실질적으로 불길한 재난의 그림자 속에서 살아야 한다는 의미입니다. 하지만 역설적으로 바로 그 그림자를 알아차린다는 데에 희망의 빛이 있습니다. ─한스 요나스(Hans Jonas, 독일의 생태철학자)

02

기억해야 할 의무가 있는가?

Baccalauréat, 1993

모든 것을 무디게 하는, 산을 깎아내는 것처럼 미움도 마멸시키는, 용서와 망각을 베푸는, 위로하고 정리하고 상처를 아물게 하는 시간은 대규모 살육의 희생자들을 위해서는 아무것도 해주지 않는다. 오히려 공포를 끊임없이 되살아나게 한다. 프랑스 의회는 당연한 원칙, 어떤 의미에서 선험적으로 불가능한 일을 선포했다. 반인륜 범죄는 공소시효가 없다. 다시 말해 정해진 기간이 없다. 시간도 반인륜 범죄를 덮어줄 수 없다는 의미다.
장켈레비치(Vladimir Jankélévitch, 프랑스 철학자·윤리학자·음악미학자)

과거를 기억하지 않는 사람은 그것을 반복하는 사람이다.
조지 산타야나(George Santayana, 스페인 출신의 미국 철학자)

서론

기억은 인간이 정상적인 삶을 유지하는 데 있어 매우 중요하다. 아무것도 기억하지 못하는 이는 전혀 행동할 능력이 없을 것이며, 배움이라는 것 자체도 기억 없이는 불가능하다. 따라서 우리는 일반적으로 잊는다는 것을 의식의 부족, 허약함으로 간주하며 습득한 것을 잊지 않기 위해 정신을 단련한다. 그러나 모든 것을 기억한다는 것이 과연 바람직한 것일까? 건강하게 생활하기 위해서는 어느 정도의 망각이 도리어 유익하지 않을까? 모든 것을 기억하는 사람의 생을 상상해 보자. 그의 삶은 혼란 그 자체일 것이다. 보르헤스(J. L. Borges)는 《퓐느 혹은 기억》이라는 그의 단편소설에서 어떤 분류나 정리도 하지 않은 기억을 지닌 채 "내 꿈들은 당신의 낮과 같고 내 기억은 마치 엄청난 쓰레기 더미와 같다"고 말하는 한 인간의 이야기를 통해 망각의 필요성을 강조한다. 우리는 컴퓨터와 같이 아무것도 잊지 않는 완벽한 지성을 꿈꾸지만 현실적으로 망각은 인간 실존에 있어 반드시 필요한 것이 아닐까? "좋은 영혼은 잊기를 잘한다"고 플로티노스(Plotinos)[3]는 말했다. 산다는 것은 본질적으로 현재를 사는 것이다. 과거에 대한 집착은 불필요하며 더 이상 우리가 존

---

3) 플로티노스(Plotinos, 205~270) : 그리스 신비주의 철학자. 신플라톤주의의 아버지로 간주된다. 플로티노스의 철학은 대표적인 '일자일원론 철학'에 속한다. 신플라톤주의학파인 그는 플라톤의 '절대적 이원론'을 극복하고 철학의 제 문제를 '일자'를 중심으로 해서 거기에 융해시켜 버리고 있다. 결국 그에게서 존재는 곧 절대자요, 이를 일컬어 "일자로서의 존재"라 하는 것이다.

재하지 않는 시간으로 우리를 이끌기에 발전을 저해할 수 있다.

그러나 모든 과거와의 절연 역시 위험하다. 인간에게는 중요한 것을 기억해야 할 의무가 있다. 왜냐하면 과거의 모든 사실을 망각한다는 것은 윤리적인 책임이나 약속에 대한 책임을 지지 않겠다는 것을 의미할 수도 있기 때문이다. 마치 과거에 잘못을 한번도 저지른 적이 없는 것처럼 행동하는 사람을 어떻게 신임할 수 있을까? 후회의 감정은 양심의 가책을 의미하며 선과 악이 존재한다는 것을 증명한다. 법적인 규제를 벗어날 수 있었던 살인자라고 해도 그는 스스로의 양심의 눈만은 피할 수 없을 것이며 죄책감에 시달리게 될 것이다. 그렇다면 내가 누구인지를 알기 위해서라도 과거의 기억은 필요하다. 과거에 대한 기억과 반성은 나의 현재를 구성하며 그것은 동시에 나로 하여금 미래의 위험에 대비할 수 있도록 한다. 무엇을 기억하고 무엇을 잊을 것인가? 과거와 어떤 관계를 맺어야 하는지는 현재의 나에게 매우 어려운 과제일 수 있다.

인간에게 족쇄를 채우는 과거를 망각하라

현재는 과거의 유산이며 우리는 그 유산의 상속자들이다. 그 사실은 우선 우리를 둘러싼 전통, 습관, 기억에서 나타난다. 우리는 우리의 현실을 과거가 전수해 준 선입견, 언어 혹은 습관에 의해 인지한다. 항상 반복하는 습관적 행동들은 모두 과거의 경험이 축적된 결과이다. 이처럼 과거는 지속적으로 우리의 정신을 규정한다. 심리적으로 과거의 애정경험이 얼마나 많이 현재의 인간관계를 규정하는지는 이미 많은 정신분석학적 연구를 통해 증명된 바 있다. 그러나 과거를 필연적인 운명으로 받아들여야만 하는가? 아니면 현재를 위해 과거와 절교해야 하는가? 우리가 무엇인가와 단절하려 결심했다면 그것은 전반적으로 그 단절하려는 것이 우리에게 짐이 되고 괴로움이 된다는 것을 의미한다. 즉, 과거와 단절해야 한다는 것은 과거와 현재의 나의 관계가 부정적이라는 것을 뜻한다. 어떤 경우 과거는 고통을 유발하고 미래를 향해 나아가는 데 걸림돌이 되는 것일까?

"눈은 묘지 안에 있었지만 카인을 바라보고 있었다." 빅토르 위고(Victor Hugo)의 이 유명한 문장은 집착과 증오를 품은 인간의 모습을 상징적으로 보여준다. 정신적인 평화를 얻기 위해서라도 이미 지나간 과거를 잊는 편이 낫지 않을까? 원한이나 복수심 같은 감정을 생각해 보자. 집단적 원한이건 개인적 원한이건 원한의 감정은 한 개인의 인생을 불행하게 만들 수 있다. 또 복수는 어떠한가? 복수는 현재와 과거를 착각함에 따라, 그리고 고통이 한자리에서 정체됨에 따라 유발되는 결과이다. 실제로 과거의 원한에 사로잡혀 화해보다는 복수를 필수적인 것이라 여기고 그것을 정당화하는 민족간, 종교간 투쟁을 우리는 수없이 많이 보아왔다. 이외에도 과거에 속박된 개인이나 사회가 그것에 골몰하여 현실을 망각하고 망치는 예는 얼마든지 있다. 지나친 향수의 감정이나 과거에 대한 집착 역시 개인의 일생에 부정적인 영향을 미친다. 어떤 행동을 할 때마다 과거의 실패와 비난을 되새긴다면 그 기억은 행동을 저지할 것이며, 새로운 영역을 개척할 수 없게 만들 것이다. 이 경우 과거란 현실과 미래를 거부하고 현실로부터의 도피를 추구하는 변명에 지나지 않는다. 과거가 인간을 이토록 구속한다면 잊음이 도리어 유익하지 않을까?

철학사에서 과거를 가장 강력히 비난한 사람은 아마 니체(F. W. Nietzsche)일 것이다. 니체는 "망각은 힘이며 건강의 표현이다"라고 기술했다. 그에 따르면 "모든 것은 상처를 입힌다. 과거는 곪아가는 상처이다." 니체는 역사란 사람의 기억을 무겁게 짓눌러 살아가는 데 필요한 기본 능력과 자유마저 잃어버리게 만든다고 비판하면서 인간은 "내가 과거에는 ~했다"고 절대 말하지 않는 동물을 부러워한다고 지적했다. 그에게 있어 강자는 현재를 사는 자이며 초인이란 과거에 대한 어떤 죄책감이나 갈등도 없는 태평무심한 존재를 의미했다. 니체가 말했듯 망각은 과연 행복의 조건일까?

비슷한 관점에서 프로이트(S. Freud)는 애도기간의 필요성을 분석했다. 사람은 사랑하는 사람을 잃었을 때 일정 기간의 애도기간을 가질 필요가 있다. 사랑하는 타자가 떠난 후 새롭게 자신을 정비할 필요가 있기 때문이다. 사랑하는 사람을 상실함으로써 우리는 세상 모든 것이 텅 빈 듯한 느낌을 갖게 되며 세상에 대한 우리의 일상적 태도도 부정적으로 변하게 된다. 그러나 만약 그 상처로부터 벗어나지 못하고 애도기간이 지속된다면 그것은 신경증이란 질병으로 발전하게 된다. 브레상(Georges Bressens)[4]은 그의 샹송,

---

4) 브레상(Georges Bressens, 1921~1981) : 프랑스 시인·가수·기타리스트. 명랑하고 비판
   정신이 깃든 아름다운 가사와 멜로디로 큰 성공을 거두었으며 지금도 프랑스 음악인들의 전
   설로 남아 있다. 그의 노래는 40여 개의 외국어로 번역되었다.

르네 마그리트(René Magritte)의 〈기억〉.
화가는 〈기억〉에 대해 다음과 같이 기술한다. "나는 나의 과거를 싫어하고
다른 누구의 과거도 싫어한다." 니체는 "모든 것은 상처를 입힌다. 과거는
곪아가는 상처이다"라고 말했다. 과거가 괴로움의 원천이 된다면
망각이야말로 행복의 조건이 되지 않을까?

〈노인들〉에서 홀로 남아 애도를 끝내지 못하는 이는 벌써 죽었다고 말하지 않았던가? 애도를 끝내지 못하면, 즉 과거와 절연하지 못하면 인간은 멜랑콜리와 병적인 우울에 젖게 된다. 잊음은 따라서 정신건강을 위해 필수적이다. 그리고 정신분석학자의 역할은 환자가 과거에 지나치게 매달리지 않도록 언어와 대화를 통해 과거의 무게를 희석시키는 것이다.

앞서 살펴보았듯이 과거의 기억은 여러 형태를 취할 수 있다. 향수의 원천이 될 수도, 미련이나 원한의 원천이 될 수도 있다. 복수는 잊음을 거부하는 것에 근거한다. 멜랑콜리 역시 시간이 지나면 잊어야 한다는 자연의 순리를 거부함에 따라 발생하게 된다. 왜 인간은 불행한 사실을 떨쳐버리지 못하고 시간이 지날수록 그것에 더욱더 집착하는 것일까? 심리학자들에 따르면 인간은 불행한 자신의 과거를 통해 현재의 불행을 정당화하는 경향이 있다. 아물지 않은 상처와 과거를 되새김으로써 느끼는 고통에서 인간은 일말의 쾌감을 느낀다는 것이다. 그러나 과거의 그림자를 반복되는 연상을 통해 상기하는 것은 운명론으로 이를 위험이 있다. 사람들은 "불행은 내 운명이야", "나는 원래 불행을 타고났어", "나는 박복해"라는 이웃의 푸념을 자주 듣곤 한다. 그런데 이처럼 현재의 불행이 운명적이라고 믿고 과거에 모든 권리를 부여하는 행동은 결정론을 따르게 되므로 인간의 발전과 자유의지를 크게 저해할 위험이 있다. 어쩌면 그들은 현실의 불행을 정당화하기 위해 그들 스스로 만든 과거의 신화에 빠져 있는 것이 아닐까? 그렇다면 과거청산의 노력은 과거로부터의 해방이 아닌 스스로가 만들어낸 신화로부터의 해방을 통해 이루어져야 한다. 행동하는 자를 포획할 수 있을 만큼 강력한 운명은 존재하지 않는다. 아무리 과거가 현재에 중요한 영향력을 행사한다 해도 예기치 못한 새로움은 항상 존재한다. 마르크스는 헤겔(G. W. F. Hegel)만큼이나 역사를 강조했지만 세상의 흐름을 규정하는 관념적 절대법칙을 믿기보다는 인류의 미래는 인간의 행동에 의해 결정될 것이라고 주창했다. 인간에게는 자유의지가 있고 행동의 선택권이 있다. 그렇다면 과거로 현재와 미래를 규정짓는 것은 어리석은 행동임이 분명하다.

기억하는 것은 필요하다

그러나 모든 과거를 극복할 수 있는 것은 아니다. 프로이트에 따르면 망각은 단순한 기억의 부정이 아니며 치료적 차원에서 적극적인 의미를 가질 수도 있다. 우리가 무엇을 잊는 것은 잊고자 하는 우리의 의지를 반영한다. "나는 아무것이나 잊어버리는 것이 아니라, 나의 과거 중에서 내가 참을 수 없는 것, 너무 고통스러운 것, 나의 초자아의 요구와 반대되는 것을 나의 명확한 의식으로부터 몰아내는 것이다." 즉, 망각은 불행한 과거에 대한 방어기능을 수행하기도 한다. 물론 이러한 행동이 최선의 해결책은 아니지만 감당하기 어려운 자신의 과거를 망각을 통해 거부하는 것이 인간의 본성이라는 사실만은 인정할 수 있다. 잊는 것, 기억하는 것은 인간의 의식이 결정할 수 있는 것이 아니다. 그렇지만 아무리 망각이 필요하다 해도 방어기능으로서의 망각은 자신을 거부하는 것에 불과하며 결국 자신을 속이는 것이 아닐까? 신경증의 근본적인 치료를 위해서는 과거를 정면으로 바라보고 병의 원인을 그 안에서 찾는 것이 필요하지 않을까? 장기적인 관점에서 볼 때 과거를 배제한 진정한 행복은 상상할 수 없다.

기억이 행복을 제공해 주지 않고 양심의 가책을 안겨주더라도 인간에게는 기억해야 할 의무가 있다. 과거에 저지른 잘못을 생각하기 괴롭다는 이유만으로 망각한다는 것은 도피이며 비겁함과 무책임의 표현이기 때문이다. 망각이 있는 곳에는 해결도 반성도 용서도 불가능하다. 따라서 도덕적인 관점에서 이러한 망각은 비난받을 수 있다.

나의 정체성을 확립하고 나를 타자와 구별하기 위해서도 기억은 필수불가결하다. 지금의 나를 있게 한 것은 바로 나의 과거이다. 과거가 없는 인간이란 그가 속한 사회나 가족으로부터 완전히 독립된 존재임을 의미하는데 아무리 그것을 바란다 해도 내가 쓰고 있는 언어, 취향, 관습 등을 제거한 채 내가 누구인지를 정의할 수는 없다. 무인도에 산다 해도 나는 내가 습득한 사회의 언어로 나의 고독에 대해 생각할 것이며 내가 배운 지식으로 생존을 유지해 나갈 것이다. 걷기, 먹기 등 가장 기초적인 것에서부터 고난도의 지식에 이르기까지 인간의 일상생활을 유지시켜 주는 다양한 습관은 과거로부터 온 것이다. 요컨대 나의 현재와 미래는 무에서 나오는 것이 아니라 과거의 경험에 의해 투사된다. 그리고 과거의 기억은 현재의 나에게 고통을 줄 수도 있지만 동시에 기쁨도 줄 수 있다. 사실상 내가 갖고 있는 대부분의 지식과 지혜는 과거의 경험에서 유출된 것이며 그 사실을 무시한다는 것은 억지에 불과하다.

나의 현재는 나의 과거에 의해 결정된다. 따라서 과거를 망각한다면 현재의 나에 대한 앎, 나아가 미래에 대한 전망은 불가능할 것이다. 과거-현재-미래의 연장선 위에서만 인간은 자신과 자신이 속한 사회에 대한 올바른 인식을 가질 수 있다. 따라서 과거를 망각하는 것은 가능한 일일 수도 없지만 설사 가능하다 하더라도 반드시 바람직한 일만은 아니다. 과거의 힘을 보존하는 것은 인식론적으로나 도덕적으로 개인에게 있어 필수불가결한 것이다. 왜냐하면 인간은 과거에 의해서 진정한 자아를 확보하기 때문이다. 마찬가지로 한 공동체의 발전을 위해서도 과거를 정확하게 인식하는 것은 중요하다. 바로 이 작업을 수행하는 것이 역사가의 임무이다. 어떤 인과관계를 통해 역사적 사건이 발생했는지를 연구함으로써 역사가는 사회의 현실을 명확히 조명하고 미래를 전망할 수 있다.

기억은 '의지'의 기억이다

중요한 것은 잊어야 할 과거와 잊지 말아야 할 과거를 구분하는 것이다. 그 기준이 되는 것은 기억으로, 우리는 기억을 통해 과거를 정리하고 해석한다. 에른스트 블로흐(Ernst Bloch)는 《희망의 원리》에서 프로이트의 이론은 과거의 무게를 과대평가했다고 비판한다. 블로흐에 따르면 과거보다 더 중요한 것은 미래이며, 미래에 의해 과거와 현재의 성격이 결정된다. 즉, 미래에 대한 의지가 없다면 우리는 아무것도 기억할 수도 사건에 의미를 부여할 수도 없다. 사르트르(J. P. Sartre) 역시 인간은 자유로운 결단과 선택에 의해 자신의 미래를 결정하고 자신의 존재를 정립할 수 있다고 설명하면서 과거에 닫혀 있지 않은 미래의 중요성을 강조한다.

기억은 본래적인 '의지'의 기억이다. 의지의 기억에 의해 인간은 우연적인 것 속에서 필연적인 것을, 임의적인 것 중에서 본질적인 것을 구분하는 법을 배우게 된다. 그렇다면 과거는 우리가 생각하듯 이미 결정되고 고정된 것만은 아니다. 과거는 우리의 욕망이나 의지에 따라 끊임없이 새로 해석된다. 기억은 사람들의 정신세계 속에서 강하게 왜곡되며 때로는 자신에게 유리하게, 그리고 때로는 집단 무의식을 반영한 가공의 산물로 변신한다. 따라서 기억의 참된 기능은 과거로부터 교훈을 뽑아내는 것이며 사건을 경험으로 변형시키는 것이다. 그리고 이 점에 있어 기억의 의무는 윤리적 영역으로 넘어간다.

무조건적인 자유란 인간에게 의미가 없는 것일 수도 있다. 과거를 배제한 현재는 자유를 줄 수도 있겠지만, 이러한 자유는 공허하고 맹목적이다. 과거는 인간의 현재를 구속하며, 따라서 자유를 위축하는 듯해 보이지만 바로 이러한 과거라는 선행조건에도 불구하고 현재와 미래에 대한 자유로운 의지를 표명할 수 있음에 인간의 자유는 의의를 갖게 된다. 사람들은 과거와의 단절을 더 이상 과거에 신경쓰거나 연연해하지 않는다는 뜻으로 이해한다. 그러나 진정한 단절은 과거를 잊는 것이 아니라 그것과의 관계를 바꾸는 것이다. 가령 기억해야 할 의무는 용서를 배제하지 않는다. 상처의 극복역시 그가 과거와 맺고 있는 관계를 바꿨기에 가능한 것이다. 리쾨르(P. Ricoeur)는 용서가 과거에 미래를 선물한다고 말했다. 과거를 새롭게 창조하는 것은 개인의 몫이며 현재 내가 어떤 모습인지에 따라 과거의 의미는 달라질 수 있다.

결론

도덕적 인격성과 인식론적 자아관을 지닌 존재로서의 인간은 과거를 기억할 의무가 있다. 그리고 본질적이고 중요한 것을 추리고 숙고하는 기억의 과정 속에서 인간은 더욱 성숙하고 풍요로운 존재가 된다. 그러나 이런 당위적 차원을 떠나서라도 과거를 망각한다는 것은 사실상 불가능한 일이다. 인간은 시간성의 존재이며 과거, 현재, 미래는 서로 밀접한 연관관계를 맺고 있다. 따라서 과거를 부정한다면 제대로 된 현재를 살아갈 수도 미래를 전망할 수도 없다. 지금 이 순간도 나의 현재는 과거로 전환되고 있다. 즉, 과거는 은폐될 수는 있어도 사라질 수는 없다. 과거로부터 현재 나의 정체성이 확립되었기 때문이다. 개인적인 차원에서도 사회적인 차원에서도 특정 과거를 삭제한 채 진실한 역사를 이해한다는 것은 불가능하다. 따라서 과거를 인정하고 과거에 비추어 현재의 자신을 성찰하는 것이 개인의 진정한 변모를 실현하는 길이다. 이러한 작업이 선행되지 않는 한, 과거는 극복되었다고 볼 수 없다. 과거는 망각하거나 회피한다고 지워질 수 있는 존재가 아니다. 그보다는 그것을 얼마간의 거리를 두고 관찰하고 객관적으로 평가함으로써 그 영향력을 감소시키는 것이 더 바람직하다.

니체는 망각이 힘이라고 주장했지만 과거 없는 자유는 공허하다. 과거를 새로운 현실로 전환시킬 때라야 자유는 더욱 성숙한 힘이 될 것이며 윤리적 가치가 될 수 있다. 우리가 용서하는 것이 무엇인지를 확실히 알기 위해서라도 과거는 회상되어야 하고 비판적 숙고를 통해 극복되어야 한다. 인간은 자신의 과거를 알고 그것을 재활용함으로써만이 재도약을 기약할 수 있는 존재이다. 자신의 과거에 대한 심오한 고찰을 통해 행동을 일궈나간다면 그는 더 이상 과거의 노예가 아니라 과거로부터 교훈을 물려받은 긍정적인 의미에서의 상속자가 될 수 있다.

바칼로레아의 질문들

- 잊는다는 것은 인간의 조건인가? (1992)
- 전통은 새로운 것이 등장하는 것을 저해하는가? (1982)
- 과거가 없는 인간은 자유로운 인간인가? (1995)
- 과거에서 벗어날 수 있는가? (1996)

더 생각해 봅시다 ❶

과거사 청산 문제

최근 정치권에서는 미흡하나마 친일진상규명법에 이어 과거사진상규명법도 제정하겠다는 움직임이 일고 있다. 하지만 우리에게 '과거사'는 친일파 문제, 민간인 학살 문제, 의문사 및 인권침해 문제, 일제하 강제동원 문제 등 이념적·정치적으로 복잡한 여러 문제를 통칭하는 것이어서 청산의 절차와 방법이 매우 난해하게 다가온다.

어떠한 국가든 과거사는 있게 마련이다. 과거사에 대한 긍정과 부정은 국가의 정체성이 어떻게 변화하느냐에 따라 달라질 수 있다. 그 변화가 혁명적일수록 과거사 청산은 더욱 중요해진다. 바람직한 현재와 미래를 구축하기 위해서는 자랑스러운 과거와 수치스러운 과거를 명확히 함으로써 역사적 교훈으로 삼는 것이 일반적인 현상이다.

그런데 과거사를 정리할 경우 과연 선과 악의 구분을 객관적으로 정할 수 있는지에 대한 의문이 제기된다. 과연 이념논쟁에 휩쓸리지 않고 공정하게 과거를 심판할 수 있을까? 경제적으로 많은 어려움을 겪고 있는 세계화 시기에 과거청산이 왜 그리 중요한가 하는 비판을 하는 사람도 있다. 한 시민의 주장처럼 백성들 밥 먹고 살게 해주는 못된 대통령이 백성들 굶기는 정의로운 대통령보다 위대한가? 아니면 후손에게 떳떳하기 위해서라도 역사적 진리와 정의를 바로잡는 것이 더 중요한가? 한 국가의 미래를 기획함에 있어 과거에 대한 평가는 어떤 역할을 하는가? 과거사 청산 문제를 기억해야 할 의무라는 주제를 중심으로 논의해 보자.

왜 기념일을 기억하고 챙기는 것일까?

일정한 관습과 제식을 동반한 채 기념식을 매년 갖는 것은 중요한 역사적 사건들을 기억하고자 하는 인간의 노력을 반영한다. 우리는 우리가 잊을 수도 있는 존재라는 것을 알기 때문에 일정한 날짜와 격식을 통해 잊지 않을 것을 스스로에게 맹세하는 것이다. 그러나 모든 기념행사가 의미를 갖는지에 대해 질문할 수 있다.

기념행사는 권력자가 역사의 의미를 바꾸고자 할 때 사용하는 정치적 수단으로 자주 사용되었다. 예를 들어 왕정복고시대 때 사람들이 특별히 루이 14세의 죽음을 성대하게 기념했다거나 과거의 수많은 종교적 기념일들이 현대에 와서 무의미해졌다는 사실은 현재의 권력구조와 이해관계에 따라 기념하는 사건이 달라진다는 것을 증명한다. 요컨대 공적인 의미에서 행해지는 기념행사가 특정 그룹이나 개인에게 이익으로 돌아갈 수 있다는 것을 우리는 염두에 두어야 한다. 그러나 기념일의 성격이 달라진다고 해도 기념일을 챙기는 것 자체는 망각과 유한성의 동물인 인간이 영원을 지향하는 본능적인 행동이며 이러한 행동은 문명의 근간이 되었다고 말할 수 있다. 오래 전부터 지속되어 오고 있는 기념일에는 무엇이 있는지 생각해 보자.

03

노동은 자아실현에 필요한가?

Baccalauréat, 1997

노동은 그 자체로 지겨운 것이지만 그 결과(예를 들어 월급) 때문에 매력적인
것이 된다.

칸트(Immanuel Kant, 독일 철학자)

일이 즐겁다면 인생은 극락이다. 괴로움이라면 그것은 지옥이다.

고리키(Maksim Gorkiy, 러시아 작가)

일은 세 가지 악, '권태, 악, 필요'로부터 우리를 멀어지게 해준다.

볼테르(Voltaire, 프랑스 작가·사상가)

서론

고대 노예의 일하는 모습과 공장에서 일하는 현대 노동자의 모습을 보면서 노동을 자유와 연관지어 생각하기란 쉽지 않다. 일반적으로 노동은 정신적·육체적 구속을 의미하게 마련이다. 노동은 우선 물질계와 관계한다. 플라톤은 자신의 형이상학적 이원론에 따라 사회적 구조도 이원론적으로 관망하였는데, 이런 이원론적 관점에 따르면 한 사회에는 물질세계의 속박에서 벗어나 이데아를 명상하는 자유인이 있는 반면, 그들에게 봉사하기 위해 고통스럽게 물질에 얽매여 있는 노예가 존재한다. 실제로 노예와 노동은 밀접한 관계를 맺고 있으며 오랫동안 인간에게 노동은 경멸받아야 할 인간의 비참함의 상징으로, 다시 말해 인간의 고귀함과는 먼 것으로 인식되었다. 플라톤은 기술자에 대해 다음과 같이 말한다. "너는 너의 딸을 그(기술자)의 아들에게 주기를 원하지 않을 것이며, 너 자신도 그의 딸과 결혼하기를 원하지 않을 것이다."

이런 관점에서 본다면 노동이 자아실현에 반드시 필요한 것인지 의문을 갖게 된다. 과연 노동은 우리로 하여금 만족과 자아실현에 이르도록 도와주는가? 노동은 오히려 인간을 기계와 유사한 것으로 비하시키는 것이 아닐까? 우리는 단순하고 지겨운 노동을 반복하는 것보다는 오페라 감상이나 독서 등의 여가생활이 자아실현에 보다 큰 도움이 될 수도 있다는 의문을 제기할 수 있다.

하지만 노동을 외부의 압력에 의해 강요된 것이 아닌 자발적으로 선택한 것으로 이해할 때 그것은 좀더 적극적이고 긍정적인 의미를 띠게 된다. 만약 일을 하지 않는다면 인간은 쾌락과 만족을 생산하는 욕망의 단계에 머물러 있게 될 것이다. 그리고 활동의 결과는 쾌락에 용해될 것이다. 조르주 바타유(Georges Bataille)[5]는 일한다는 것은 즉각적 욕망을 억제하고 그 욕망을 이성화시키는 과정이라고 설명한다. 돈을 위해 일하면서 우리는 자신의 욕망을 하나의 목적으로 정돈하고 만족의 순간을 연기할 수 있게 된다는 것이다. 그런 의미에서 본다면 노동은 문명의 형성과도 필연적인 연관관계가 있다고 말할 수 있다. 자아실현은 적극적인 삶의 실천을 내포하고 있는 개념이다. 그렇다면 자아실현에 있어 노동을 배제할 수는 없지 않을까?

일은 자아실현에 필요치 않다

노동이란 말의 어원은 속박과 고문이다. 어원적으로 일은 지겹고 고통스런 활동을 지칭한다. 프랑스어로는 노동을 travail라 하며, travail의 어원은 사나운 황소나 말의 발바닥에 편자를 박을 때 소와 말을 묶어놓는 기구, 즉 다루기 힘든 동물을 속박하기 위해 만든

---

5) 조르주 바타유(Georges Bataille, 1897~1962) : 프랑스 사상가이자 소설가. 그는 금기와 위반의 개념을 중심으로 정치, 종교, 경제, 역사, 민족학, 생물학, 사회학, 문학, 미술 등 실로 다양한 분야를 천착했다. 그 결실은 《눈 이야기》, 《하늘의 푸르름》, 《C 신부》, 《마담 에드와르다》, 《주검》 등의 창작품으로 나타나기도 했고, 《에로티즘》, 《저주의 몫》, 《에로스의 눈물》, 《문학과 악》, 《라스코 혹은 예술의 탄생》 등 연구서로 나타나기도 했다. 그에 대한 일반의 평가는 여전히 모순적이지만, 전통과 권위의 갈리마르 출판사가 18년(1970~1988)에 걸쳐 《바타유 전집》을 완간했다는 사실은 그의 지성사적 중요성을 더 이상 부인할 수 없게 만든다.

라틴어의 'tri-pilium(3개의 말뚝)'에서 유래한다. 이런 어원에서 직접 나온 명사 travailleor(travail를 하는 사람)는 처음에는 직공이나 노동자 대신 체형을 집행하는 형리, 고문하는 사람을 지칭했다. 또 산모가 진통 중에 있는 것을 travail하고 있다고 말했다. 결국 본래의 의미에서 볼 때 노동이란 냉혹한 자연 속에서 살아남기 위해 고통스런 노력을 해야 하는 인간의 노예상태와 연관됨을 알 수 있다. 기독교 전통에서도 노동은 벌이라는 부정적 이미지를 갖고 있다. 죄를 지은 이브에게 신은 "너는 고통을(en travaii) 받으면서 아이를 낳을 것이다"라고 말했으며, 아담에게는 "너는 네 이마의 땀으로 빵을 먹을 것이다"라고 말하였다고 성서는 전하고 있다.

인간은 그 시초부터(원시인) 살아갈 때 꼭 필요한 세 가지 것, 즉 의식주를 충족시키고, 생존을 유지하며(외부적 공격으로부터 스스로를 방어하고), 자손을 번식하기 위해(자식을 통해 지속하기 위해) 자연과 끊임없이 투쟁하고 그것을 변형시켜 왔다. 즉, 일한다는 것은 곧 인간의 욕구를 충족시킬 수 있는 것들을 얻기 위해 자연환경을 개조하는 것을 의미한다. 자연이 인간에게 제공하는 것과 인간이 필요로 하는 것 사이에는 불균형이 존재하기에 인간은 노동을 필요로 하게 되었다. 루소는 인간이 환경변화에 따라 단체생활을 하게 됨에 따라 자연의 양식만으로 식량이 부족해졌고 따라서 자연을 변형시키는 문명의 시작인 농업과 축산업을 시작했다고 설명한다. 즉, 부족함에서 노동이 시작됐다는 것이다. 그러나 인간의 욕구는 끝이 없기에 충족되자마자 다른 욕구의 대상을 산출한다. 만약 아무리 생산이 늘어나고 다양해진다 해도 그보다 훨씬 더 빨리 증가

하는 새로운 욕구를 채울 수 없다면 결국 인간은 끝없이 일만 해야
한다는 결론에 이르게 된다.

고대사회부터 노동은 노예상태와 밀접한 관계가 있다. 한 계층의
행복을 위해 생산이 계획된 이후로 국민의 다수는 생존과 노동을
위해 자신의 자유를 완전히 희생해야 했다. 고대사회의 노예, 중세
의 농노, 현대사회의 노동자에 이르기까지 대다수의 사람들은 특권
층의 안락을 위해 노동을 강요당한다. 특권층의 얼굴은 변했지만
복종과 지배의 구조는 오늘날에도 변하지 않고 있다. 마르크스에
따르면, 자본주의 사회에서 자본가는 생산수단을 소유한다는 이유
로 노동자들이 생산한 생산물들을 자신들이 점유한다. 노동자에 대
한 착취의 증대를 통해 이윤을 얻는 것이다. 사실 다수의 노동으로
인해 얻을 수 있는 이득과 자유가 특정 계급에게 돌아가는 모순은
오늘내일의 일이 아니다. 아리스토텔레스가 "베틀북이 혼자서 움
직이게 될 때에는 우리도 노예를 필요로 하지 않게 될 것이다"라고
말하면서 노예를 움직이는 기계에 비교했던 것을 상기해 보자. 실
제로 기계화와 분업화에 따라 현대인들은 자동기계로 변모하지 않
았는가? 기계화 전의 장인들은 자신이 일을 기획하고 확인하면서
일의 전반을 책임질 수 있었다. 그러나 현재 많은 노동자들은 단 하
나의 일만 반복적으로 되풀이해야 하는 연쇄노동의 희생자가 되고
있다. 자신의 의지와 아무 상관 없는 물건을 만들어야 하는 노동조
건 속에 현실 속의 노동자들은 단순한 기능적 역할로 전락했다. 일
정한 행위와 일정한 태도를 갖도록 강요당하고 상사에게 복종하는
가운데 그들이 개인의 창의성을 실현할 기회는 희박하다. 그들은

돈과 기계에 매인 '현재의 시대'를 풍자한 채플린의 장편 코미디 〈모던 타임즈〉의 한 장면.
열악한 환경 속에서 권태롭고 단조로운 노동을 강요당하는 최저임금 노동자들은 현대판 노예인가?

기업과 사회의 요구에 따라 개성을 상실한 채 위장을 하고 조건에 따라 부속을 바꾸듯 태도를 바꾼다. 기성복처럼 완성되어 있는 삶, 무미건조한 일은 바로 비인간적인 현대인들의 노동과 소외를 나타내는 증표이다.

일을 통해 자아를 실현하는 자는 얼마나 될까? 대부분의 노동자들은 자신의 물질적 필요를 위해 급료를 받는 것 외에 노동에서 아무런 의미를 찾지 못한다. 그렇다면 노동은 자아실현에 필요하기는커녕 중요한 방해요소가 아닐까? 니체는 노동예찬론자들의 '게으름은 모든 악의 근원'이라는 주장은 노동자들을 완벽한 일의 노예로 만들려는 지배층의 간책이라고 간주하면서 노동자들의 착취와 교화는 동시에 이루어졌음을 지적했다. 그는 일을 찬양하는 현대인의 습관을 비판했다. 니체의 주장에 따르면 노동은 자아실현을 돕기는커녕 자기 자신의 상실이다. "과도하게 일을 좋아하는 당신들…… 당신들의 노동은 저주이며 자기 자신을 잊고자 하는 의지이다." 그는 생존이라는 초라한 목적을 위한 단순하고 반복적인 물질적 노동은 개인을 변질시키고 인간이 스스로에 대해 사색하기 위해 필요한 신경능력을 제거하기에 노동에 대한 숭앙은 위험하다고 여러 번 강조했다. 니체에 따르면 "노동은 엄청난 비율로 신경의 힘을 닳게 하고 사고, 관조, 꿈, 염려, 사랑, 증오의 힘을 앗아간다. 노동은 눈앞에 항상 초라한 목적을 놓아두고 쉽고 일정한 만족만을 부여한다."

니체는 "이익들 중의 이익을 일 자체에서 찾지 못한다면 넘치는 이윤만으로도 만족할 수 없는 드문 성격의 사람들이 존재한다"는 문장을 통해 인간은 물질적 보상을 떠나 일 자체에서 보람을 찾기를 원한다고 말한다. 즉, 육체적 노동보다는 정신적 노동이 더 가치 있다는 것이다. 실제로 노동이 우리로 하여금 사고할 수 있는 시간을 앗아가는 데 반해 자신이 원하는 것을 할 수 있는 여가야말로 자아실현에 도움을 주지 않을까? 책을 읽고, 자신의 삶을 아름답게 함으로써 인간은 초라하고 단순한 노동을 하는 것보다 더 효율적으로 자기 자신을 실현할 수 있을지 모른다. 그러나 이러한 자아실현은 물질적인 여유가 보장되어야만 가능하다는 중요한 조건을 전제로 한다.

노동은 자아실현에 필수적이다

정신적 노동만을 추구했던 아테네 시민들에게 노동이 인간의 존엄성과 관계한다는 주장은 낯설게 느껴질 수도 있겠지만 인간은 순수한 정신적 존재가 아니기에 물질계와의 충돌을 피할 수 없다. 만약 이 사실을 부인하고 여가로만 이루어진 삶을 원한다면 그것은 이기적인 귀족주의적 바람이라고 할 수 있다. 노동은 생물로서의 인간이 외적 자연세계와 관계하는 인간의 고유한 방식으로, 인간은 노동을 통해서만이 현실세계로 진입할 수 있다. 생텍쥐페리(Saint-Exupéry)는 다음과 같이 말한다. "노동은 너를 세계와 결혼시킨다. 밭을 가는 사람은 돌멩이들을 만나게 되며, 하늘의 물을 경계하기도 하고 바라기도 하며, 이렇게 하여 그는 자연과 교류하며, 자신을 확장시키며, 스스로 깨닫게 된다. 그의 발자국 하나하나가 반향을 일으키게 된다."

자연의 적대적인 힘을 정복하고 그것을 인간의 수단으로 바꾸는 것도 노동에 의해서만 가능하다. 자연 속에서 인간은 이방인과 같은 존재이기 때문에 노동을 해야 한다. 데카르트에 의하면 노동은 "우리를 자연의 주인이자 소유주로 만든다." 노동에 의해서 인간은 낯설었던 것과 친숙해지게 되고, 아직 그 형태가 정해지지 않은 자연에 인간적인 형태를 부여해 문화를 형성하게 된다. 무니에(E. Mounier)는 "노동은 사물을 생산하는 동시에 인간도 생산한다"고 말했고, 루소는 환경을 바꾸면서 인간은 스스로의 모습도 변형시킨다고 주장했다. 이런 의미에서 볼 때 일은 인간의 자체 생산, 즉 인간화를 의미한다. 인간은 자연과 사물들을 변화시키면서 자신도 새로운 모습으로 재탄생한다. 즉, 노동은 처음에는 자연이 충족시켜줄 수 없는 욕구들을 채우기 위한 생존수단이었지만 이후 자연뿐 아니라 인간 존재 자체를 바꾸는 역할을 하게 된다. 다시 말해 일한다는 것은 자신의 의식을 외부화하여 세계 속에 펼치고 그 과정 속에서 자기 자신에 대한 의식을 전개시켜 나가는 것이다. 그렇다면 동물은 일한다고 말할 수 없다. 동물은 자신의 환경에 맞추어 본능에 따라 생활할 뿐 그들의 행동은 자연을 변형시키고 극복하는 노동과 본질적으로 다르다. 동물은 스스로의 기본 욕구를 충족시키기는 하지만 새로운 욕구를 창출할 수 없으며 자신의 일에 의해 스스로를 변화시킬 수도 없다. 장 라크루아(Jean Lacroix)는 노동은 소외의 표시인 동시에 "소외의 치료제"라고 말한 바 있다. 정신인 동시에 육체인 인간은 노동에 의해 한계지어지지만 바로 그 노동을 통해 생물체의 한계를 극복한다는 것이다.

"인간은 실천적 활동을 통해 스스로를 형성한다. 왜냐하면 그는 즉각적으로 주어진 일을 통해 스스로를 발견하고 인정하도록 촉구되었기 때문이다"라고 헤겔은《미학》에서 말했다. 또 헤겔은 유명한 '주인과 노예의 변증법'에서 노동은 자신을 실현하기 위한 필수적인 구원의 수단, 해방의 도구임을 강조했다. 그 내용을 보면 아무 일도 하지 않고 삶을 즐기던 주인은 세계와 자기 사이에 노예를 두었기 때문에 물질세계의 엄정성에 무지하게 되고 결국 아무것도 할 줄 모르게 된다. 반대로 끊임없이 일하던 노예는 물질의 법칙을 이용하여 자연을 정복하게 되고, 기술적인 승리에 의해서 일종의 자유(자연에 대한 지배력)를 되찾게 된다. 즉, 노예는 처음에 목숨을 유지하기 위해 복종을 택하지만 노동을 통해 자신도 모르게 새로운 자아를 형성하게 되고 노예의 상태에서 벗어나게 된다. 다시 말해 현실적 독립성을 갖춘 노예에 반해 주인은 노예에게 더욱더 의지하게 되고 결국 주인이 노예의 노예가 될 때, 노예는 다시 자유인이 된다. 이런 의미에서 헤겔은 "노동은 인간을 인간답게 하며" 일하는 자만이 자유라는 최고의 단계에 이르게 된다고 주장했다. 그러나 헤겔이 강조한 노동의 긍정적 의미에도 불구하고 근대사회에서 노동은 노동자의 희생을 강요하는 근본적인 계급의 문제를 해결하지 못했다. 말하자면 추상적 이론의 구성을 위해 헤겔은 노동의 구체적 현실, 즉 노동의 부정적 의미를 은폐한 것이다. 이런 이유로 마르크스는 헤겔 철학은 인류의 해방이 아닌 한 계층의 자유만을 가능케 하는 부르주아의 이데올로기라고 비난했다.

마르크스는 특정 계급을 위해 대다수의 시민이 노예상태로 남아 있는 것을 비판하면서 노동 자체에서 벗어날 수는 없겠지만 인간과 노동의 관계를 새롭게 조율하고 계획함으로써 인류의 발전을 도모할 수 있을 것이라고 생각했다. 그리고 인간이 소외에서 벗어나 궁극적인 해방을 맞이하는 것은 노동에 의해서 가능하다고 역설했다. 그의 주장에 따르면 노동이 없다면 인간을 포함한 세계는 동일한 상태로 머무를 것이며, 역사도 문명도 가능하지 않다. 즉, 노동이 있는 곳에만 변화와 진보, 역사적인 발전이 있을 수 있다는 것이다.

실제로 집단적인 측면에서는 물론 개인적인 삶에 있어서도 노동을 거치지 않고 얻은 성과는 결코 자아실현에 도움을 주지 못한다. 게다가 노동은 인간의 생존에 유익한 질서와 규칙마저 제공해 준다. 인간은 정념에 따라 수시로 변하는 마음을 지니고 있기에 자연의 규칙적인 리듬에 맞추어 노동을 장기간 수행할 경우 보다 건설적이고 건강한 삶을 누릴 수 있다. 반면 아무 일도 하지 않는 자의 생활은 대부분 불규칙하고 변덕스러우며 권태와 허무에서 벗어날 수 없다. 보들레르(C. P. Baudelaire)는 "노동을 하여야 한다. 취미 때문이 아니라면, 적어도 절망 때문에라도. 왜냐하면, 잘 생각해 보면 노동하는 것은 즐기는 것보다 덜 권태롭기 때문이다"라고 지적한 바 있다. 헤겔은 노동이 죽음의 불안으로부터 인간을 해방시켜 준다고 생각했고, 한나 아렌트(Hannah Arendt) 역시 일이란 창조적이고 혁신적인 힘으로 죽음이라는 보편율에 항거한다는 사실을 강조했다.

인간이 노동을 통해 자유와 정체성을 회복할 수 있다는 주장은 우리의 노동현실을 생각할 때 지나치게 이상적으로 보일 수 있다.

물론 단지 돈을 벌고 생존하기 위해 일한다면 일은 그 어원적 의미가 지적하듯이 분명 고통일 것이다. 그러나 개인의 취향과 적성에 상응하는 일은 인간에게 무엇보다 큰 기쁨을 선사한다. 은둔 속에만 머무른다면 우리는 진정한 자아를 형성하지 못할 것이다. 인간은 단순한 내적 존재가 아니다. 인간은 사회적으로나 외적으로 자기 자신을 투사하고 사물을 변형시킴으로써 스스로를 재창조할 수 있다. 모든 의식은 행동을 지향한다. 의식은 움직임이다. 그렇다면 창조적 힘과 의지의 외적 표현인 노동은 자아실현에 있어 필수적이라고 결론지을 수 있다.

결론

인간은 순수한 정신도 아니고 순수한 육체적 존재도 아니다. 인간이 물질계와 상관없이 살 수 있다면 자아실현은 여가를 통해서도 가능하겠지만 이는 인간에게 불가능하다. 노동 자체를 없앨 수 없다면 공평하게 생산관계를 구성하고 인간의 존엄성을 존중하는 한에서 노동조건을 개선해 나가는 것이 중요하다.

장 라크루아는 다음과 같이 말한다. "동물의 생명활동도 노동이 아니며, 순수한 정신의 명상도 노동이 아니다. 노동이란 물질 속에 어렵게 침투하여 물질을 정신적인 것으로 만드는 정신이다." 실제로 노동은 물질과 정신 사이에 위치한 인간의 실존을 상징한다. 인간은 행동하는 한에서만 존재한다. 인간에게서 일을 끝낸 후 느끼는 기쁨과 자부심은 다른 유흥의 기쁨과 비교할 수 없을 만큼 값지다. 세계와 사회에 참여하고 있다는 사실은 보수의 문제를 떠나 그 자체로 인간에게 보람을 안겨준다. 그러므로 진정한 일은 자아실현에 있어 필수적이며 노동은 물질적 차원에 국한되지 않는 만족을 노동자에게 제공한다.

인간의 삶에서 일이 얼마나 중요한지는 사회에서 배제되고 실업자가 되었을 때 절감하게 된다. 인간은 단지 빵만으로 살 수 있는 동물이 아니라 누군가에게 스스로가 필요한 존재라는 것을 증명하고 싶어하는 동물이다. 따라서 사회적으로 자신이 쓸모없다는 것을 인식한다면 스스로에 대한 존엄성마저 잃을 위험이 있다. 노동은 세계를 변화시키고, 끊임없이 그곳을 살기 좋은 곳으로 만들며, 유용한 작품들을 창조할 뿐만 아니라, 노동자에게 자부심을 안겨주어 자아실현을 돕는다. 그런 의미에서 노동은 그 자체로 실천윤리를 지향한다고 말할 수 있다.

바칼로레아의 질문들

- 인간의 자유는 일해야 한다는 필연성에 의해 제약을 받는가? (1999)
- 기술은 우리의 자유를 증가시키는가? (1999)
- 일 없는 사회를 상상할 수 있는가? (1999)

최저임금 노동자는 현대판 노예인가?

자본주의의 질주 속에 수많은 노동자들은 미래에 대한 전망 없이 단지 살아남기 위해 다른 사람에게 종속되어 살아가고 있다. 자아실현이나 적성과 상관없이 생존을 위해 장시간의 노동과 열악한 작업환경을 감수해야 하는 현대 노동자들의 삶은 과거 노예의 삶과 유사한 면이 있지 않을까? 자본주의 시대가 도래하기 전에도 사회는 항상 소수의 지배자들과 다수의 피지배층으로 구성되었었다. 그리고 후자는 전자의 행복을 위해 봉사하는 수단으로 간주되어 왔다. 그러나 현대에 들어 인력을 대신할 기술과 기계가 발달함에 따라 노동자들은 그런 일자리마저 잃을 위험에 처해 있으며 어떤 조건도 받아들여야 하는 취약한 상황에 놓여 있다. 자본주의와 기술의 희생자가 되어 기본적인 인권마저 저당 잡힌 현대의 노동환경을 어떻게 이해해야 할까? 민주주의는 노예제도를 부정하지만 현실적으로 자본시장의 논리는 새로운 형태의 노예를 산출하고 있는 것이 아닐까? 경쟁논리에 기초한 자본주의 사회에서 노동자의 인권을 보호하기 위해 어떻게 대처해야 할 것인지에 대해 토의해 보자.

노동의 세계에 연대감이란 존재하는가?

일에 의해 인간들은 서로 더 단결되는가? 아니면 더 해체되는가? 전통적으로 직업의 세계는 개인들이 서로 경쟁관계 내지는 충돌상황에 놓여 있는 곳으로 묘사

된다. 직업이란 돈(자본)과 필연적인 연관성을 지니므로 우리는 보다 많은 부를 획득하려 노력하며 그 과정에서 경쟁자에게 해를 입힐 수밖에 없기 때문이다. 특히 실업의 위험이 있을 때 노동자는 이기주의자가 될 수밖에 없다. 자본주의 사회에서 실업의 위험은 증대되고 있으며 사람들은 경쟁심을 연대감보다 더 중요시해야 할 상황으로 몰리고 있다.

그러나 다른 한편으로 볼 때 일이란 교환을 전제로 하며 교환을 통해서만이 사회적 연대와 조화, 대화가 가능하다는 이론도 제시할 수 있다. 인간은 기본적으로 자신의 일의 결과만으로는 살 수 없다. 어부는 농부의 도움이 필요하고 사업가는 과학자의 도움이 필요하다. 인간이 사회적 동물인 것은 인간이 기본적으로 연대감을 필요로 하는 존재라는 것을 잘 보여준다. 물론 일이 어떤 형태를 취하느냐에 따라 문제는 달라질 수 있다. 일이 권력과 지배, 감시를 기초로 한 생존수단에 불과할 때 일은 사람들을 비인간적인 적으로 만들 것이며 일의 교환이 정당하고 공평한 원리에 기초할 때 보다 생산적이고 평화로운 인간관계를 모색할 수 있을 것이다. 부르주아 이데올로기는 인간의 목표는 항상 더 많은 물질적 부를 소비하는 것이라고 말하지만 사실상 인간은 일을 통해 경제적 이익뿐 아니라 사회적 귀속감, 협조, 연대감, 우정, 존중 등 그외 여러 인간적 덕목을 추구한다. 회사 내에서의 연대감에 대해 생각해 보자.

노예상태에서 벗어나자

그들이(노동자들이) 지금처럼 기계의 톱니바퀴로, 말하자면 인간 정신의 발명품에서 부족한 것을 메우는 임시대체물로 이용당한다는 사실에 치욕을 느끼지 않는다면! 쳇! 돈을 많이 받으면 자기네들의 비참함, 그러니까 그 비인격적인 노예상태가 본질적으로 치료될 수 있을 거라 믿다니! 쳇! 새로운 사회의 기계적인 구조 안에서 이러한 비인격성의 증대 덕분에 노예상태의 치욕스러움이 미덕이 될 수도 있다는 말을 곧이곧대로 믿다니! 쳇! 사람이 되길 그만두고 톱니가 되는 대가로 값어치를 얻다니!

당신들은 될 수 있는 한 많이 생산하기만 하고, 될 수 있는 한 부자가 되기만을 궁리하는, 현재를 살아가는 사람들이 벌이는 미친 짓의 공모자인가? 당신들의 임무는 얼마나 많은 내면적인 가치가 그런 외면적인 목표 때문에 낭비되는지를 기록한 적자 대차대조표를 그 사람들에게 보여주는 것이다.

한데 자유롭게 숨쉬는 것이 무엇을 의미하는지를 더 이상 알지 못한다면 당신들의 내면적인 가치는 어디에 있는가? …… 도리어 사람들은 모두 마음속으로 이렇게 생각해야 할 것이다. "차라리 이민을 가자. 세계로 나가서 아직 아무도 손대지 않은 미개한 지역의 주인이 되고, 무엇보다 나 자신의 주인이 되도록 해보자. 조금이라도 노예상태의 조짐이 보이는 한 장소를 바꾸자. 모험과 전쟁을 피하지 말고 최악의 경우 죽을 각오를 하자. 옳지 못한 노예제도를 더 이상 참지 말아야 한다. 이렇게 가혹하고, 악의적이고, 음모적으로 변해서는 안 된다! 이것이 올바른 정신자세일 것이다.―니체,《아침놀》, 1881

04

우리에게 복수할 권리가
있는가?

Baccalauréat, 1990

복수가 친구의 상실을 대체해 주지는 않는다.
프라트(Hugo Pratt, 이탈리아 만화작가)

복수할 때 인간은 그 원수와 같은 수준이 된다. 그러나 용서할 때 그는 그
원수보다 위에 서 있다.

베이컨(Francis Bacon, 영국의 철학자·정치가)

증오를 심는 자는 폭력을 거두고 복수를 심는 자는 죽음을 거둔다.
장 크리스토프 그랑제(Jean-Christophe Grangé, 프랑스 기자·작가)

서론

복수를 한다는 것은 타인이 저지른 잘못이나 범죄에 대한 죗값을 치르게 하는 것을 의미한다. 즉, 복수란 이유 없는 단순한 폭력이 아니며 상대방이 내게 행한 나쁜 짓을 되돌려줌으로써 균형을 되찾고 스스로 정의의 이름으로 형벌을 내리겠다는 의도를 내포한다.

내가 당한 것과 똑같은 피해를 상대방에게 입힘으로써 보상받을 수 있다는 마음이 복수에는 내포되어 있다. 이에는 이, 눈에는 눈이라는 동죄형벌의 법은 이를 완벽하게 실현하고 있고, 이 사실은 복수의 잔인한 면모를 잘 보여준다. 복수는 인간의 기본적인 욕망이다. 그러나 복수를 하고자 하는 욕망을 정당한 것으로 받아들여야 하는가? 악을 악으로 해결하고자 하는 노력은 끝없이 더 큰 비극을 불러왔음을 역사는 잘 보여주었다. 복수란 하고 난 후에도 슬픔과 허무가 남는 것이라고 사람들은 말한다. 예수는 "오른뺨을 치거든 왼뺨마저 돌려 대라"는 표현으로 용서의 미덕을 강조했다. 그렇다면 복수보다 악에 대항하기 위한 더 나은 방법은 없는지 생각해 볼 필요가 있지 않을까? 복수의 특징은 무엇이며 정당한 처벌과 복수가 다른 점은 무엇인가?

감정적 처벌과 이성적 처벌

정의로운 처벌과 복수는 겉으로 보기에 별반 다를 바 없어 보이며 그렇기 때문에 우리는 복수하는 것이 정의를 존중하는 행위라고 착각하기 쉽다. 예를 들어 사람을 죽인 살인자의 생명을 사형으로 빼앗는 것은 복수와 합법성이라는 공통된 맥락에서 이해될 수 있다.

즉, 정의와 복수를 유사한 것으로 생각하는 것은 처벌이란 개념 때문일 것이고, 실제로 이 처벌의 문제에 있어 정의와 복수는 공통분모를 지닌다. 그러나 법적 차원에서 처벌이 이루어지느냐 아니냐에 따라 가해자에 대한 동일한 처벌이 최선의 법이 될 수도 있고 끔찍한 범죄가 될 수도 있다. 그렇다면 복수와 합법적인 처벌을 구별하는 기준은 무엇인가?

우선 개인적 만족감의 정도에 있어 복수와 형벌은 분명히 구별된다. 복수란 내가 당한 것을 타인에게 돌려주고 그의 고통을 보며 만족하는 것을 말한다. 물론 어떠한 벌도 잃어버린 것을 되살릴 수는 없다. 그러나 비록 상실된 것을 회복시킬 수는 없다 해도 복수는 감정적 위로를 제공한다. "용서는 가장 아름다운 것이다. 그러나 복수는 너무도 큰 만족감을 준다"는 시몽 뒤쇼(Simon Dussault)의 지적처럼 복수를 행할 때 인간은 큰 희열을 느끼게 된다. 반면 누군가를 법으로 처벌하는 것은 결코 개인적인 만족을 목적으로 하지 않는다. 복수는 욕망과 정념에 근거하고 있는 데 반해 합법적 처벌은 이성적 판단에 기초하고 있으므로 이 둘은 동일선상에서 이해될 수 없다. 욕망과 분노의 감정이라 할 복수는 당한 사람의 개인적인 만족을 실현하는 것을 목적으로 한다. 그러나 살인하고 싶은 욕망을 살인해도 되는 권리로 간주할 수는 없다.

징의로운 처벌과 복수의 확실한 차이는 죄와 벌 사이의 시간적 간격에서도 발견된다. 복수를 하는 자는 피해를 입은 후 처벌의 성격을 즉각적으로 결정하며 복수할 자에게 어떤 통보도 하지 않는다. 문제는 이 경우 가해자는 자신의 잘못을 인지하지 못할 수도,

자신이 어떤 벌을 받게 될지 전혀 짐작하지 못할 수도 있는데, 그렇다면 자신의 잘못에 대한 의식을 제대로 갖추지 못한 자에게 벌을 가하게 되는 셈이다. 합법적 처벌은 이와 다르다. 법은 행동의 결과를 예견할 수 있는 지표를 제공하기에 처벌을 받게 될 범죄자는 법을 저촉하면서 그가 어떤 위험에 처해 있는지를 확실히 알 수 있다. 법은 직설법일 수도 명령법일 수도 있다. 직설법일 경우, 범죄 X는 벌 Y에 의해 처벌될 것을 명시한다. 그러므로 범죄자는 자신에게 일어난 일에 놀랄 수 없다. 또한 죄는 정확히 분류 분석되고, 처벌 역시 이에 상응하여 결정되기 때문에 보다 큰 객관적 가치를 지닌다. 요컨대 처벌과정에 있어서, 복수의 경우 처벌은 상대방에게 거의 예고되지 않고 처벌을 행하는 것 그 자체에만 주력하지만, 합법적인 처벌은 공판과 법정을 통해서만 행해질 수 있다는 차이점을 보인다.

제삼자의 필요성

그렇다면 이성을 사용하여 스스로 복수의 권리를 합법적으로 구축할 방법은 없을까? 이것은 사실상 불가능할 것으로 보인다. 왜냐하면 복수를 행하는 자는 스스로의 행동을 어떤 방식으로든 정당화할 것이기 때문이다. 사실 누가 벌을 줄 것인가를 결정하는 것은 매우 중요한 문제이다. 처벌한다는 것은 비난할 만한 행위를 벌한다는 것인데, 우선 어떤 행위가 비난할 만한 것인지를 정확히 판단하는 것은 결코 쉽지 않다. 복수의 경우, 형벌의 선택은 피해를 입은 당사자나 그 가족 등에 의해 결정된다. 그런데 이 경우 형벌을 선택하는 사람의 결정은 임의적이고 편파적일 수밖에 없다는 문제가 발생한다. 반면 합법적 처벌은 판사에 의해 익명적인 방식으로 익명적인 대상에게 행해진다. 즉, 법이 제삼자의 의견을 필요로 하는 데 반해 복수의 경우 제삼자가 제외된다는 점에서 우리는 그 행위에 권리를 부여하기 힘들다. 헤겔은 이와 관련해서 다음과 같이 적고 있다. "복수는 피해자의 행동에 의해 얻어진 회복이라면, 형벌은 판사의 작품이라는 점에서 복수는 형벌과 구분된다. 죄의 회복은 형벌의 형태로 이루어져야 한다. 왜냐하면 복수 안에는 정념이 행사되고 있기 때문이다. 더욱이 피해자는 감정과 주관적 동기에 의해 행동하기 때문에 복수는 법의 형태를 지니고 있지 않고 임의적인 형태를 취한다. 법이 복수의 형태로 나타날 때 그것은 새로운 죄를 형성할 것이고 개인적 행동처럼 느껴질 것이며 가차없이 무한히 새로운 복수를 야기할 것이다."

요컨대 법은 개인에 따라 달라질 수 있는 처벌의 양과 성격을 하나로 규정하고 있으므로 보편성을 보장하고 예측을 가능케 한다. 무엇보다 법은 복수를 행함에 있어 작용할 주관적 판단의 위험을 최소화한다는 점에서 과격한 처벌을 피할 수 있게 한다. 나아가 재판관에 의해 선고된 벌은 복수의 연결고리를 멈추게 하는 긍정적인 역할을 할 수 있나. 아무리 결과가 마음에 들지 않아도 법이라는 추상적인 상대에게 복수를 가할 수는 없기 때문이다. 몽테스키외 (Montesquieu)에 의하면 법을 대변하는 자에 불과한 재판관은 누구의 편도 들지 않고 중립적인 입장에서 공정하게 처벌을 내려야 한다. 실제로 재판관은 갈등과 직접적인 연관관계가 없는 자이기 때문에 우리는 그가 정념이나 감정에 휩싸이지 않고 이성적인 결정을 내릴 것이라 기대할 수 있다. 그러나 만약 신의 이름으로 법의 권력을 대신하겠다고 나서는 자가 있다면 우리는 그의 결정을 의심할 수밖에 없다. 왜냐하면 정의는 개인의 이름을 빌리지 않고 그 자체로 표현되는 것이기 때문이다. 법과 정의의 이름을 차용하는 자는 사실상 법이라는 알리바이를 통해 개인적 이익을 추구하는 부정의한 자에 불과하므로 그가 재판관이라 할지라도 우리는 그의 판단을 수용하지 말아야 할 의무가 있다.

처벌의 문화적 성격

복수가 주로 무력적인 힘을 사용하는 데 반해 법은 합법적인 계율을 적용한다는 점에서도 복수와 법적 처벌은 구분된다. 복수의 정신은 근본적으로 폭력적이다. 복수가 피와 잔인함을 요구한다면 법은 보다 덜 가혹한 처벌을 지시하며 자신에게 피해를 입힌 사람에게 적나라한 고통이 아닌 다른 방식으로 벌할 수 있음을 보여준다. 동죄형벌 원칙에 따라 내 눈을 다치게 한 사람에게 같은 벌을 내리는 것은 상상만 해도 매우 끔찍한 일이다. 실제로 발전된 형태의 사법적 규제는 피해자가 받은 고통과 같은 정도의 고통을 가해자에게 주어야 한다는 동죄형벌법을 실행하지 않으며, 그 범죄자가 범한 악과 똑같은 악을 가하지도 않는다. 또한 범인의 의도와 죄질을 참조하여 피해의 크기보다 범죄자의 의도에 더 많은 비중을 두고 처벌한다. 따라서 물리적 고통을 벌금으로 대신하기도 하는데 이는 벌의 개념에 있어 부인할 수 없는 발전이라고 할 수 있다. 즉, 법은 복수할 수 있는 적당한 권리를 제공하지만 그 이상은 금지함으로써 상호 폭력을 한정한다. 또한 복수가 정념에 사로잡혀 상대에게 되도록 많은 피해를 입히려고 하는 데 반해 법적인 정의는 형벌을 범죄에 균등하게 적용하려고 애쓴다. 18세기의 작가들은 특히 이 문제에 관심을 기울였다. 몽테스키외는 대표 저서《법의 정신》의 "범죄와 균등한 벌"이라는 장에서 도둑질을 한 자와 도둑질을 하고 강도질을 한 자에게 같은 형벌을 내리는 것, 즉 중죄와 경죄를 구분하지 않는 것은 우리가 행하는 악의 하나라고 명시하고 있다. 결과보다는 과정과 동기를 참작하는 행동은 인간의 이성과 자유의지를 인정하는 보다 문화적인 처벌형식이라고 볼 수 있으며 이런 법적 처벌이 강화됨에 따라 복수는 점차 사회 제도권 밖으로 밀려나게 된다.

그러나 처벌의 양과 성격을 명확히 결정할 수 있을 만큼 정의로운 사회가 과연 존재하는가 하는 의문을 던질 수 있다. 법은 언제나 강한 자에게 관용적이지 않았던가? 법적 기구의 정의 뒤에는 집단적 복수심이 존재하지 않는지에 대해서도 우리는 의심할 수 있다. 특히 사형선고를 받은 정치범의 모습은 모순적인 법질서의 한 단면으로 다가온다. 정치범의 생명을 빼앗는 것은 사회의 반항적 집단에 대한 복수로 해석할 수 있지 않을까? 법적 처벌이 복수로 전위될 위험과 강자가 법적 기구를 남용할 위험은 항상 존재한다. 전제군주가 존재하는 나라에서 법정은 폭군의 욕망이 실현되는 장소일 뿐이며, 법은 개인적인 복수나 이익을 위해 사용될 것이다. 그러므로 복수의 정신이 법적 메커니즘에 관여하지 않도록 하기 위한 조건들은 철저히 지켜져야 한다. 여기서 변호사의 중요성을 지적할 필요가 있는데 유죄선고를 받은 자가 변호사에 의해 변호될 수 있다는 사실은 판정의 객관성을 위해 필수불가결하며 이러한 변호과정이 없다면 합법적인 선고를 기대할 수 없다.

법적 처벌이 얼마나 인간존엄성을 존중하는지는 한 사회의 문화적 수준을 가늠할 수 있는 중요한 기준이 된다. 18세기 후반의 철학자와 법률가들은 처벌의 잔인성을 비판하면서, 벌이 스펙터클이 될 경우 고통이나 고문의 성격을 띠게 되는데 이것은 복수적 형태의 처벌과 다를 바 없음을 강조했다. 또한 그들은 고문을 야만적인 행위로 고발했다. 이런 인도적 분위기 속에서 사형을 옹호하는 자들도 보다 덜 고통스런 처형을 요구했는데, 이러한 요청에 의해 만들어진 것이 바로 기요틴이다. 혁명가들에게 기요틴은 잔인함을 배제한 효율적이고 이상적인 처형도구였다. 이처럼 처벌 자체의 객관성과 더불어 처벌자의 인권이 존중되기 시작한 것은 법의 역사에 있어 큰 진보라고 말할 수 있다.

복수의 목적

복수에 있어 흥미로운 것은 내게 직접적으로 피해를 입힌 자보다 나에게 피해를 입히고자 한 사람에게 우리는 더 복수심을 느낀다는 것이다. 복수는 인간이 사회생활을 하기 전에도 존재했다고 믿기 쉽지만 사실 자연상태에서 복수란 존재하지 않았다고 루소는 말한다. 왜냐하면 복수는 자존심이라는 근본적인 감정을 전제로 하는데, 자존심은 자연상태에선 불가능한 감정이기 때문이다. 사회생활을 영위하는 인간들은 서로서로를 비교하게 되고 그로부터 남으로

"용서는 가장 아름다운 것이다. 하지만 복수는 너무도 큰 만족감을 준다"고 시몽 뒤쇼가 말했듯이 복수는 가장 원초적인 인간의 욕망이다. 이러한 본능을 뛰어넘어 보다 이성적으로 악에 대항할 방법은 없을까?

부터 더 인정받고자 하는 욕구와 모욕을 줄 수 있다는 가능성이 발생한다. 요컨대 복수는 문명의 상징이라고 할 수 있다. 폭력의 강도가 어떠하였건 간에 자연인들의 충돌에서는 모욕이 자리할 여지가 없었다. 왜냐하면 자연인들에게 상대방의 인격을 겨냥한 행위는 의미를 지니지 않았기 때문이다. 반면 겉으론 외상이 없는 사소한 문제로도 사회적 인간은 크게 모욕감을 느낄 수 있다. 즉, 복수란 결과에 대한 단순한 보복이 아니라 자존심의 복구라는 목적을 지닌다. 그렇기 때문에 의도적으로 우리에게 피해를 입히고자 한 경우, 또는 우리의 인격 자체가 무시당했다는 느낌이 들었을 때 우리는 복수를 간절히 원하게 된다.

그렇다면 과연 복수의 목적은 무엇일까? 에밀리 브론테(Emily Brontë)의 소설《폭풍의 언덕》에서 주인공 히드클리프는 주워온 아이라고 자신을 학대한 집안에 복수하기 위해 부를 축적하고 이 부를 통해 원한을 품은 집안의 재산을 모두 사들여 그 가족을 파멸에 이르게 한다. 뒤마(A. Dumas)의 유명한 소설《몽테크리스토 백작》의 주인공인 에드몬드 단테스는 자신을 감옥에 가두고 가족을 빼앗은 주범을 처벌함으로써 보상을 받으려 한다. 그러나 복수를 하고 벌을 내린다 해서 과거 상황이 재건될 수 있는 것은 아니다. 한번 행해진 악은 폐지될 수 없다. 그리고 어떤 것도 에드몬드 단테스가 감옥 안에서 보낸 수많은 시간들을 보상해 줄 수 없다. 우리는 피를 피로 갚는 식으로 복수를 행하는데, 문제는 그 복수로 다시 피를 흘리게 된 자는 스스로를 피해자로 느끼고 다시 복수를 결심하게 된다는 것이다. 자신이 먼저 상대방에게 피해를 입혔다 해도 상대방

의 복수에 의해 자신이 흘린 피를 당연한 보상이라고 생각하는 자
는 없다. 따라서 그로부터 끝없는 새로운 갈등과 폭력이 시작된다.
즉, 복수는 끊임없이 새로운 복수를 만들어내는 구조를 지니고 있
다. 그것은 어떤 것도 막을 수 없는 반복과 악순환의 구조이다. 그
렇다면 적어도 그것에 한계를 짓는 자가 필요한데 이 역할을 수행
하는 것이 바로 법이다.

한편 용서의 가능성에 대해 생각해 볼 수 있다. 성서에 나오는 용
서의 대표적 예는 요셉의 경우이다. 요셉은 형들의 시기를 받아 죽
음의 위험에 놓이게 된다. 그러나 애굽에서 천신만고 끝에 살아나
총리대신이 되고 자신을 죽이려 했던 형제들을 다시 만났을 때 그
는 이 형들을 모두 용서한다. 실제로 많은 현자와 종교인들은 용서
만이 갈등의 고리를 풀 수 있다고 말하면서 내게 해를 입힌 타인뿐
아니라 삶의 비극적인 측면까지 받아들임으로써 내적인 평안을 찾
을 것을 권고했다. 물론 용서는 수행과정으로 여겨질 만큼 어려운
과제일 수 있다. 그러나 "우리의 어리석음을 서로 용서할 수 있다는
것은 자연의 첫 법칙, 인간의 전유물이다"라고 볼테르(Voltaire)가
말했듯이 서로의 불완전함을 인정하고 과오를 용서할 때 우리는 궁
극적인 평화를 실현할 수 있다.

결론

앙갚음을 목적으로 하는 복수는 누구에 의해 시작되었는지 정확히
알 수 없으므로 그대로 방치할 경우 복수는 사회 전체를 혼란에 빠
뜨릴 수 있다. 즉, 복수가 다시 복수를 부르는 사태를 막기 위해서

라도 복수는 합법적 처벌에 의해 대치되어야 한다. 합법적 처벌은 제삼자에 의해 이성적이고 객관적으로 행해지므로 보다 효율적으로 정의를 실현할 수 있다. 요컨대 정의는 복수를 포함하지만 복수는 정의를 포함하지 않는다는 사실에서 합법적 처벌과 복수는 구분된다.

우리는 복수하고자 하는 우리의 자연적인 성향을 법을 통해 해결해야 한다. 그리고 법은 평등하고 정의로운 법의 이상을 실현하여 정당한 복수의 권리를 인정하는 동시에 과도한 폭력을 금지함으로써 더욱 공정하고 평화로운 사회를 만들어야 한다. 좀더 윤리적이고 개인적인 차원에서 본다면 우리는 용서를 통한 화해의 가능성도 상정할 수 있다. 내가 잃어버린 눈을 남의 눈을 잃게 한다고 해서 되찾을 수 있는 것은 아니다. 인간의 의무는 받은 것을 되돌려주는 것이 아니라 반대로 그 폭력의 반복성과 교환성을 끊음으로써 갈등을 해소하는 것이다. 미움과 폭력은 강인함의 표시가 아니라 상처 입었다는 약함의 증거이며 우리의 행복을 저해하는 가장 큰 요소이다. 마음의 정의인 용서를 통해 이 모든 부정적 감정을 극복할 때 우리는 진정한 행복에 이르게 될 것이다.

바칼로레아의 질문들

- 범죄의 재발을 막기 위해 법은 벌하는 것인가? (1996)

● 형벌은 복수의 합법적인 형태인가? (1996)

공공의 적에 대한 복수, 사형제도에 대하여

우리나라 헌법재판소는 1996년 11월 28일 "사형이 공공의 이익 등을 보호하기 위해 예외적으로 불가피한 경우에만 적용되는 한, 헌법 규정에 위반되는 것으로 볼 수는 없으며 사형은 죽음에 대한 인간의 본능적 공포심과 범죄에 대한 응보욕구가 서로 맞물려 고안된 '필요악'으로서 정당화될 수 있다"는 이유에서 사형이 우리나라 헌법 질서에 반하지 않는다고 결정하였다.

그러나 얼마 전 이루어진 사형제 폐지 특별법안에 서명한 여야 의원이 과반을 넘어 법안이 국회에 곧 제출될 것으로 보인다. 현재 세계적으로 사형제를 폐지한 나라가 110여 개국이 넘으며 유럽연합은 사형제 폐지를 가입조건으로 삼을 정도로 폐지가 대세다. 우리나라도 학계에서는 사형제를 둘러싼 논쟁이 폐지 쪽으로 이미 결론이 난 상태라고 한다. 사형제도에 대한 일반의 인식도 크게 바뀌고 있는 만큼 사형제도 폐지론이 강세를 보이고 있다. 사형제도의 폐지를 요구하는 사람들은 나음과 같은 이유로 사형의 해악성을 고발한다.

첫째, 사형제는 범죄방지 효과와 응보정의 차원에서 필요하다는 이유로 존속돼 왔다. 그러나 사형제에 의한 범죄방지 효과는 과학적인 근거가 없고, 죗값을 치르게 해야 한다는 인과응보론은 전근대적인 형벌로서 교정 쪽으로 방향을 바꾸는 것이 더 정당하다. 사형제도를 그대로 유지하는 것은 결국 국가가 범죄인에 대한 개선과 교화의 노력을 스스로 포기하는 것이고, 법이라는 명목에 의존한 사회가 개인에게 자행하는 또 다른 살인행위이다.

둘째, 사형제도는 제도적으로도 많은 결함을 갖고 있으며 인간적 오류나 성급한 판단에 의한 오판의 가능성을 배제할 수 없다는 문제점을 지적할 수 있다. 즉, 생명권을 빼앗은 뒤 오판이 밝혀질 경우 어떤 배상도 불가능하다는 점에서 사형제도의 폐단이 발견된다.

셋째, 사형은 자주 인종, 민족, 종교 및 소외집단에 대한 탄압의 수단으로 사용된다. 우리도 이념대립과 독재를 겪으면서 '정치 살인'이라는 사형제도의 폐해를 익히 경험했다. 사형제도가 최종적인 형벌에 무방비한 사람들, 즉 가난한 자, 정신장애자, 또는 인종적·종교적·윤리적 소수집단에 속하는 이들에게 가장 많이 적용되고 있다는 사실 역시 잘 알려져 있다. 미국 앰네스티 인터내셔널(Amnesty International, 사형제도 폐지 주장 단체)은 미국 내 사형수들 중 백인보다 흑인이 5배 이상 더 빈번하게 처형에 처해진다고 보고하고 있다. 범죄와 사회적 불평등은 필수불가결한 관계를 맺고 있으며 이 점을 참작하여 정치권력의 남용을 예방하는 차원에서 사형제도 폐지를 주장할 수 있다.

넷째, 사형제도의 문제점으로 무자비한 사형방법과 사형의식 자체의 잔인함뿐 아니라 사형집행을 기다리는 과정에서 발생하는 극도의 공포심은 정신적 고문의 차원에서 문제시될 수 있다.

반면 사형제도를 여전히 찬성하는 사람들의 주장은 다음과 같다.

첫째, 사형제도를 없앤다는 것은 유영철과 같은 반인류적 흉악범에게 희생된 사람들과 그 가족들의 인권을 무시하는 것이며 사회정의에도 위배된다. 처벌의 목적은 교화에만 있는 것이 아니며, 정의가 존재하며 악자는 보답을 받는다는 인과응보의 원리를 존중하는 것이다. 만약 자신이 사랑하는 사람이 흉악범에게 살해되었을 때도 인권을 운운하면서 사형제도의 폐지를 주장할까?

둘째, 몇몇 전체주의 국가를 제외하고 사형을 행하는 경우는 극히 드물고 살인을 저지른다 해도 경우에 따라 가벼운 형을 받을 수도 있다. 즉, 누구나 이성적으로 설득될 수 있을 만큼의 잔혹한 존속살인과 같은 범죄에만 사형을 내리고 있다. 이런 의미에서 인권운동단체가 주장하는 인권을 그 인권을 스스로 포기한 사람에게까지 주어야 하는지는 의문이다.

셋째, 흔히 범죄를 일으키는 것은 사회에도 책임이 있다고 말한다. 살인범들은 대부분 사회의 무관심 속에 불우한 어린 시절을 보내고 상류층에 대한 반감 때문에 이러한 살인을 저질렀다고 한다. 하지만 불우한 어린 시절을 보냈다고 해서 모두가 그런 행동을 하는 것은 아니다. 만약 불우한 운명이 모든 행동을 정당화한다면 자유의지나 도덕의 가치는 무효화될 것이며 사회는 숙명론적 허무주의에 빠지게 될 것이다.

정리하자면 사형제도의 유지를 주장하는 사람들은 개인의 생명보다는 전체 국민의 생명에 더 중점을 두며 전체의 안전을 위해 사형제도를 존치해야 한다고 주장한다. 이들은 사형제도를 유지함으로써 중대한 범죄나 잔인하고 포악한 범죄에 대처할 수 있으며, 국가적 질서유지와 인류적 문화유지가 가능하다고 생각한다.

그렇다면 사형제도의 폐지에 대한 찬반논의는 결국 개인과 전체, 윤리와 법, 용서와 정의라는 이분법 간의 필연적 갈등구조 속에 놓인다고 볼 수 있다. 사회의 안전을 위협한 개인을 처벌하는 것이 과연 공공의 적에 대한 복수의 차원에서 정당한지 생각해 보자.

더 생각해 봅시다 ❷

정당한 폭력이란 존재하는가?

일반적으로 우리는 폭력을 비판하고 평화주의자가 될 것을 권유한다. 폭력의 대상이 타인이긴 자신이건 간에 폭력이란 결국 파괴로 이어지므로 사회 역시 폭력을 막기 위해 여러 수단을 동원한다. 그 대표적인 것이 법으로, 국가는 시민들 간의 불만과 갈등을 법을 통해 이성적으로 해결하고자 하며 대내외적 폭력을 최소화하는 것을 목표로 한다. 그러나 폭력이 반드시 필요한 경우도 존재하지 않을까? 세상이 이상적이라면 대화나 이성으로 모든 문제를 해결할 수 있겠지만 예외적인 경우는 언제나 존재한다. 가령 방어 차원의 폭력은 도덕적으로도 옹호될 수 있다. 또한 지배자들의 폭력과 억압이 심할 경우에도 대중들은 이에 저항하여 연대적 폭력을 사용할 수 있다. 전쟁과 폭력은 인간의 본능에 속하며 이를 제어하는 것이 인본적인 소명이다.

역사를 뒤돌아볼 때 역사의 각 장은 폭력으로 난무하며 힘 앞에서 법이 무력해지는 것을 우리는 수없이 목격하게 된다. 동물적인 본능으로 인간은 항상 타자를 누르고 지배하고 소멸시키고자 했으며 피의 힘은 역사를 움직이는 원동력이 되기도 했다. 수많은 영웅들, 나폴레옹, 알렉산더, 칭기즈 칸 등은 모두 폭력을 사용하여 자신의 가치관을 강요한 자들이다. 그렇다면 문제는 남의 폭력은 비난하면서 자신이 사용한 폭력은 정의의 이름으로 정당화하지 않는가 하는 것이다. 르네 지라르(René Girard)와 같은 문화인류학자는 모순적으로 보일지는 몰라도 폭력은 사실상 사회를 안정시키고 순환시키는 역할을 맡고 있으며 어떤 의미에선 폭력이 기존의 사회적 질서를 옹호한다고까지 말했다. 이런 관점에서 본다면 국가의 법도 정당화된 폭력이 아닐까 하는 질문을 던질 수 있다. 현실적인 세계에서 폭력의 부재를 기대할 수는 없는 것일까? 인간의 본능은 단지 억제될 뿐이지 사라질 수는 없는 것일까? "한 사람을 죽이면 살인자고 수많은 사람들을 죽이면 정복자이고 모두를 죽이면 신이다"라고 장 로스탕(Jean Rostand)은 말했다. 왜 영웅과 국가의 폭력은 미화되는지에 대해 생각해 보자.

더 생각해 봅시다 ❸

인간은 전쟁을 피할 수 있는가?

전쟁은 참으로 오래된 문제이다. 아무리 국제법과 인권이 발전했다고는 해도 우리는 여전히 전쟁의 문제를 해결하지 못하고 있다. 현재에도 전쟁은 여러 형태로 지구 곳곳에서 발생하고 있으며 인간은 항상 자신에게도 닥칠지 모르는 전쟁에 대한 두려움을 갖고 있다. 홉스가 말했듯이 "인간은 인간에 대한 늑대"이기에 전쟁은 피할 수 없는 인간의 실존조건을 구성하는가? 정신분석학에 의하면 인간은 삶에의 욕망과 함께 죽음에의 욕망을 지니고 있다. 그렇다면 아무리 이론적으로 평화를 강조한다 해도 결국 크고 작은 전쟁은 보편적이고 자연스럽다는 결론에 이르게 된다. 동물처럼 인간은 생존을 위해 싸움을 벌인다. 그러나 동물과 달리 인간은 단지 생존을 위해서가 아니라 부나 명예나 복수 등 부차적 이유로도 전쟁을 일으킨다. 문제는 인간의 권력욕은 무한하기에 한번 시작한 전쟁을 종결하는 것이 결코 쉽지 않다는 것이다.

그러나 인간의 본성은 권력투쟁을 원하는 동시에 평화를 지향하고 있으며 이성은 그 이상을 위해 노력할 것을 권고한다. 인간은 완전히 선한 존재도 아니지만 완전히 악한 존재도 아니다. 누구나 불안과 폭력을 싫어하며 안전을 갈구한다. 그러므로 최선을 다해 죽음에의 욕망이 아닌 삶에의 욕망을 강화하는 것이 인간으로서의 윤리적 의무이다. 전쟁의 원인과 결과에 대해 생각해 보자.

과학적 진리는 잠정적일 뿐인가?

Baccalauréat, 1995

과학만이 이성의 자살이라 할 회의주의를 가르치지 않고서도 신중함을
가르쳐줄 수 있다.
폴 베르(Paul Bert, 프랑스 생리학자)

진보는 어떤 필연적인 성격도 지니지 않았다. 무엇도 더 나은 내일을 보장해
주지 않는다.
칼 포퍼(Karl Popper, 오스트리아 철학자)

과학적 지식은 절대적이지 않다. 그것은 사회적·문화적·기술적·역사적으로
지정되어 있으며 따라서 잠정적이다.
스티븐 로즈(Steven Rose, 영국 생화학자)

서론

'2+2=4'라고 말하는 것은 임시적인 진리가 아닌 영원한 진리이다. 반면 태양이 지구 주위를 돈다는 중세 때의 믿음은 16세기 코페르니쿠스(N. Copernicus)의 등장과 함께 깨졌으므로 그것은 결국 당대의 잠정적인 진리였다고 말할 수 있다. 그런데 잠정적인 진리라는 말 자체는 모순을 지니고 있지 않은가? 진리란 그 자체로 영원하고 절대적인 것인데 오늘의 진리가 내일의 오류가 된다는 것은 결국 절대적 진리에 도달할 수 없다는 것을 의미하기 때문이다. 여기서 우리는 진리는 잠정적이라는 주장은 결국 회의주의로 이르게 되지 않을지에 대해 생각해 보게 된다. 이미 여러 분야에서 진리는 그 시대의 산물이며 사회에 따라 달라진다는 주장이 나오고 있지만, 과학적 진리마저 이러한 의심을 받아야 하는가? 과학자이면서 동시에 회의주의자인 것이 가능한가? 진리라는 것은 보편적이고 영원하다는 것을 가정하기 때문에 과학적 언구가 진리인 동시에 임시적으로만 정당하다는 주장은 혼란을 가져온다. 시간과 함께 과학적 진리가 진보한다면 우리는 과연 엄격한 의미에서 과학적 진리가 존재한다고 말할 수 있을까?

과학혁명의 역사

현대인들은 논리적 사유, 실험을 거친 논증, 일관성 있는 증명과 반증 등의 과학적 방법론을 신임한다. 모든 논지에 있어 과학적 증명은 그 주장을 타당한 것으로 만드는 역할을 하기에 과학뿐 아니라 다른 인문학의 영역에까지 과학은 점차 더 많은 권위를 떨치고 있다. 인문학에서의 주장은 검증할 수 있는 토대가 없으므로 언제나 논쟁의 여지를 남겨둔다. 반면 과학은 경험적 실험을 통해 증명될 수 있으므로 보다 보편적인 동의가 가능한 분야이다. 즉, 인문학의 주관성보다는 과학의 객관성이 현대인의 삶에서 더 관심을 모으는 것은, 객관성과 보편성이 곧 진리와 결부된다고 사람들이 생각하기 때문이다.

모든 자연계의 현상이 일정하고 객관적인 법칙에 의해 일어난다고 보는 결정론을 피력한 라플라스(P. S. de Laplace)는 "만일 우주의 모든 입자들의 위치와 운동량을 아는 사람이 있다면, 그 사람은 우주 역사의 전 과거와 미래를 계산하는 데에 필요한 모든 정보를 손에 넣은 것이나 다름없다"고 선언하면서 미래를 예측할 수 있다고 장담했다. 그러나 지난 200년간의 과학사는 이 결정론에 대한 비판이었다고 해도 과언이 아닐 정도로 결정론에 대해 회의적이다. 양자물리학자들을 중심으로 대부분의 현대 과학자들은 자연이란 예측 불가능하며 자연시스템에는 비결정론이 존재한다고 주장한다. 문제는 이 경우 우리가 신임했던 과학적 객관성이 어떻게 불확실성과 양립할 수 있는가 하는 것이다. A와 B 사이의 인과관계가 불확실하다면 영구불변의 진리를 주장하는 것 역시 불가능하다. 포퍼(K. Popper)는 과학에 있어 객관성이란 결코 절대결정론을 전제로 하지 않는다고 주장했다. 마슐라르노 지역적 결정론의 개념만을 중시하여 "모든 결정론은 부분적이고 특수하며 지역적이다. 그것은 특별한 관점에서, 지정된 크기의 질서 안에서, 분명히 그리고 암시적으로 정해진 한계 내에서 포착된다"고 설명했다. 말하자면 과학에 있어 객관적 진리란 필연적인 것과 우연적인 것 모두를 참작해야 함을 의미한다. 한편 과학의 발견은 객관적인 사실에 의거하는 것이 아니라, 관찰자의 지각에 의거한다는 주장 역시 거세지면서 20세기 전반에 걸쳐 사람들은 과학의 객관적 보편진리에 대한 확신을 점점 더 상실해 갔다. 비록 그것이 한 시대의 진리로 공인된다 해도 다가올 미래에 대한 확고부동한 예측을 할 수 없고 따라서 결코 결정적이거나 영원하지 않다면 과연 과학적 진리를 진리로 인정할 수 있을까? '과학적 진리는 잠정적이다'라는 발언은 모든 과학정신을 무너뜨리는 것이 아닐까?

우리는 흔히 과학과 수학은 시공을 초월한 절대진리를 담고 있는 학문이며, 논쟁의 여지가 없이 확실한 지식의 축적과정을 통해 발전해 온 것으로 생각한다. 그러나 과학사를 살펴볼 때 그것은 임시적 진리들의 역사였음을 우리는 인정할 수밖에 없으며 진리를 판정하는 항구적이고 초역사적인 과학적 진리의 기준은 존재하지 않음을 알 수 있다. 과학의 역사는 영원한 변혁의 역사이며 끊임없는 단절과 기존 과학이론에 대한 비판에 의해 이루어졌다. 갈릴레이(G. Galilei)와 함께 시작한 근대과학의 탄생을 상기해 보자. 갈릴레이는 아리스토텔레스의 물리학의 문제점을 근본적으로 지적했고, 그로부터 운동이론에 관한 연구를 시작했다. 코페르니쿠스는 지구가 우주의 중심이라는 생각을 뒤엎고 지동설을 주장해 말 그대로 인식의 '코페르니쿠스적인 전환'을 이루었다. 아인슈타인의 상대성이론은 근대 자연과학의 기반이 되었던 뉴턴(I. Newton)의 고전물리학과 절대시간과 절대공간의 개념에 도전했고 결국 부정하기에 이르렀으며, 하이젠베르크(W. K. Heisenberg)의 불확정성 원리는 고전 물리학의 결정론적인 사고를 무너뜨렸다. 그렇다면 현재 우리가 신임하고 있는 과학적 진리가 언제 또 어떤 이론에 의해 반박될지 모른다. 즉, 과학적 이론은 새로운 사실이 발견되면 고발될 여지가 있는 잠정적인 설명일 뿐이다. 모든 과학은 자체의 오류를 제거하는 과정을 통해 진정한 역사를 구축해 나간다. 아무리 탐구해도 다 알아낼 수 없는 무한한 실재는, 우리의 관찰기술이 정교해지면 질수록, 또 그 성능이 좋아지면 좋아질수록 새로운 모호함을 산출해 내기에 우리는 결코 그 본질에 다가갈 수 없다. 하나의 철학(예를 들면 스피노자의 철학)은 그 철학자가 죽으면 폐쇄된 하나의 체계가 되지만, 과학적인 탐험은 항상 열려 있는 집단적인 사업이며 고정될 수 없는 무한한 발전이다.

현대인들은 과학의 발전에 매료되었으며 그것이 진리를 제공한다고 생각한다. 그러나 진리 개념은 과학의 유익함이나 효용성과는 다른 의미를 지니지 않을까? 플라톤에 따르면 진리란 영원한 것이다. 진리를 말한다는 것은 피상적이고 표면적인 것 아래 존재하는 영원한 본질을 파악하는 것이다. 그렇다면 진보하고 변화하는 진리란 결국 우리가 사물의 본질을 제대로 파악하지 못했기 때문에 발생하는 것이 아닐까? 언제 우리는 진리에 다다랐음을 알 수 있는 것인까? 과학사가 보여주듯이 결국 영원하고 절대적인 진리란 존재하지 않음을 받아들여야 할까?

포퍼는 과학이란 결코 이론의 진리를 증명하지 못하며 그 거짓됨만을 밝힐 수 있다고 말했다. 그의 주장에 의하면 과학은 추측과 반박으로 이루어지며 실험에 의해 객관성에 이르고자 하는 귀납법은 환상에 불과하다. 대신 모든 지식은 항상 주어진 이론의 약점을 밝혀내고 반박하는 반증 가능성을 갖는다. 즉, 자연은 실험자에게 '아니다'라고 대답할 수 있지만, '그렇다'라고 대답할 수는 없다. 포퍼의 반증 가능성을 과학사에 적용할 경우 과학사는 끊임없는 반증과 새로운 가설 제시의 반복으로 그려진다. 이러한 관점에 따르면 점성학이 과학으로 간주되지 못하는 이유는 과학이론은 거짓되었음이 언제라도 밝혀질 수 있는 가능성을 지니고 있어야 하는데 점성학은 언제라도 외부의 비판으로부터 스스로를 방어할 변론의 여지를 갖고 있어서이다. 항상 옳을 수밖에 없는 점성학은 바로 이 점에서 비과학적인 미신이 된다.

포퍼가 끊임없는 반증 가능성을 주장한 데 반해 토머스 쿤(Thomas Kuhn)은 '정상과학'의 기간 동안에 과학자들은 자신의 이론에 대해 비판적인 입장을 전혀 취하지 않는다고 주장하였다. 정상과학이란 그 시대에 존재하는 이론의 틀 안에서 사실들을 설명하고, 발견한 것들을 그 틀 속으로 통합시키면서 발전하는 과학이다. 쿤은 이러한 이론들을 "과학적 탐구 특유의 전통들, 정합적인 전통들을 생겨나게 하는 모델이다"라고 지칭하였다. 그의 주장에 따르면 새로운 과학은 과거의 패러다임과 협상하지 않고 패러다임 자체를 전복시키면서 발전하는 과학이다. 중요한 것은 패러다임의 전복을 통해서이건 반증에 의해서이건 과학적 이론은 끊임없이 비판되고 혁신된다는 것이다. 절대적 진리의 입장에서 이러한 상황을 회의적으로 받아들여야 할까?

태양이 지구 주위를 돈다는 중세 때의 믿음은 16세기
코페르니쿠스의 등장(지동설)과 함께 깨졌다. 시간과 함께 과학적
진리가 진보한다면 우리는 과연 엄격한 의미에서의 과학적 진리가
존재한다고 말할 수 있을까?

약동으로서의 변화

과학적인 의미에서 이러한 변화는 발전을 의미하므로 결코 부정적인 것으로 해석될 수 없다. 《과학적 정신의 형성》이라는 책에서 바슐라르(G. Bachelard)는, 과학자는 끊임없이 그가 인식론적 장애라고 칭하는 것을 만나게 된다고 말한다. 가령 선입견, 견해 등이 그것인데 과학적 앎은 세상에 대한 우리의 순진한 생각으로부터 연유한 이런 근거 없는 신념들을 타파하면서 형성된다. 예를 들어 오랫동안 플로지스톤 이론(phlogiston theory)을 고수하다가 결국 라부아지에(A. L. Lavoisier)의 증명의 견고함에 의해 설득된 화학자 블랙(J. Black)은 라부아지에에게 다음과 같은 편지를 썼다. "라부아지에의 새로운 체계는 오랫동안 건전한 이론이라고 생각되었던 것을 불합리한 것으로 취급하기 때문에, 블랙도 '새로운 체계에 오랫동안 커다란 반감'을 가지고 있었지만 사실 이러한 반감은 '습관의 힘에서 유래한 것에 지나지 않는 것입니다.'"

진리를 주장함에 있어 문제가 되는 것은 주관적 아집과 선입견이다. 내가 믿고 있는 진리 역시 선입견에 불과할 수 있기 때문에 우리는 스스로가 주장하는 개념과 지식도 끊임없이 수정해야 한다. 즉, 과학은 과학자가 옳다고 생각했던 이론, 스스로의 견해에 대한 지속적인 싸움과 같다. 완벽한 이성이 존재하지 않듯이 보편적이고 영원한 진리는 적어도 과학에서는 존재하지 않는다. 바슐라르는 불변하고 영원한 절대이성의 개념은 과학적 지식의 역사적 현실을 간과하고 있음을 지적한다. 그는 과학이란 무엇보다 미래로 열려 있어야 하고 원리들을 의심할 수 있어야 한다고 주장하면서, 새로운 과학정신은 오류를 잘못이 아닌 교정해야 할 것, 끊임없이 이론을 경험에 맞춰 조정해야 할 필요성을 깨닫게 하는 긍정적 요소로 파악하였다. 과학적 관점에서 볼 때 이 세상에 절대선과 절대악은 존재하지 않는다. 마찬가지로 현재 우리가 진리로 믿고 있는 것은 상황에 따라 착오로 밝혀질 수 있다. 우리가 보유하고 있는 잠정적이라 평가되는 진리는 어느 정도 옳으면서 어느 정도 오류와 한계를 지닌 것들이다. 따라서 새로운 이론이 등장해 그 한계를 극복하는 것이 지식발전의 원동력이 된다.

그렇지만 옛날의 낡은 과학이론을 현재에도 계속 과학적이라고 할 수 있는가? 여기서 상기할 것은 과학적 진보가 반드시 그전의 이론들을 완전히 부정하고 기각해야만 이루어지는 것은 아니라는 것이다. 예를 들어 갈릴레이가 진리라고 말했던 부분은 지금도 그렇게 인정받고 있다. 보편중력이론에 대한 뉴턴의 발명과 아이슈타인의 상대성이론은 갈릴레이의 이론을 어느 정도 반영한다. 나아가 낡은 옛날의 이론도 거시적 관점에서는 참된 이론으로 남아 있다. 시대의 요구사항에 맞춰 올바른 법칙과 엄중성을 거쳐 실험되고 설명된 이론이라면 이런 이론은 시간이 지난 후에도 그 역사적 의의를 찾을 수 있다.

결론

흔히 과학적 진리는 주관적 진리와 달리 시공을 초월한 절대적이고 객관적인 진리로 간주된다. 그러나 과학의 역사를 살펴보면 과학도 끊임없는 도전과 비판과정을 거쳐 변증법적으로 발전해 왔음을 알 수 있다. 즉, 어떤 모순도 내포하지 않는 과학적 지식의 완성은 하나의 이상이고 요청일 뿐이다. 영원하고 초역사적인 진리는 존재하지 않으며 그 어떤 이론도 비판으로부터 자유롭지 못하다는 생각은 인문·사회과학뿐 아니라 과학에도 통용된다. 과학사의 과정은 완성될 수 없는 생성과 같으므로 모든 과학적 지식과 믿음은 끊임없이 수정되어야 하고 미래로 열려 있어야 한다.

현대를 불확실성의 시대로 이해한 프랑스 사회학자 에드가 모랭(Edgar Morin)은 "전적으로 우연한 세계나 완벽하게 결정된 세계는 모두 다 가난하고 절단된 형태일 것이다"라고 말하면서 현실의 가변성, 무질서, 복합성과 타협할 것을 권고했다. 그의 주장처럼 새로운 시대는 우연성과 복잡성, 불확실성을 포괄할 수 있는 과학을 요구한다. 과학적 진리가 잠정적이라는 것을 인정한다고 해서 그것이 회의주의나 허무주의를 예고하는 것은 아니다. 새로운 과학정신은 절대적 진리를 추구하기보다는 움직이는 유동적 현실과 조화를 이룰 수 있는 최선의 진리를 추구해야 하며 진솔한 비판과정을 통해 좀더 성숙한 단계에 이르는 것을 목표로 해야 한다.

바칼로레아의 질문들

- "이론은 실험에 의해서만 검증될 수 있다. 그러나 실험으로부터 이론 창조에 이르는 길은 없다"라는 말의 뜻을 설명하라.

- "과학적인 지식은 상대적인 동시에 진리이다"라는 말에 모순은 없는가?
- 옛날의 낡은 이론을 과학적이라고 할 수 있는가?

과학자도 의심할 수 있는가?

과학자는 진리를 구축하고자 애쓰는 자이자 자기 분야에서 가장 확실한 지식을 소유하고 있는 자이다. 그러기에 과학자에게 질문을 던질 때 우리는 그의 확신을 우리에게도 전해 주기를 기대한다. 예를 들어, 과학자들이 500명을 태울 수 있는 새 비행기를 완성했다고 말할 때 우리는 그들이 이 새로운 발명품에 대해 자신하고 있으며 사고의 위험은 거의 없을 것이라고 생각한다. 즉, 우리에게 있어 과학자란 의심보다는 확신에 가까운 인물이다.

그러나 과학실험은 의심과 질문의 연속인 이상 목적하던 발명품이 완성된 후의 과학자와 발명을 진행 중인 과학자는 구분해야 한다. 왜냐하면 실험 중인 과학자만을 상정한다면 그는 기존의 이론을 의심하고 자신의 방법론에 대해서도 끊임없이 검증해야 할 의무가 있기 때문이다. 코페르니쿠스가 지동설을 주장하기 전에 제일 먼저 수행한 것은 아리스토텔레스의 세계관에 대한 비판이었다. 물론 어떤 진리도 존재하지 않는다고 생각하는 회의주의자들의 의심과 과학자들의 의심은 근본적으로 다른 것이다. 어떤 형태의 의심이 과학에 있어 긍정적이고 필수적인지에 대해 생각해 보자.

더 생각해 봅시다 ❷

과학은 사회와 무관하게 독립적인 것일까?

과학은 진리를 추구한다. 그런데 진리란 시공을 넘어선 영원하고 객관적인 것으로 간주되기에 우리는 쉽게 과학이란 사회와 큰 관계가 없다고 생각한다. 그러나 사실상 과학사를 살펴보면 우리는 한 사회의 사회적·문화적 요소가 과학이론에 지대한 영향을 미치고 있음을 보게 된다.

사회와 과학의 관계는 때론 융합적이기도 하고 때론 투쟁적이기도 하지만 이둘 사이에 밀접한 관계가 존재함은 부정할 수 없다. 갈릴레이가 코페르니쿠스의 이론에 동참하여 천동설을 부정했을 때 그는 교회와 사회의 강한 반대에 부딪혀야 했다. 그러나 반대로 전쟁이나 경제적 이유로 특정 과학분야가 장려되고 발전되는 상황도 목격된다. 어떤 정치적 이데올로기도 존재하지 않는다면 과학은 더 많은 발전을 이룰 수 있을까? 사회와 관계없는 독립적인 과학이 가능할 것인지 생각해 보자.

더 생각해 봅시다 ❸

과학에 있어 우연은 존재하는가?

과학적 발견과 창조는 계획된 순서에 따라 체계적이고 이성적인 방식으로만 이루어지는가, 아니면 우연적으로 이루어지기도 하는가? 과학에 있어 우연이 의미하는 바는 과학자들의 세계관과 연관된다. 과학은 우연에 적대적이었으며 과학이 발전함에 따라 우연적 요소를 제거할 수 있을 것이라고 생각했다. 즉, 세상을 더 잘 알면 알수록 세상의 모든 현상들이 인과관계에 의해 연결되어 있을 것이라는 것이 과학자들의 생각이었다. 라플라스는 우주에서 모든 것은 이미 결정되었으며 그 순간에 일어나는 것에 대한 절대적이고 완전한 앎을 갖는다면 지금까지 있었던 모든 것과 앞으로 세상에서 발생할 모든 것을 동시에 이해할 수 있을 것이라는 극단적인 발언까지 서슴지 않았다. 그러나 사물의 이치에서 우연성을 배제한다는 것은 결국 자유를 부정하는 것과 같다. 세상의 모든 것은 필연적으로 이루어졌는지 아니면 우리의 노력이나 논리와 상관없이 우연에 의해 움직여지는지 생각해 보자.

더 생각해 봅시다 ❹

무의식도 과학의 대상이 될 수 있는가?

포퍼는 "반증 가능성의 실험을 거칠 수 있는 것, 즉 경험에 의해 반박될 수 있는 것이 과학적이다"라고 말했다. 이런 관점에서도 무의식은 과학의 대상이 될 수 있을까? 프로이트는 정신분석학의 발견을 코페르니쿠스나 다윈의 발견에 비등하는 것이라고 생각했다. 그러나 무의식은 인간적인 것이고 지극히 인간적인 것을 과학으로 평가한다는 것에 우리는 의문을 갖게 된다. 한 개인의 무의식을 객관적으로 평가하고 분석할 기준과 실험은 존재하지 않는다. 검증, 반증을 통한 오류 제거와 이론의 진보도 기대할 수 없다. 프로이트는 꿈의 과학에 대해 이야기하기도 했지만 꿈의 해석이라는 용어를 쓰기도 했다. 중요한 것은 주관적 관점이 개입되는 해석과 객관성을 주구하는 과학은 분명 다른 것이란 점이다. 자연의 법칙처럼 무의식에도 일정한 규칙을 부여할 수 있을까? 무의식을 연구하는 정신분석학은 치료학 내지는 해석학이라고 불러야 더 적절하지 않을까? 자유와 무의식을 동시에 지닌 인간이 과학의 대상이 될 수 있는지에 대해 생각해 보자.

06

공동체는 개인의 자유를
억압하는가?

Baccalauréat, 1982

국가는 냉혹한 괴물들 중에서도 가장 냉혹한 괴물이다. 국가는 냉혹하게 거짓말을 한다. 이 거짓말은 그의 입에서 슬그머니 나온다. "국가인 나는 국민이다."
니체(Friedrich W. Nietzsche, 독일 철학자)

(국가란) 인간에 대한 인간의 지배관계, 합법적인 폭력의 독점에 근거를 둔 지배관계이다.
막스 베버(Max Weber, 독일 사회과학자)

국가가 강하면 국가가 우리를 짓밟고, 국가가 약하면 우리는 멸망한다.
폴 발레리(Paul Valéry, 프랑스 시인·비평가)

서론

사회성은 문화의 근본 조건이며 인간이 공동체를 이루고 살아간다는 것은 여타의 동물로부터 인간을 구별하는 기준이 된다. 그러나 공동체를 너무 강조할 경우 개인은 마치 전체에 속한 작은 일부로 평가절하될 위험이 있다. 개인의 의식은 사회적 압력에 저항하여 독립적인 영역을 가질 수 있을까?

국가는 개인에게 타인의 존재와 사회 전체를 고려할 것을 끊임없이 요구하며 시민의 의무를 강조한다. 그러나 진정으로 자아를 실현하고 행복하기 위해서는 시민의 의무에서 벗어나 개인적 삶에 더 중요성을 부여해야 하지 않을까? 물론 보다 많은 개인의 자유에 대한 갈망에도 불구하고 개인의 안전을 위해 공동체의 존재가 필수불가결함을 우리는 잘 알고 있다. 국가는 나의 개인적 자유를 한정하는 동시에 그것을 보장해 주고 남들과의 공존을 가능하게 해주는 인간적 삶의 기반이다. 개인은 평화로운 관계 속에서만 발전과 행복을 추구할 수 있으므로 그 관계를 가능하게 해주는 국가는 행복의 기본 조건이라고도 볼 수 있다. 공동체와 개인의 갈등은 오랫동안 철학자들의 관심을 모았으며 개인의 자유가 증대된 민주주의 사회에서 더욱더 중요한 쟁점으로 떠오르고 있다. 공동체는 과연 어떤 의미에서 개인을 억압하고 어떤 의미에서 개인에게 필수적인지 살펴보기로 하자.

사회는 개인을 보호하는 동시에 복종을 강요한다

국가는 개인의 적인가? 개인은 국가에 앞서 존재하는가? 《소유란 무엇인가》라는 책을 통해 기존의 권력제도에 저항했던 프루동(P. J. Proudhon)은 "지배당하는 것은, 지배할 자격도 지식도 덕도 없는 자들에 의해 감시당하고 검열되고 염탐되고 조종되는 것 …… 이다"라고 주장하면서 개인의 자율성을 강조했다. 러시아의 무정부주의자 바쿠닌(M. Bakunin)도 "국가는 개인생활의 모든 표현들이 매장되어 있는 하나의 거대한 무덤"이며 모든 권위에 대한 반항은 인간의 고유성을 의미한다면서 국가의 권력에 복종하지 말 것을 촉구했고, 헤겔 좌파에 속하는 무정부주의자 슈티르너(M. Stirner)는 최상의 '유일한' 현실은 나 자신뿐이므로 공동의 이해에 부응하는 요구사항을 개인에게 부과하는 국가는 자연적으로 개인의 적이 된다고 밝힌 바 있다. 한편 이보다 덜 극단적이지만 마르크스나 엥겔스(F. Engels)도 국가란 부르주아가 자신들의 집권을 유지하기 위해 만든 제도일 뿐이며 프롤레타리아는 국가와 지배계급에 의해 착취되므로 계급과 이기적 이데올로기가 사라진 공산주의 사회에서 국가는 존재하지 않게 될 것이라고 말했다. 이토록 국가에 대해 비판적인 시각을 갖는 이유는 무엇인가?

68혁명[6)]에 참가했던 학생들은 "신도 없이, 주인도 없이"를 외치며 권력이나 국가가 없는 사회를 꿈꿨다. 그들은 국가를 사회적 구속의 상징으로 이해했고 그것에서 해방되기를 희망했다. 실제로 국

---

6) 68혁명은 1968년 5월 프랑스 학생들을 중심으로 이루어진 반체제 운동이다. 이 운동은 "금지하는 것을 금지하라"라는 표어 아래 기성세대의 권위적 규범과 자본주의를 비판했으며 개인의 해방과 성의 자유를 옹호했다.

가에 곧잘 따르는 악평은, 국가가 그 이상적 정의와 부합되지 않는 정치로 개인의 희생을 요구하고 자유를 억압한다는 것이다. 물론 개인의 자유가 사회 밖에선 제대로 발휘될 수 없음을 생각할 때 부분적 양보가 반드시 희생인지에 대해서 생각해 볼 수 있다. 어떤 조건에서 개인의 희생은 개인에게 이득으로 돌아올 수 있을까? 또한 개인은 자신의 어떤 부분을 희생할 수 있고 어떤 부분은 희생할 수 없는지도 생각해 보아야 한다. 자유의 모든 면을 포기하라 강요하는 것은 어느 경우에건 상상할 수 없기 때문이다.

사회학자들에 따르면 원시사회에서 개인이나 인격의 개념은 아주 희박하였다. 집단의 생존이 가장 중시되는 상황 속에서 개인은 자유에의 의지를 펼칠 여유가 없었고 스스로 선택할 수 있는 기회도 많지 않았다. 따라서 제사의식이나 전쟁의식에서 개인들은 공동체를 위해 스스로를 희생할 것을 종용받았고 또 큰 거부감 없이 이것을 받아들였다. 희생의 신화는 폭력적인 공동체와 개인의 관계를 상징적으로 보여준다. 예를 들어 제2차 세계대전 당시 일본이 감행했던 가미카제식 자살공격은 공동체를 위한 개인의 희생을 대표적으로 보여준다.

《폭력과 성스러움》을 쓴 르네 지라르(René Girard)[7]에 의하면 희생은 인간집단이 만든 가장 특이하고도 아름다워 보이는 악법이지만 악법처럼 보이지도 않는 제도이다. 고대 원형경기장에서 노예를 맹수에게 제공한 시민들, 중세유럽에서 행해졌던 마녀사냥, 힘없는 아이를 빙 둘러싸고 때리는 아이들, 예수를 십자가에 못박으라고 외치는 군중, 유태인을 학살한 평상시에는 선량한 시민이었을 독일군인들, 어떻게 소수에게 가해지는 이 수많은 집단의 폭력을 설명할 수 있을까? 지라르는 희생제의는 인간의 근본 성향에서 발전한 것으로 내부의 폭력을 잠재우고 원시사회에서 폭발하는 갈등을 예방하는 기능을 하고 있다고 주장한다. 그의 설명에 따르면 사회 전반에 맴도는 폭력은 사회적으로 소외된 개인에 대한 폭력으로 대체되고 이를 통해 사회는 원래의 안정적인 상태로 돌아간다는 것이다. 그는 희생양에 대한 집단폭력은 신성한 신, 혹은 정의의 명령이란 이름으로 철저히 은폐되어 있게 마련이며 희생양의 살해의식으로 공동체의 갈등은 해소되고 일시적인 평화와 질서를 되찾게 된다고 설명한다. 요컨대 르네 지라르는 성스러움의 기원에는 폭력이 있으며 사회의 결속력을 유지하는 종교의 뒷면에도 바로 이 희생과 폭력의 메커니즘이 은닉되어 있다고 주장한다.

충치를 뽑는 것은 남은 이들을 보호하기 위함이다. 그러나 같은 논리에 따라 공동체를 위해 개인을 희생시켜야 할 것인가? 공동체는 개별적 개인에게 어떤 선처도 제공하지 않는다. "냉정한 괴물"

---

7) 르네 지라르(René Girard, 1923~) : 프랑스 문학평론가·사회인류학자. 첫 번째 저서인 《낭만적 거짓과 소설적 진실(*Mensonge romantique et verite romanesque*)》(1961)에서 소설 속의 인물들을 대상으로 인간 욕망의 구조를 밝혀내는 작업을 시작하여, 연구 범위와 폭을 꾸준히 넓혀왔다. 《폭력과 성스러움》(1972), 《희생양(*Le bouc emissaire*)》(1982) 등의 저서부터는 인류학, 신화, 종교학 쪽으로 관심을 돌려 '희생양'과 구원의 개념을 분석하는 데 주력한다. 《나는 사탄이 번개처럼 떨어지는 것을 본다(*Je vois Satan tomber comme leclair*)》(1999)는 신화의 폭력과 성서의 폭력을 비교하면서 희생양 메커니즘의 양상을 분석한다.

리바이어던에 비교된 국가는 개인의 욕망과 완전히 무관하다. 이러한 무관함은 이론적으로 그 누구에게 어떤 특권도 주어질 수 없음을 의미하기도 하지만 동시에 자연의 필연성에 비교되는 철저한 냉정함과 비인간성을 의미할 수도 있다. 우리가 신체를 유지하기 위해 부분적 세포의 죽음을 받아들이듯 공동체는 공동체의 유지를 위해 사회구성원의 자유를 억압하고 나아가 특정 구성원을 제거하기도 한다. 이것이 엄연한 사실이라 할지라도 개인의 생명을 희생하면서까지 봉사해야 할 국가나 공동체의 이상이 존재하는지 의문을 제기할 수 있다. 인류의 역사를 뒤돌아볼 때 개인의 희생을 요구하고 개인의 삶을 무자비하게 허물어뜨리는 국가권력의 난폭함에 우리는 자주 분노하게 된다. 이념대립이나 권력투쟁을 위해 힘없는 농민이나 민간인들이 전쟁에 동원되어 희생된 예는 수없이 많다. 국가의 이익을 위한 개인의 희생은 정당한가?

개인주의와 국가간섭주의

20세기는 개인보다 사회 전체의 공익을 우선시하는 전체주의와 개인의 이익과 자유를 우선시하는 개인주의가 크게 충돌한 시기였다. 전체주의는 한 사회를 머리, 몸통, 팔다리로 구성된 유기체로 이해했고 따라서 신체의 각 기관이 유기체 속에서 각각의 역할과 위치를 부여받는 것처럼 각 개인들도 그들의 역할을 수동적으로 부여받아 자신을 희생하면서까지 국가 전체의 이익을 위해 노력할 것을 권유했다. 그러나 무솔리니의 파시즘, 히틀러의 나치즘, 일본의 군국주의, 스탈린의 공산주의 등으로 대표되는 전체주의는 20세기 후반에 가서 거의 실패한 사상으로 나타났다. 반면 개인주의는 자본주의와 결합하여 현대인의 삶을 주도하고 있다.

개인주의란 개인이 모든 가치의 근원이자 중심인 첫 번째 현실을 구성한다는 것을 의미하는 사상으로 역사적으로 보면 개인주의는 르네상스 이후의 근대 유럽에서 태어난 사상 형태이다. 사회질서의 기본으로 여겨졌던 '국가'나 '가족'을 제치고 사회의 기본 단위로 부상한 '개인'은 그 자체가 '자유'와 동일시된다. 개인주의에서 한 발 더 나아간 무정부주의는 국가나 정부기구는 본래가 해롭고 사악한 것이며 인간은 그것들 없이도 올바르고 조화로운 삶을 영위할 수 있다는 신념을 밝힌다. 무정부주의자들에 의하면 개인이 국가 이전에 존재하며 국가는 의무의 이름으로 개인을 인위적으로 통제하는 억압적 기구에 불과하다.

그러나 무정부주의자들이나 루소가 주장하는 것처럼 과연 자연상태에서 인간은 평등하고 행복했을까? 홉스(T. Hobbes)에 따르면 "모든 것이 모두에게 허락된 자연상태는 가장 끔찍한 종속관계보다 더 나쁜 자유상태일 것"이며 인간은 서로가 서로의 늑대가 되는 이 자연상태에서의 죽음을 두려워하기에 법으로 자신들을 통치할 권력체인 '리바이어던'을 만들어 폭력의 문제를 해결하게 된다. 요컨대 개인의 선천적인 신힘이 제도에 의해 억압되었냐고 믿는 무성부주의자들의 주장과 달리 모순적이게도 가장 강하고 임격한 국가 안에서만 개인의 사적 영역이 보장될 수 있기에 국가의 탄생은 개인에게 필연적이라는 것이 홉스의 주장이다. 홉스는 인간을 이기적인 존재로 인지했기에 강제된 평화와 질서가 이기적인 인간들의 갈등

107

을 종식시키기에 가장 적합하다고 생각했으며 그러기 위해선 폭군적 힘과 불평등이 필요하다는 다소 냉소적인 국가관을 제시했다. 헤겔 역시 국가는 개인보다 우선하는 것이라고 믿었다. 헤겔에 따르면 국가가 국가로서 존재하지 않는 곳에 인륜적으로 구성된 가족과 시민사회, 개인은 원칙상 존재할 수 없다.

이처럼 국가를 긍정적으로 평가하는 사람들의 주장에 따르면 개인을 우선시하는 정책은 결국 개인에게 불리하게 작용할 확률이 높다. 토크빌(Tocqueville)은 개인을 최고로 여기는 사회는 결국 사회분열에 이르게 될 것이라고 말한 바 있다. 자신의 이익만을 추구하다 보면 사회관계 자체가 무너질 것이며 개인주의는 사회의 아노미 현상, 전체 규범의 상실과 사회분열을 초래할 수도 있다고 지적하는 목소리들도 많다. 즉, 개인의 행복이 곧 전체의 행복으로 이어진다는 개인주의적 사상의 문제점은 이기주의와의 경계선이 불분명하다는 것이다. 특히 경제문제와 관련 자본주의 사회의 개인주의는 이익과 권리의 문제에 있어 특권층이 그들의 이익을 충족시키기 위해 다수의 재산권을 침해하는 것을 허용하는 등 사회적 불평등의 심화로 이어진다는 지적을 받고 있다. 여기서 우리는 이익과 권리를 구분하여 생각해 볼 필요가 있다. 이익은 근본적으로 개인의 문제이지만 권리는 상호성을 함축한다. 어떤 행동을 할 권리가 나에게 있다면 다른 사람들도 동일한 권리를 지녀야 한다. 그리고 이 권리수호의 문제에 있어 필연적으로 요구되는 것이 바로 법과 제도이다. 힘의 논리가 강한 자의 이익만을 옹호한다면, 공동체의 법은 모든 구성원의 권리를 수호한다. 만약 법이 나의 이익을 지켜준다면 이것은 특별히 나를 좋아해서라기보다는 내 경우를 통해 사회조직 전체를 지키기 위함이다. 이처럼 권리의 보편성은 동등한 위치에 있는 사람들에게 적용되며 특권층의 이익을 위해 다른 사람들의 권리가 희생되는 것을 견제한다. 그러나 현실적으로 사회적 법이 보편적으로 지켜지고 있는지, 모든 사람의 권리를 동등하게 수호하고 있는지에 대해서는 의문의 여지가 있다. 마르크스는 1792년 발표된 모든 사람의 자유와 평등을 강조한 인권선언문에 대해 인류 전체가 아닌 부르주아의 이익을 충족시키는 법이라고 비난한 바 있다. 인권선언에서 강조된 고상한 자유의 개념 뒤에는 정치적 간섭을 배제한 기업운영의 자유가, 평등이라는 이상 뒤에는 단지 경쟁의 평등만이 존재하므로 궁극적으로 경쟁에서 불리한 약자와 피지배자에게 불리할 수 있다는 것이다. 같은 논지에서 마르크스는 루소의 사회계약론 역시 현실을 옹호하는 보수주의 이데올로기로 이용당할 수 있다는 점을 지적했다.

국가의 역량을 신임하는 사람들은 시장논리에 따른 경제력 남용의 방지, 국민복지 등을 위해 국가가 경제분야에서 적극적인 규제와 조정을 할 수 있으며 더 나아가 개인의 선택권을 제약하거나 보호자적인 역할을 수행할 수 있다고 주장한다. 이들은 사회복지정책과 세금이 기업가에게 부담이 된다 하여도 결과적으로 노농자를 보호할 것이므로 얼마간의 생산성 저하를 감수하고라도 성낭한 이익 분배를 위한 국가의 개입이 필요하다고 본다. 그러나 이러한 간섭주의를 거부하는 측은 어떤 형태로든 개인을 위한다는 명분을 들어 정부가 개인 대신 결정을 내리는 것은 잘못되었다고 본다. 이들에 따르면 국가간섭주의는 개인과 국가엘리트 간의 관계를 대등하게 보지 않는 것에서 시작하는데, 만약 자신의 선택이 잘못된 것일지라도 개인은 그러한 실수의 과정을 거쳐 발전하게 되므로 일일이 간섭하고 제약하는 것은 옳지 못하다는 것이다. 애덤 스미스(Adam Smith)로 대표되는 자유주의자들은 이미 18세기에 정부는 경제시장에 개입해서는 안 된다고 주장했다. 중상주의를 비판하고 신흥 부르주아의 합리적 경제활동을 지지했던 그들은 경제적·사회적 영역에서의 국가의 개입은 개인의 주도권을 훼손한다고 비판했다. 개인의 이윤창출을 이기주의로 간주하고 공동체를 위해 봉사하라는 국가중심적 사고를 권장할 경우 자유주의 시장에서 개인은 무력해질 수밖에 없기 때문이다. 그들의 주장에 따르면 정부의 역할은 완전한 상업적 자유를 보장하는 것뿐이다. 애덤 스미스는 이기적 개인의 자유로운 경제활동은 '보이지 않는 손'의 역할을 하는 시장에 의해 조정된다고 말하면서 인간 본성을 사회형성의 원리로 삼았다. 즉, 경제는 스스로를 조절하는 기능을 지니므로 어떤 제약도 없이 일할 경우 경제인은 더 많은 생산을 할 것이고 국가는 부유해질 것이라는 것이 그의 일관된 주장이었다. 그러나 만약 애덤 스미스가 부활한다면, 전세계가 자신의 이론을 받아들여 자본주의 체제가 된 것을 보고 감탄을 하겠는가, 아니면 경악을 하겠는가? 자본의 세계화에 따라 갈수록 심화되는 독점의 문제, 빈부격차의 문제는 보이지 않는 손의 능력에 의문을 갖게 한다.

역사가이자 경제학자인 시스몽디(J. C. Sismondi)[8]는 국가가 부강해진다고 해서 반드시 국민 모두가 부유해지고 행복해지는 것은 아니라며 자유주의의 한계를 지적했다. 그는 또한 자유주의는 소수의 특권층에만 유리한 제도이므로 다수의 안전을 위한 조치를 국가가 마련해야 한다고 주장했다. 애덤 스미스보다 50년 후에《정치경제학신원리》를 쓴 시스몽디는 자본주의의 병폐와 현실을 목격할 수 있었고, 어떤 사회보장제도도 없는 상황에서 벌어지는 비참함을 관찰할 수 있었다. 그리고 이로부터 공동체는 개인과 약자를 보호해야 할 의무가 있음을 강조하게 된다.

말하자면 공동체주의는 극단적 개인주의로 인해 개인의 삶이 오히려 황폐해질 수 있다는 위기의식에서 출발한다. 어떤 보호막도 없이 주위에 대한 무관심으로 무장한 무한경쟁은 실패한 자를 절망으로 몰아넣을 것이며 빈부격차를 심화시킬 것이다. 또 모든 것을 개인이 책임져야 한다는 자유의 절대의무에 따른 강박과 우울증은 증가할 것이며 잘못된 개인주의는 가족해체와 이기주의, 시민간의 상호 신뢰성의 부재를 야기하게 될 것이다. 자신 외에 아무것도 믿을 수 없는 세상이 과연 바람직한 세상일까?

---

8) 시스몽디(J. C. Sismondi, 1773~1842) : 스위스의 역사가·경제학자. 파리를 중심으로 한 프랑스의 사상가·학자 서클에 출입하면서 다채로운 문필활동을 하였다. 특히 경제사상에서 그는 과소소비설(過少消費說)에 입각한 경제공황 이론을 구상하였다. 대표작인《정치경제학신원리(政治經濟學新原理)》(2권, 1819)에서 D. 리카도 등의 영국 고전학파 경제학을 비판하고 자본의 구체적·현실적 운동을 이론화하여 전반적인 과잉생산 공황발생의 필연성을 밝혔다. 그 밖의 저서에《중세 이탈리아 제공화국사(諸共和國史)》(16권, 1807~1818),《프랑스사》(31권, 1821~1844) 등이 있다.

타인 없는 개인의 자유란 불가능하다

물론 개인주의가 공동체의 분열을 가져온다는 주장은 이기주의와 개인주의를 혼동했을 때 발생하는 것이라는 반론이 가능하다. 개인주의와 이기주의의 차이는 엄연히 존재한다. 이기주의가 개인주의와 다른 것은 자기의 권익을 위해 남의 권익까지도 침해한다는 것이다. 개인주의는 자신의 욕망과 이익을 우선시하는 태도이지만 반드시 타자를 적으로 간주하는 것은 아니다. 타인의 생존권과 자유를 존중함으로써 상호 발전을 지향하는 것이 이상적인 개인주의이고 이러한 사회에서만이 톨레랑스라는 개념이 가능하다. 타인과 함께 공동체를 이룬다는 것은 자신이 하고 싶은 것만을 할 수 없으며 타인들을 고려하고 그들과 행동을 조화시켜야 함을 전제로 한다. 이러한 조건에도 불구하고 개인이 공동체적 삶을 영위하는 것은 무엇 때문일까?

우선 타인을 참작하지 않는 개인의 자유란 있을 수 없음을 우리는 충분히 인식하고 있다. 세계인권선언에도 자유란 타인에게 해가 되지 않는 모든 일을 하는 능력이라고 적혀 있다. 자유롭다는 것은 타인의 이익과 욕망을 고려한다는 사실을 내포한다. 그렇다면 개인과 사회의 충돌에 대한 염려는 부자연스럽고 인위적인 환상에 불과할지도 모른다. 아무리 극단적인 개인주의자라 할지라도 자신이 특정 공동체에 무의식적이고 불가항력적으로 속해 있음을 부정할 수 없다. 게다가 장기적 시각에서 볼 때 사회에 유익한 것이 결국 그 사회의 구성원에게도 이익이 되며 개인의 행복은 공동체의 행복과 일치한다는 사실에 주목할 필요가 있다. 개인이라는 것은 혼자 있

개인은 전체에 속한 작은 일부인가?
질서와 규율을 중시하는 공동체 안에서 개인의 자유와 독립성은
보장될 수 있는가?

다거나 고립되어 있다는 것을 의미하는 것이 아니다. 그러므로 사회적이란 것을 개인적인 것의 반대가 아닌 개인적인 것의 모임으로 이해할 필요가 있다. 사회적 공동체를 필요로 하지 않는 이는 야수나 신밖에 없다. 여러 면에서 인간은 사회적 공동체를 필요로 한다. 사회는 개인을 자연의 폭력으로부터 보호하며, 법·교환·사회적 관계는 인간이 정상적인 삶을 영위하기 위해 필수적이다. 흄(D. Hume)은 인간이 동물과 다른 것은 두 가지 이유 때문이라고 했다. 그에 따르면, 첫째 인간만이 수많은 다양한 욕망을 지니며 동시에 그것을 만족시켜 줄 수단을 충분히 확보하지 못하고 있다. 둘째, 이런 모순과 장애로부터 괴로움을 받기에 인간만이 사회적 삶을 선택한다. 실제로 사회제도와 문명을 통해 우리는 적자생존의 법칙만이 통용되는 살벌한 자연의 법칙으로부터 스스로를 보호한다. 가령 사회의 법은 국민이 한 독재자의 억압에 놓이는 것을 막아주는 역할을 한다. 정글에서 볼 수 있는 강자의 폭력으로부터 개인을 보호해주는 것도 법이다. 즉, 사회 속에서 얻는 자유가 자연적 자유보다 더 낫기 때문에 인간은 사회적 삶을 선택하는 것이다. 루소는 불평등을 인정하고 자유롭지 않은 시민마저도 인간으로 인정하는 홉스의 정치관을 충격적인 것으로 비판하면서 개인의 자유와 국가의 권위를 화해시킬 수 있는 방법으로 사회계약을 제안했다. 그리고 사회계약을 통해 개인은 일반의지에 자발적으로 복종하게 되며 국가는 개인의 평등과 자유를 보장할 의무를 지게 된다는 것을 명시했다. 헤겔도 종교가 인간을 만든 것이 아니라 인간이 종교를 만들었듯이 국가제도가 인간을 만든 것이 아니라 인간이 국가제도를 만들었다는 인식에서 자발적으로 국가정책에 동참할 것을 촉구했다. 그들이 이토록 국가와 법을 강조한 것은 공동체 안에서만이 개인의 안전과 생존이 보장될 것이라고 확신했기 때문이다. 실제로 물질적인 조건이 따르지 않으면 정신의 자유는 장기적으로 실현되기 어렵다. 그리고 이성을 기초로 한 사회적 법규 안에서라야 인간은 자유로울 수 있다.

모든 존재에게 있어 행복이란 자기 본성의 실현에 있으며, 인간의 본성은 이성이므로 인간의 고유한 행복은 이성적인 삶을 살고자 하는 능력에서 비롯된다. 그런데 옳고 그름을 구별하는 이성적 삶은 공동체 안에서만 가능하다. 자연계에서 선과 악이란 개념은 아무 의미가 없다. 양을 잡아먹은 늑대를 보고 악하다고 비난하는 사람은 아무도 없다. '비인간적이다'라는 표현은 일종의 사회적 비난으로 사회는 사회적 삶을 영위하는 인간이 욕망을 누르고 좀더 정신적인 존재로 행동할 것을 요구한다. 사회적 삶을 통해서만이 인간은 동물적 욕망에서 벗어나 문화적 존재로서 발전을 기할 수 있다. 이와 관련해서 루소는 인간은 "개선될 수 있는 존재"이며 연장, 기술, 이론 등을 무한히 발명할 수 있는 존재임을 명시한 바 있다.

한편 공동체 안에서 타인으로부터 인정받고 사랑받고 싶은 욕망 역시 무시할 수 없다. 고독한 개인의 삶은 타인과의 관계에서 힘과 풍요로움을 얻을 수 있다. 타인은 그 특이함과 다양성으로 나의 보자람을 채우고 내게 행복을 가져다줄 수 있는 존재이다. 샤를르 쥘리에(Charles Juilet)[9]는 "존재는 그 자신만을 목표로 했을 때 그다지 큰 중요성을 지니지 않는다"고 말했다. 이 말은 자신의 존재를 타인의 존재와의 관계에서 생각하지 않을 때 그 삶은 큰 의미를 갖지 못함을 의미한다. 요컨대 타인과의 관계가 평화로운 상호 존중 속에서 이루어질 때 공동체는 개인에게 긍정적인 행복의 조건이 될 수 있다.

결론

국가나 집단이 자신의 전체주의적 목적을 위해 개인의 자유를 억압하고 희생시킨 수많은 역사적 예화는 공동체에 대한 부정적인 인식을 불러일으키기에 충분하다. 그러나 공동체를 배제한 개인의 행복에 대한 무정부주의자들이나 극단적 개인주의자들의 주장은 사회적 삶을 포기할 수 있는 소수의 특권층에게만 한정되며 물질적 억압을 배제한 유토피아에서나 가능하다. 인간은 정치적 동물이므로 자아실현과 행복은 공동체 안에서만 실현될 수 있다. 그리고 공동체가 개인의 이익에 궁극적으로 이바지한다는 것은 곧 공동체와 개인주의는 반드시 상반되는 것이 아니며 공동체 역시 개인주의의 연장이라는 사실을 보여준다.

실제로 서로의 협력이 없었더라면 인간이라는 생물체는 이미 멸

---

9) 샤를르 쥘리에(Charles Juilet, 1934~) : 프랑스 작가. 그의 실제 삶과 구분하기 힘들 정도로 자전적 요소가 짙은 작품들을 주로 발표해 왔으며, 시집으로 《자기를 탐색하는 눈》, 《균열》, 소설로 《누더기》, 《동토의 암흑》, 에세이로 《사무엘 베케트와의 만남》, 《샘을 찾아서》 등이 있다. 튀는 문체와 기발한 소재들로 독자들을 사로잡는 오늘날의 프랑스 문단의 주된 경향과는 달리, 그의 문학은 소박하고 절제된 언어로 삶의 '진정성'을 추구하고 있다. 그는 현재 쥐쥐리오 산골마을에서 글쓰는 일과 명상에 몰두하고 있다.

종했을 것이다. 물론 사회는 수많은 긴장과 충돌을 야기하며 이 과
정에서 개인은 얼마간의 자유를 포기하게 된다. 이 경우 자유주의
자들은 전체 이익이라는 명분으로 개인의 희생이 강요되어서는 안
된다고 주장한다. 반면 공동체주의자들은 해당 공동체의 특수한 가
치와 목적을 달성하기 위해 개개인이 노력해야 한다고 주장한다.
지금 이 순간에도 개인의 가치와 공동체의 가치가 양립하기 어려운
경우들이 계속 발생하고 있다. 이처럼 개인과 공동체의 공존은 필
수적이면서도 어려운 문제임이 분명하다. 분명한 것은 개인의 이익
은 사회 전체의 이익과 더불어 추구될 때 지속적일 수 있으며 개인
의 자유는 공동체 안의 다른 사람들에 대한 책임감과 더불어 누려
져야 진정한 행복일 수 있다는 사실이다. 자유와 평등, 이타정신과
개인주의의 적절한 균형과 혼합을 통해서만이 우리는 지속적이고
평화로운 공존을 꿈꿀 수 있다.

바칼로레아의 질문들

- 국가의 권력은 시민의 자유를 위해 필요한가? (1999)
- 국가란 동정심을 버려야 하는가? (1997)
- 개인이 자아실현을 할 수 있는 것은 국가 덕분인가, 아니면 국가에 저항함으
  로써만이 자아실현이 가능한가? (1993)
- 국가는 자유의 적인가? (1993)

부안시민들의 핵폐기물 저장시설 반대

부안시민들의 핵폐기물 저장시설 반대시위, 평택시민들의 평택 미군기지 확장 이전에 대한 반대운동, 인천시 가정동 일대 그린벨트의 택지개발 추진에 반대하는 지역주민들의 반감 등, 이들 사건에 공통점이 있다면 그것은 지역의 이익과 국가 전체의 이익이 상반되는 데서 발생하는 사건이라는 것이다. 개인과 사회 중 어떤 것이 더 우선되어야 하는지에 대해 논의해 보자.

두발자유화

두발자유화와 관련 개인과 학교 당국의 충돌이 빈번히 일어나고 있다. 학교는 염색이나 파마가 탈선을 조장한다고 주장하고 두발자율화를 허용하면 학업을 소홀히 하게 될 것을 염려한다. 반면 자율성을 추구하는 학생들은 두발자유화와 탈선은 무관하며 하루 종일 공부에 매달려야 하는 학생들이 개성을 표현할 수 있는 방법이라고 주장한다. 개인의 자율과 사회적 규제의 타당성에 대해 생각해 보자.

사회의 억압 앞에서 개인의 의식이 할 수 있는 것은 무엇인가?

흔히 사람들은 자신이 원하는 바를 하며 타인의 시선이나 판단을 무시할 수 있다고 말한다. 그러나 현실적으로 우리는 타인과 공동체의 평가를 항상 의식하고 있으며 그것을 완전히 무시한 채 사회적 삶을 영위할 수 없다. 우리는 의식적으로 혹은 무의식적으로 타인들로부터 인정받기를 원하며 권력을 원하므로 본질적 의미에서 사회적 억압에 저항한다는 것은 환상에 불과할 수도 있다. 특히 특정 사회에서 태어나 교육받고 살아가는 과정에서 습득된 무의식적인 선입견을 스스로 인지하고 비판한다는 것은 쉬운 일이 아니다.

"의식이 존재를 규정하는 것이 아니라 존재가 의식을 규정한다"는 유물론적 원칙을 구축했던 마르크스는 지배계급의 이데올로기도 그리고 그에 반대하는 저항이데올로기도 사회적·경제적 질서에 종속된 개인의 집단적 착각일 뿐이라는 점을 강조했다. 그러나 사회적 억압에 저항하는 개인의식 자체를 부정하는 것은 개인의 자유를 거부하는 것과 같다. 사회적 억압에 저항하고 개인의 자유를 주장함에 있어 중요한 것은 독립성과 이성의 적극적인 활용이다. 이성적 숙고와 토론을 통해 우리는 사회가 강요하는 선입견으로부터 자유로울 수 있고 한 사회의 편협하고 닫힌 도덕을 넘어 인류애적인 윤리관을 가질 수 있다. 사회적 선입견 앞에서 개인은 자유로울 수 있는지에 대해 생각해 보자.

자유에의 욕구와 안전에의 욕구는 양립 가능한가?

우리는 안전을 정치의 근본적인 가치로 제시한다. 안전이 파괴된 전쟁 상태에서 죽음을 두려워하며 산다는 것은 인간에게 참을 수 없는 상황이기 때문이다. 홉스는 이런 상황을 만인의 만인에 대한 전쟁이라고 묘사했다. 실제로 안전을 원하기에 인간은 국가와 사회를 이루고 일정한 법에 따라 생활할 것을 서약한다. 그러나 안전성을 중시하는 국가는 개인의 자유를 억압할 수 있다는 문제가 있다. 홉스는 시민국가에서 자유란 법이 없는 곳에서만 존재한다고 명시했다. 그렇다면 자유와 안전은 모순되는 것이라고도 볼 수 있다. 생존을 위해 안전을 추구하다가 인간의 기본 권리인 자유를 잃게 되는 것은 아닐까? 루소는《사회계약론》에서 감옥 안에서도 인간은 안전할 수 있다고 말했다. 그러나 자유를 저당 잡힌 감옥 같은 사회 안에서도 인간은 행복할 수 있을까? 과연 자유와 안전의 선택은 필수적인지, 이 둘의 공존은 양립 불가능한지에 대해 생각해 보자.

시민이지 않으면서 인간일 수 있는가? (1988)

이 질문은 즉시 아리스토텔레스의 인간 정의, "인간은 정치적 동물이다"를 연상시킨다. 아리스토텔레스는 인간에 대해 설명하면서 인간은 도시(Polis) 안에서만 발전할 수 있음을 강조했다. 그에 따르면 사회 밖에서 생존할 수 있는 자는 야수나 신밖에 없다. 야수는 인간의 재능을 발전시킬 필요가 없고, 신이라면 타인들의 도움이 필요하지 않을 것이기 때문이다. 미셸 투르니에의 소설《방드리디, 태평양의 끝》에 나오는 로빈슨 크루소에의 모험을 읽으면 얼마나 인간이 타자의 존재를 필요로 하는지를 알 수 있다. 그러나 이 소설의 주인공은 이미 사회에서 자란 후 무인도에 버려진 존재라는 점에서 아리스토텔레스가 말하는 태어날 때부터 사회 밖에 내던져진 존재와는 근본적으로 다르다. 가령 늑대에 의해 길러졌다가 인간에 의해 발견된 늑대소년과 같은 예화는 그들이 인간의 자질을 전혀 개발시키지 못했음을 잘 보여준다. 인간의 감성과 지능을 갖지 못했던 늑대소년들은 인간이 아니라고 간주해야 하는가? 여기서 우리는 인간의 특징은 과연 무엇이며 인간을 정의하는 특수한 이성과 감성이 사회를 떠나 독자적으로 발전할 수 있는지에 대해 생각해 보게 된다.

더 생각해 봅시다 ❻

학교와 감옥의 유사점은 무엇인가?

'다 본다'라는 뜻을 지닌 팬옵티콘(panopticon)은 영국의 공리주의 철학자 제레미 벤담(Jeremy Bentham)이 1791년 고안한 원형감옥을 말한다. 팬옵티콘의 권력학은 시선의 비대칭의 원리에 근거하고 있다. 벤담이 원형감옥을 구상한 것은 원형감옥의 중간에 감시탑을 세워 한눈에 죄수들을 감시하자는 뜻도 있었지만, 그보다는 간수는 죄수를 볼 수 있지만 죄수는 간수를 볼 수 없다는 데에 핵심이 있다. 죄수들의 방은 밝고 간수의 감시탑은 어두워, 죄수는 간수를 볼 수 없지만 간수는 죄수를 볼 수 있다. 즉, 죄수는 누군가 자신을 끊임없이 바라보고 있다는 생각을 함으로써 스스로를 통제할 수 있다는 것을 벤담은 목표로 제시했다. 이렇게 극단적인 감옥구조가 아니더라도 감옥은 감시와 복종, 부자유의 공간을 상징한다.

　어떤 측면에서 본다면 학교의 구조도 감옥과 유사한 면이 있지 않을까? 우리는 지정된 자리를 배정받고 정해진 시간, 장소에서만 움직일 수 있으며 끊임없이 선생님들의 감시를 받게 된다. 물론 반항을 한다거나 선생님의 명령을 거역하는 것은 용납될 수 없다. 반성문은 독방 수감, 학생부나 선도부는 재판소, 반장은 간수, 모범생은 모범수, 선생님은 법관과 유사하지 않은가? 감옥에서 인정받은 모범수의 일생은 사회에서 성공한 고분고분하고 모범적인 가장의 모습과 흡사하지 않은가? 사회는 자유를 싫어하고 두려워한다. 개인의 자유는 사회적 분열과 불안을 초래하여 그 지속을 어렵게 만들기 때문이다. 소수의 반항아가 되어 사회로부터 배제될 것인지 개인의 자유를 포기한 채 사회 중심부의 권력자로 인정받을 것인지 자유를 선택함에 있어 겪게 되는 어려움에 대해 생각해 보자.

더 생각해 봅시다 ❼

국민의 알 권리에 대하여

모든 진리를 공표해야 하는 것일까? 가령 외교적·정치적·경제적 이유로 보호되어야 하는 국가의 기밀마저 국민에게 알려야 할까? 이 문제에 있어선 두 가지 태도가 가능하다. 우선 비밀보장을 옹호하는 사람들의 주장은 다음과 같다. "기밀이 누출될 경우 국가는 위험에 처해질 수 있고 결국 그것은 국민에게도 불리하게 작용할 것이다. 그러므로 모두의 이익을 위해 몇몇 진리는 은닉되는 편이 낫다." 이런 관점에서 헤겔은 다음과 같이 말했다. "첫 번째 의무는 우리가 아는 한도 내에서 진리를 말하는 것이다. 그러나 반드시 해야 할 경우가 아니라면 그럴 권리도 없다면 진리를 얘기하지 않을 의무도 있다."

　반면 침묵은 진리에 대한 배반이라고 생각하는 사람들은 다음과 같이 주장한다. "국가의 기밀이란 명목하에 은닉되는 정보는 특권층에게 유리하게 적용되는 것이므로 일반시민들도 알 권리가 있다. 진리란 모두에게 좋은 것이라고 배우지 않았던가? 그렇지 않다면 왜 우리가 진리추구에 그토록 힘을 쓰겠는가? 비밀이란 독재정권의 특징이며 민주주의 국가에서 몇몇 개인의 자유와 비밀을 수호하기 위해 애쓰는 것은 결국 특권층의 자유만을 보호하는 것에 불과하다. 진리를 밝히고자 함은 사회의 부정의와 위선을 없애기 위함이며 엘리트만이 진리를 수용할 수 있다는 생각은 더 이상 받아들일 수 없다. 모든 사람은 알 권리가 있고 그 사실을 무시하는 것은 평등의 원칙에 어긋난다."

이 두 입장 중 어떤 주장이 더 설득력을 갖는다고 생각하는가? 현실적으로 공표될 수 없는 비밀로는 무엇이 있는지에 대해 토론해 보자.

개인들의 시대

프랑스의 사회학자 폴 요네는 《게임, 유행, 대중》(1985)이라는 책에서 대중화, 개인주의, 탈정치화를 현대사회의 본질적 특성으로 꼽고, 미래의 민주주의를 보장하는 것은 이 세 요소의 굳건한 결합이라고 처방했다. 물론 탈정치화한 대중이 전체주의적 성향을 지닌 선동가들에 의해 정치적으로 동원될 때, 민주주의의 바탕이 위태로워질 수도 있다. 그러나 미래 세계의 대중은 개인적 선택에 민감한 개인주의적 대중이다. 그들은 자유로부터 도피해서 파시즘에 투항하는 수동적 대중이 아니라, 정치든 경제든 문화든 상품의 소비를 주체적으로 선택하고 실천하는 능동적 대중일 것이다.

19세기 후반 이래 이런 개인주의는 위대한 예술가들에 의해서 미학적 모더니즘의 형태로 실천됐다. 예컨대 보들레르와 랭보는 고전적 작시법에서 시를 해방시켰고, 세잔과 피카소는 원근법에서 회화를 해방시켰다. 또 스트라빈스키와 쇤

베르크는 조성이라는 성가신 굴레에서 음악을 해방시켰다. 그들의 얼굴은 물에 비친 자기 모습에 홀렸다는 나르시스의 얼굴이다. 이런 개인주의 또는 일종의 쾌락주의가 소수의 예술가나 지식인이 아닌 대중에 의해 실천되는 사회가 21세기일 것이다. 그때는 모두가 나르시스가 되는 것이다. —고종석, 《코드 훔치기》

국가의 궁극적 목적

국가의 궁극적인 목적은 지배가 아니다. 그것은 공포에 의해서 인간을 장악하려는 것이 아니며, 인간을 국가가 세워진 것과 다른 것에 소속시키려는 것이 아니다. 이와는 반대로 개인을 공포에서 해방시키려는 것이며, 개인을 가능한 한 안전하게 살게 하려는 것, 즉 개인으로 하여금 다른 사람을 해치지 않으면서 가능한 한 생존하고 행동하는 자신의 자연권을 갖게 하려는 것이다. —스피노자

사람의 취향을 강요할 수 있는가?

"세상에서 가장 우스운 건 말이요, 사랑스런 쥐스틴." 클레망이 말을 이었다. "사람의 취향을 가지고 논쟁을 벌이고, 비난하고, 벌을 주는 것이오. 그게 우리가 사는 나라의 법이나 사회관습에 맞지 않는다고 말이오. 이게 무슨 짓이오! 어떤 취향이라도 다소간 이상하고, 다소간 범죄적이라고 지레짐작할 수 없으며,

우리가 본능적으로 타고난 체질의 결과일 뿐이라는 사실을 사람들은 결코 이해할 수 없을 거요. 사정이 이럴진대, 한 인간이 다른 인간에게 무슨 권리로 감히 강요하며, 그 사람의 취향을 바꾸거나 사회제도에 맞추려 한단 말이오? 대체 무슨 권리로, 법조차도 오로지 인간의 행복을 위해 만들어졌거늘 어찌 감히 스스로 고칠 수 없는 취향을 탄압하고, 법이 지켜줘야만 할 이 행복을 희생시켜 가며 누가 그렇게 하기를 강요한단 말이오?—사드

07

인간을 개조하기를 바라는 것은 어리석은 일인가?

Baccalauréat, 1998

종 유전자의 모든 거래, 취급, 변형을 통해 우리는 인간적인 것과 비인간적인 것을 결정할 수 없는 돌아올 수 없는 지점에 이르렀다.
장 보드리야르(Jean Baudrillard, 프랑스 사회학자)

넓은 유전학 연구소에서 인간은 자신의 정의(definition)를 잃었다.
앙드레 프로사(André Frossard, 프랑스 기자·철학자)

개조해야 할 것은 세계뿐이 아니라 인간이다. 그 새로운 인간은 어디서 나타날 것인가? 그것은 결코 외부로부터 오지 않는다. 친구여, 그것은 자신 속에서 발견된다는 것을 깨달아라.
앙드레 지드(André Gide, 프랑스 작가)

서론

인간개조에 관한 계획은 일반적으로 사람들에게 두려움과 공포심을 불러일으키며 그리 큰 환대를 받지 못한다. 우리의 상상 속에서 개조된 인간은 프랑켄슈타인과 같은 악몽일 뿐이며 새로운 인간의 능력이 아무리 뛰어나다 해도 그것은 인간이라기보다는 기계에 가까운, 즉 기괴하고 거북스런 존재로 다가온다. 인위적인 것에 대한 적대감과 자연적인 것에 대한 호감은 인간에게 당연한 것일까? 과연 인간에게 자연스럽다는 것은 무엇일까? 인간은 변하지 않는 있는 그대로의 자신과 그 정체성에 집착하기 때문에 인류가 항상 변형의 욕구에 사로잡혀 있음을 간과하는 경향이 있다. 그러나 과연 있는 그대로의 인간, 순수하고 변형되지 않는 인간성이란 존재하는 것일까? 문화라는 환경 속에서 존재를 이어가는 인간에게 변화란 일종의 숙명과 같은 것이 아닐까?

실패한 인간개조의 노력들

인간이 얼마나 인간개조를 희망해 왔으며 그것을 위해 노력했는지는 역사에 잘 기록되어 있다. 평등을 실현하기 위해 모든 사람이 집단농장에서 같은 방식으로 일하도록 했던 공산주의 제도나 인간의 마음 자체를 바꾸고자 했던 종교, 양심을 대체하고자 한 도덕이나 법, 이 모두가 인간을 개조하고자 하는 노력들이었다. 그리고 이러한 노력들 중 인간성을 근본적으로 개혁하고자 하는 시도는 엄청난 재앙을 낳기도 했다. 우생학은 인간종의 개량이라는 목적 아래 결함이 있는 유전자를 제거하고 우월한 유전자를 확장시키며 우수 인종의 선택을 감행하여 윤리적 비난을 받았다. 특히 독일의 나치정권은 아리안 민족의 우수성을 장려하고자 열등하다고 간주되는 유태인의 대량학살마저 감행했고 독일인 중에서도 장애인, 정신병자 등 열등한 유전인자를 가졌다고 간주되는 사람들에게는 임신을 금지시키고 안락사를 강요했는가 하면 죄 없는 어린이들을 수없이 희생시켰다. 그외 미국, 스칸디나비아 등에서도 열등한 유전인자를 가졌다고 판명된 여성들에게 강제로 임신을 금지시키고 전문연구소가 설립되는 등 우생학 연구가 진행되었으나 전후 엄청난 윤리적 비판을 받으면서 지금은 자취를 감춘 상태이다. 왜 이런 비도덕적 방법을 채택하면서까지 인간은 스스로를 개량하기를 원하는 것일까? 현대인에게서 흔히 볼 수 있는 성형수술의 붐만 보아도 사람들에게 더 아름답고 강하고 똑똑해질 수 있다는 가능성은 거부하기 어려운 유혹인 듯하다. 그러나 이런 부분적·육체적 변형이 아닌 인간 자체, 특히 인간 뇌와 정신에 대한 개조는 인간성에 대한 거부이자 일종의 폭력이 아닐까? 인간을 근본적으로 개조하고자 하는 정치적 혁명은 수많은 희생자를 남긴 채 수포로 돌아갔으며, 현대인은 과거의 인간과 별반 다를 바 없는 욕망과 특성을 지닌 채 삶을 영위하고 있지 않은가? 인간은 끊임없이 자신의 모습을 변화시키고자 하지만 과연 개인 내부로부터 우러러 나오지 않은 변화가 진정한 변화일 수 있을까?

개조되지 않은 인간은 없다

물론 과거의 인간과 현대의 인간이 똑같다는 것은 아니다. 인간개

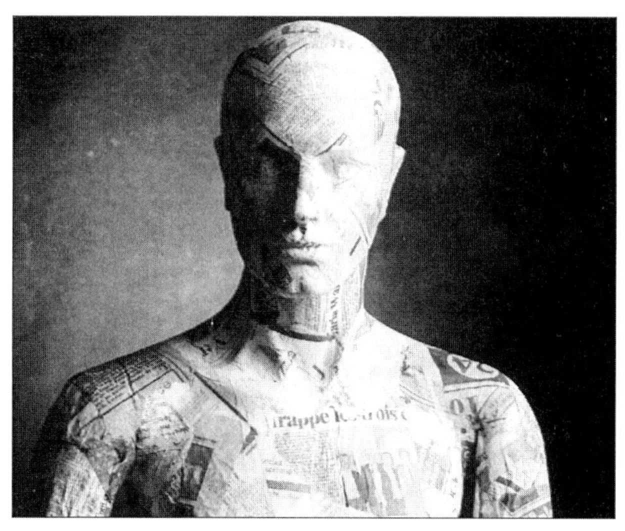

인간은 끊임없이 자기를 개조시키고자 하는 욕망에 사로잡힌다. 인간의 어떤 점을 개조할 수 있으며 어떤 점을 개조할 수 없는가?

조에 무조건 적대적인 사람들은 그 자신이 수많은 개종의 결과물임을 잊고 있다. 인간을 특징짓는 주요 사항 중의 하나는, 인간은 주어진 여건과 환경에 의해 결정되지 않는다는 사실이다. 인간은 노동을 통해 주어진 환경을 개척했으며 농경지와 도시를 일구었다. 인간의 문화가 동물의 자연세계와 구분되는 것도 이 개조 가능성 때문이다. 인간의 문화는 근본적으로 자연적 법칙에 대항함으로써 형성된다. 근친상간을 금지한다든가 풍기문란죄를 적용함으로써 성문화를 조성하는 것도 모두 인간은 동물과 다르다는 것을 증명하는 예들이다. 또 각 사회마다 양태는 달라도 매장이란 풍습을 통해 시체를 처리했다는 것 역시 인간과 동물의 세계가 확연히 구분된다는 것을 보여준다. 말하자면 인간 문화는 근본적으로 주어진 자연 질서에 승복하지 않는 것에서 시작되었다고 볼 수 있다. 번식이 아닌 애정을 전제로 한 사랑이나 우정, 인류애 등도 모두 인간이 욕구에 사로잡혀 사는 단순한 동물이 아님을 보여준다. 동물은 자신의 환경에 자연적으로 적용하는 데 반해 신체적으로 허약한 인간은 생존하기 위해 수많은 문화적 양식(의술, 기술, 과학)을 도입해야 한다. 인간에게 불을 선사해 그들로 하여금 짐승으로부터 스스로를 보호하고 음식을 익혀 먹게끔 한 프로메테우스의 신화가 보여주듯 문명은 질병, 기아, 죽음으로부터 인간을 보호해 주었다. 나아가 인간은 법과 도덕이라는 문명제도를 통해 자신 안에 잠재해 있는 야수성으로부터 스스로를 보호해 왔다. 아리스토텔레스는 "정의와 부정의, 선과 악을 구분하는 마음, 도덕적 개념을 지닌다는 것은 다른 동물들과 비교되는 인간 고유의 성격이다"라고 말했다. 실제로 서로에게 해악을 끼치지 않고 공존하기 위해 인간이 만들어놓은 수많은 제도와 규범들은 인간에게 인위적인 것이란 자연적인 것과 상충되는 것만은 아님을 보여준다. 무엇보다 칸트가 말했듯이 "인간은 교육받아야 하는 유일한 존재"이며 교육에 의해 인간은 동물적 본능에서 벗어나 인간성을 지향해야 하는 의무를 지게 된다. 즉, 인간은 그 기원부터 변형과 개조 가능성을 포함하고 있으며 그 과정을 통해 스스로를 정의내린다는 점에 있어서 다른 생물종들과 확실히 구분된다.

문화란 단지 자연의 부정이 아니라 스스로의 현재 모습에 만족하지 않고 항상 진화를 도모하는 인간의 염원이 반영된 삶의 방식이다. 문화적·사회적 삶 속에서 인간은 도덕적·지적 완전성을 추구해왔다. 그러나 문화의 발전이 반드시 인류의 진보를 나타내는 것은 아니다. 《인간불평등 기원론》에서 루소는 자연 속의 인간이 어떻게 문명화된 인간으로 변하게 되고 그 과정에서 어떻게 타락하는지를 보여주었다. 계몽주의의 낙관주의에 반대하여, 루소는 진보로 향한 행진과 자연에서 멀어짐이 인간을 잘못(악)으로 이끌어간다고 주장하였다. 그에 의하면 부와 권력의 욕구에서 이중적 불평등이 생기며 사람들은 사회 속에서 기만적이고 권위적인 모습을 취하게 된다는 것이다. 그러나 자연적으로 선한 인간이 사회에 의해 타락하게 되었다는 루소의 주장은 단순한 환상에 근거한 것이 아닐까? 평화와 사랑만이 가득했던 에덴 낙원은 신화에 불과하다. 만약 자연에 어떤 제도나 법규가 없었다면 홉스가 강조했듯이 그곳은 끊임없는 전쟁상태였을 것이며 낙원보다는 지옥에 가까웠을 것이다. 루소가 자연과 사회를 단절된 것으로 인지했다면, 헤겔은 둘 사이를 연속으로 보고 문화는 인간 본성의 완성이지 인간 본성의 포기가 아니라고 평했다. 그렇다면 인간이 개조를 원한다는 것은 결코 비이성적인 집착이 아니다. 그것은 자신이 처한 현실적 악과 투쟁하여 더 나은 것을 이루겠다는 바람이다. 플라톤은 공화국을 설립해 소크라테스를 사형으로 내몰았던 사회의 악을 극복하고자 했으며 교육프로그램을 통해 인간을 개조할 수 있다고 믿었다. 마르크스 역시 공산주의의 실현과 함께 사고, 정서, 사회적 신분이 완전히 다른 '새로운 인간'이 탄생할 것임을 예고했다. 정리하자면 문명과 자연 사이에 연관이 있건 없건, 그 사실이 부정적이건 긍정적이건 인간이 자연상태에서 나와 문화로 진입한다는 것은 인간이 정해진 본성에 따라 결정되지 않고 상황에 따라 변화한다는 사실을 시사한다. 인간은 주어진 것에 만족할 수 없는 역사적 동물이며, 이는 인간에게 있어 개조의 욕구는 자연적 본능임을 의미한다.

개인의 개조와 사회의 개조

문명에 비판적이었던 루소는 자신이 살던 세기의 불행을 목격하는 것만으로 만족하지 않았다. 그는 문명에 의해 야기된 문제점을 해결하기 위한 지료책을 제시했는데 사회계약론이 바로 그 내표적 방법이다. 이 이론에 따르면 인간은 문명의 극대화를 통해, 즉 자연이 보장해 주었던 독립성을 법으로 보장된 시민적·정치적 자유로 대체함으로써만이 잃어버린 낙원의 행복을 되찾을 수 있다. 루소는 인간을 변형시키려는 역사의 수많은 노력이 재앙으로 끝난 것은 법에 의해 자연적 존재로서의 인간의 육체적·심리적 단점을 보완하고자 애쓰지 않았기 때문이라고 설명한다. 물론 문명과 법을 통한 시민의 형성은 인간의 본모습을 완전히 왜곡시키는 것, 즉 근원적인 변형이라고 볼 수 있다. 그러나 루소가 추구했던 사회계약은 개개인의 자발적인 참여로 이루어진다는 점에서 그 나름의 가치를 지닌다. 법이 강제로 주어지는 것과 개개인이 자율적으로 법을 선택한다는 것은 엄연히 그 의미가 다르다. 루소는 시민들이 올바른 법을 선택할 수 있는 이성적 역량을 갖기를 원했으며 따라서 사회개조에 앞서 인간개조를 주장하였다. 사람을 바르게 교육하면 사회개조 역시 필연적으로 이루어진다고 생각했기 때문이다.

철학사에서 교육은 본능에 대한 이성적인 해결책으로 자주 등장한다. 플라톤은 정의로운 사회가 일단 구축된 이후에는 소크라테스의 심판과 같이 부정의한 판결이 다시금 일어나지 않도록 교육에 주의를 기울여야 한다고 주장했다. 실제로 플라톤의 국가는 단순히 지배와 피지배 사이의 조직사회가 아니라 최고의 도덕이상인 선의 이데아를 실현하기 위해 국민들을 교육시키는 교육기관이기도 했다. 교육을 통한 정신개조는 마르크스의 계획이기도 했다. 마르크스는 교육이 새로운 사회의 새로운 인간형('역사적 인간')을 만드는 데 있어 매우 긍정적인 역할을 수행하게 될 것이라고 평가했다. 그는 계급사회에서의 소외된 노동에서 탈피한 노동자들이 스스로 역사를 이끌어가는 과정에서 무상 보편교육이 자연스레 실시될 것이라고 예견했다. 또 그는 노동자들이 관념적 지식뿐 아니라 실천적 능력 역시 갖추기를 강조했으며 교육과 노동,

정신과 실천이 분리되지 않는 과정 속에서 완전히 변형된 새로운 공산주의적 인간형이 탄생할 것이라고 기대했다. 그러나 인류의 행복을 추구한다는 그의 계획은 사실상 전체주의로 이어져 수많은 사람들의 희생과 불행을 초래했음을 상기할 필요가 있다.

어떻게 인간개조의 위험을 피할 수 있을까?

인간개조에 대한 꿈은 황당한 망상이 아니라 인간 역사 속에서 여러 번 발견된 인간의 현실이다. 물론 더 강하고 아름답고 우수한 존재로 변화하고 싶은 인간의 욕망을 탓할 수만은 없다. 그러나 과도한 인간개조의 노력은 재앙으로 이어졌으며 수많은 희생자를 낳았다는 사실 또한 우리는 간과할 수 없다. 특히 현대에 와서 추진되고 있는 생물학적 개조는 보다 심각한 문제를 제기한다. 유전공학은 전체주의가 표명했던 열등인과 특정 인종의 사멸 등을 표면적으로 시사하고 있지는 않으나, 우수한 인간종의 선택이라는 문제는 심각한 인권문제를 발생시킬 것임을 예상할 수 있기 때문이다. 이 문제는 우리의 현실과 너무나 밀접하기에 그 부정적·긍정적 효과를 객관적으로 살피기에 어려운 감이 없지 않다. 과학자들은 유전공학의 발전을 통해 인간이 더 건강하고 우수한 육체를 가질 수 있음을 강조한다. 빈면 수많은 윤리위원회는 이러한 유전적 인간개조의 위험을 감지하고 과학기술과 관련된 윤리의식을 고취할 것을 촉구하고 있다.

인간개조는 인간의 유전자 변형에 의한 생물학적 본성을 바꾸는 것에 국한되어서는 안 된다. 그보단 인간은 자연적 결정론에 의해 운명지어진 존재가 아니라 끊임없이 진보할 수 있는 존재라는 의미에서 인간개조의 가능성을 받아들여야 한다. 루소가 강조했듯이 이러한 긍정적 변화에 있어 무엇보다 중요한 것은 바로 배움이다. 또한 명시해야 할 것은 인간의 어떤 점을 개조할 수 있으며 어떤 점을 개조할 수 없는지를 아는 것, 즉 인간의 가능성과 한계를 냉철하게 인식하는 것이다. 이 문제가 해결된 후에야 우리는 비로소 용감하게 변형 가능한 것을 개선하도록 노력할 수 있을 것이다.

베르나노스(G. Bernanos)는 젊은이들이 떨면 세상은 추위에 떨게 된다고 말했다. 이는 그 모든 역사적 경험에도 불구하고 희망의 메시지가 왜 중요한지를 보여주는 문구라고 할 수 있다. 과거를 필연성으로 인식하지 않고 과거의 무게에서 자유로워질 때만이 인간은 발전할 수 있다. 새로운 것을 나의 것으로 받아들임으로써 인간은 보수적인 모델에서 탈피해 또 다른 가능성을 창조할 수 있으며 인간은 미래를 꿈꿀 수 있다. 그러므로 모든 것이 반드시 필연적으로 정해져 있다는 결정론에서 벗어나는 것이 필요하다. 르네상스인들이 그리스를 자신들의 미래로 삼은 것은 그들이 그것을 모방하길 원했기 때문이 아니라 그것을 새롭게 해석하고 창조할 준비가 되어 있었기 때문이다. 과거를 끊임없이 재해석함으로써 우리는 또 다른 미래를 설계할 수 있다. 미래를 선택한다는 것은 결국 우리 자신을 우리 스스로 선택한다는 뜻이다.

결론

사람의 본성은 이미 생래적으로 결정되어 있기 때문에 인간개조는 사람의 본성을 개조하는 것과는 별개의 것이다. 프로이트는 아무리 문명이 발전한다고 해도 근원적인 인간의 약함, 즉 죽음과 병을 피할 수 없을 것임을 강조한 바 있다. 기술의 발전은 언젠가 인간으로 하여금 자연을 완전히 다스리게 하고 나아가 스스로를 개조할 수 있을 것이란 환상을 안겨준다. 그러나 여기서 개조란 부분적인 진보를 의미할 뿐 생물체로서의 한계에 대한 본질적인 극복을 의미하는 것은 아니다. 말하자면 인간개조란 사람의 후천적 성질, 즉 학습과 교육을 통해 얻은 성질을 고치고 발전시키는 것이며, 인간 본성의 전환이 아닌 보다 더 나은 방향으로 인간을 변화시키는 것이라고 표현할 수 있다.

인간개조를 위해 행해진 과거의 과오와 실수를 충분히 반성함으로써 우리는 인간개조 계획에 내재한 위험을 방지하고 긍정적인 방향으로 인간개조를 이끌 수 있을 것이다. 단순히 더 강력하게 하고 더 많이 생산하기 위한 인간개조가 아니라 개인을 더 행복하게 하기 위한 인간개조가 필요하다. 인간성은 기술을 내포하지만 기술이 인간성을 결정할 수는 없다. 인간은 수단이 아니라 그 자체로 목적이 되어야 한다는 칸트의 윤리명법을 항상 직시함으로써만이 인간개조가 인간성의 파괴로 이어지는 것을 막을 수 있다.

- 기술은 인간을 사물로 만들 수 있는가?
- "산출하기를 그만두고 너 자신을 산출하라"는 니체의 문장을 설명해 보라.
- 기술발전에 의해 인간은 정말 개선될 수 있는가? (2001)
- 기술적으로 가능한 것이 반드시 바람직한 것일까? (1999)

더 생각해 봅시다 ❶

유전공학과 우생학

효율성의 측면에서 탁월하다는 이유로 가속화되고 있는 유전학 연구에 대한 의문이 속속 제기되고 있다. 현재의 유전공학적 기술은 주로 농업에서 사용되고 있다. 그러나 가까운 미래에 인간을 대상으로 하는 유전공학이 등장할 것이며 그것은 곧 우생학의 등장을 암시한다. 인간개조, 인간복제 등 상상으로만 생각해 오던 것들이 실제로 실현 가능해짐에 따라 사람들은 생명공학에 대한 막연한 불안감을 감추지 못하고 있다. 이미 동물에 인간의 유전정보를 주입하여 인간의 장기를 생산해 내는 기술은 임상에 부분적으로 이용되고 있으며 곧 식용이 아닌 장기공급용 돼지가 다량 사육되며, 인간 장기의 복제생산도 가능해질 것이라고 사람들은 예상하고 있다. 한편 성형수술과 같은 다양한 분야의 발달로 몸의 개조를 어디까지 허용해야 하는가에 대한 도덕적 판단기준에 대한 논란도 뜨겁다.

  일반적으로 사람들은 인위적인 것이 자연적인 것에 첨가되는 것에 거부감을 갖고 있다. 하지만 유전공학을 통한 인간 형질의 개선을 옹호하는 이들은 인위

적인 의술이 인간에게 도움을 주었듯이 더 좋은 유전자를 선택하여 더 우수한
형질을 만들어내는 것은 자연의 진화과정일 뿐이라고 말한다. 특히 유전자 개발
은 난치병 환자 등에게 희망을 안겨줄 것이며 인간의 삶은 크게 개량될 것이라
는 것이 그들의 주장이다. 문제는 유전공학과 우생학의 관계이다. 2차대전 당시
나치는 인류의 형질을 개선한다는 이유로 그들이 우수하다고 간주하는 기준에
들지 않는 장애인, 유태인 등을 말살함으로써 인류에게 큰 충격을 안겨주었다.
어떤 체격, 얼굴, 성격이 더 우수하다고 결정할 수 있을까? 열등한 유전자와 우
수한 유전자를 결정함에 있어 인류는 심각한 가치론적 문제를 만나게 될 것이
다. 한편 유전정보의 남용으로 인한 인권과 프라이버시의 침해, 유전정보의 상
업화 등의 인권문제가 발생할 수 있다. 우생학은 획일적 기준에 따라 인간의 다
양성과 허약함을 거부하는 강자만을 위한 파시스트적 이론으로부터 자유로울
수 없다. 사람들이 똑똑하고 건강한 자식을 원하듯이 한 사회가 더 완전한 다음
세대를 원하는 것은 자연스러운 것일 수 있다. 그러나 이러한 본능은 분명 불완
전한 것에 대한 경멸과 무시를 담고 있는 비윤리적인 태도이다.

　과연 유전공학이 치료의 목적으로만 사용될 수 있을까? 맹목적 과학숭배가
낳은 비극이라고 불리는 우생학이 21세기에 재발하지 않으리란 보장은 없다.
유전공학의 놀라운 생산력은 다양성과 인간존엄성의 무시라는 그림자를 포함하
고 있으며 이는 윤리학자와 과학자들 간의 논의를 통해 극복해야 할 21세기의
주요 과제이다. 유전공학이 인간을 변화시킬 수 있는지, 그에 따르는 문제점은
무엇인지에 대해 논의해 보자.

교육의 목적은 자연성을 없애는 것인가?

교육의 라틴어 어원은 education으로 이것은 '빼낸다'는 의미와 '끌어올린다'는 의미를 가지고 있다. 즉, 교육이란 어린이나 청소년의 내부적 능력을 개발시키고 미숙한 상태를 성숙한 상태로 만든다는 의미를 포함하고 있다. 한 인간에게 교육이 미치는 영향력은 어느 정도일까? 우리는 한 사람을 평가할 때 "교육을 잘 받았다", "교육을 잘못 받았다"라는 표현을 쓰곤 한다. 여기서 교육을 잘못 받은 사람이란 자신의 마음에 따라 사회규범에 어긋나는 비도덕적 행동을 하는 사람을 의미하고 교육을 잘 받은 사람이란 일정한 사회규범과 코드에 맞게 모범적으로 행동하는 사람을 지칭한다.

이런 의미에서 볼 때 교육이란 즉각적이고 충동적인 욕망으로부터 인간을 떼어놓는 수단이 아닌가 하는 생각을 하게 된다. 교육은 동물과 같은 자연적인 상태에 있던 사람을 사회규범과 코드의 중재를 통해 문화 속으로 영입시키는 과정일까? 교육은 인간에게 남아 있는 동물성, 야만성을 삭제하는 것을 목적으로 하는가? 야만인 소년의 일화가 보여주듯 사회 속에서 일정한 교육을 받지 않은 사람은 동물과 다를 바 없는 행동을 한다. 교육은 이성을 강조하고 예의범절과 법규를 중시한다. 아이들은 자신의 욕망을 억제하지 못하고 한 대상에 집중하지 못하는 특징이 있다. 그러나 교육을 통해 그들은 참을성과 끈기, 욕망의 절제 등을 배우게 된다. 화가 났을 때도 손찌검을 하기보다는 이성적으로 대화하는 법을 배운다. 또한 교육을 통해 그는 야생동물처럼 자기 마음대로 행동할 수 있는 존재가 아니라 타인을 존중하면서 함께 어울려 사는 존재라는 것을 배우게 된다.

그런데 우리가 어떤 사람에게 도움을 주고 그가 우리에게 감사의 인사를 할 때 우리는 "별것 아닌데요, 뭘. …… 그건 자연스러운 것입니다"라고 답하지 않는가? 여기서 자연스럽다는 것은 무엇을 의미하는가? 이 상황에서 자연스럽다는 것은 결코 동물적인 자연성과 관련된 것이 아니라 인간이 어려움에 처한 타자를 도와주는 것이 교육받은 인간으로서 당연하다는 것을 의미한다. 과연 교육과 자연은 반드시 대치하는가? 아리스토텔레스가 "인간은 정치적 동물이다"라고 말했듯이 인간에게 교육과 사회, 문화는 인위적인 것이 아니라 자연스러운 것 그 자체가 아닐까? 인간에게 있어 자연스럽다는 것은 무엇을 의미하는지 더 생각해 보자.

더 생각해 봅시다 ❸

인간을 개화시켜야 할까, 본능대로 살게 내버려둬야 할까?

A : 인간을 개화시켜야 할까요? 아니면 본능대로 살게 내버려둬야 할까요?

B : 확실하게 대답을 해드려야 하나요?

A : 물론이죠.

B : 만약 인간을 다스리는 폭군이 되기로 작정하셨다면 개화시키세요. 본능에 반하는 도덕으로 힘닿는 데까지 인간을 중독시키고요. 온갖 종류의 족쇄를 다 채우세요. …… 하지만 언제나 알아두어야 할 것은, 여러 규칙을 만든 영리한 사람들이 당신을 현재의 모습이 되도록 지나칠 정도로 주물럭거려서 다듬어낸 것은, 당신을 위해서가 아니라 자기네들을 위해서였다는 겁니다. …… 질서를 잡으려는 사람을 조심하세요. 명령하는 것은 언제나 다른 사람들을 괴롭히며 주인이 되려는 것이니까요. ─디드로

08

민주주의를 비판할 수 있는가?

Baccalauréat, 1990

현대 민주주의의 비극은 민주국가들이 민주주의를 실현하지 못했다는 데 있다.

자크 마리탱(Jacques Maritain, 프랑스 철학자)

만일 신이 국민이라면 그들의 정부는 민주적일 것이다. 그러나 그같이 완전한 정부는 인간을 위하여 존재하지 않는다.

루소(Jean Jacques Rousseau, 스위스 태생의 프랑스 사상가·소설가)

전제주의가 왕권의 남용으로 발생하듯 무정부주의는 민주주의의 남용으로 발생한다.

볼테르(Voltaire, 프랑스 작가·사상가)

서론

일반적으로 우리는 국민이 주인이 되고 국민 각각의 선택과 행동이 존중되는 민주주의를 가장 정의롭고 이상적인 최상의 정치제도라고 생각한다. 독재, 왕정, 귀족정 등 다른 정치제도와 비교할 때 민주주의의 우수성은 뚜렷하며, 따라서 민주주의가 한 나라에 도입되는 것을 우리는 일종의 정치적·윤리적 발전으로 간주하고 반긴다. 그러나 민주주의의 한계를 언급한 사상가들도 적지 않다. 오늘날 많은 정치학자들은 민주주의의 이상과 그 현실 사이에 많은 차이가 존재함을 지적한다. 정치적 평등주의는 정부를 여론, 즉 국가의 일을 전혀 이해하지 못하는 대중에게 맡기는 것이라고 비판하는 사람들도 있다. 여기서 우리는 민주주의가 무능력의 폭정, 어리석은 다수에 의한 하향평균적 정치가 아닌지, 혹은 경쟁의 무한자유화라는 자본주의 논리에 동참한 사회불평등의 원천이 아닌지를 자문해 볼 필요가 있다. 민주주의에 대한 비판을 요구하는, '민주주의를 비판할 수 있는가'라는 질문은 도발적이며 그 자체로 논쟁거리가 될 수 있다. 어떤 의미에서 민주주의를 무능력의 폭정으로 표현할 수 있는가?

민주주의는 다수의 소수에 대한 폭정인가?

민주주의는 자유를 기본 정신으로 하는 정치제도이고 폭정은 시민의 자유가 최대한 억제된 정치제도를 의미한다. 그렇다면 어떻게 민주주의를 폭정에 비교할 수 있단 말인가? 자신이 옳다고 생각하는 바를 자유롭게 표현함으로써 기존 권력에 저항하게끔 하는 제도가 바로 민주주의이다. 그런데 민주주의가 옹호하는 다수결의 원칙은 진리와 다수의 의견을 같은 것으로 혼동하는 문제를 야기할 수도 진실을 말하는 소수를 억압하는 결과를 낳을 수도 있다. 실제로 진실을 외쳤던 개인이 다수의 정치적 모략에 의해 희생된 역사적 사례는 무수하다. 왜 다수는 항상 소수에 우선해야 할까? 누벨바그(nouvelle vague)의 거장 고다르(Jean-Luc Godard)는 "이제 유일하게 남은 희망은 사람들의 삶에 관한 진실을 보여주는 것이다. 하지만 그들은 그 진실을 보고 싶어하지 않는다"며 대중에 대한 불신을 나타냈다. 니체는 냉혹한 진리를 감당할 수 있는 이는 소수뿐이며 그외 대중들은 권력자들이 만들어낸 도덕이나 신화를 믿으며 살아갈 뿐이라는 냉소적인 표현을 서슴지 않았다. 이들의 주장이 옳다면 다수의 의견을 전적으로 신임한다는 것은 위험한 태도가 아닐까? 더욱이 민주주의는 쉽게 민중선동에 휘말릴 위험이 있다. 그리고 최대다수의 원리에 따라 올바른 의견을 지닌 소수의 사람들은 사회적 고립을 당할 수 있다. 중요한 사안을 다수결의 투표에 부칠 경우 결코 바람직하지 못한 상황이 일어날 가능성도 배제할 수 없다. 해당 사안에 대해 잘 아는 전문가와 전혀 무지하거나 관심이 없는 사람이 엄연히 있음에도 불구하고 무조건 '평등성'에 집착해 다수결의 원칙을 따를 경우 현인과 의인을 탄압하는 무시한 '폭민정'을 불러올 수 있는데, '폭민'은 '폭군' 못지않게 위험하다. 소그라테스의 죽음은 바로 '폭민정'이 채택한 '다수결의 원칙'에 의한 것이었다. 스승인 소크라테스가 아테네 민주정에 의해 사형된 것을 목격한 후 플라톤은 여론이 대세를 이루는 그리스 민주주의에 대해 비판적인 입장을 취했는데, 그의 비판은 민주주의에 대한 가장 유명하고 강력한 비판으로 자주 인용된다. 그는 민주적 가치를 대표하는 토론이 언변이 뛰어나고 사람들을 잘 유혹하는 사람들에 의해 주도되는 것을 목격한 후 민주주의가 민중선동의 정치형태가 될 위험이 있음을 지적했다.

민주주의는 권리의 평등을 위해 투표제도를 도입하였다. 그러나 중요한 결정을 할 때마다 국민들에게 의뢰한다는 것은 일의 진행을 불가능하게 하는 것이 아닐까? 선장이 둘 이상인 배가 빙산에 부딪치지 않기 위해선 어떻게 해야 하는가? 더욱이 이 투표제도를 통해 선출되는 정치인들은 선출되기 위해 무조건적으로 국민들에게 아부할 위험이 매우 크다. 정책보다는 언변과 이미지에 더 공을 들이는 일도 일어날 수 있다. 욕망과 정념에 의해 더 많이 좌우되는 대부분의 시민들은 그들의 욕망과 쾌락에 호소하는 소수 권력자들의 유혹에 넘어갈 것이며 감정에 따라 옳지 않은 선택을 할 수도 있다. 이 같은 문제점을 파악한 플라톤은 민주주의에 대한 대안으로 철인왕에 의해 통치되는 공화국을 제시했다. 그에 따르면 모든 분야에서 전문가와 그들의 조언이 필요하며 아플 때 의사를 찾듯이 정치는 정치를 잘 아는 정치가들에게 맡겨야 한다는 것이다. 그러나 플라톤이 상상한 항상 선하고 현명한 철인왕과 정치가들이 과연 존재하는가? 인간은 신적인 존재가 아니며 아무리 대단한 영웅이라도 사적 욕망과 권력욕에서 벗어날 수 없음을 우리는 잘 알고 있다. 또한 대중을 경멸하는 태도는 인간성 자체에 대한 비난으로 간주될 수 있다.

민주주의란 존재하지 않는다. 단지 소수만이 권력을 보유한다

플라톤은 무지한 대중이 정치에 관여하는 것은 여론의 폭력을 조장할 수 있다고 우려했다. 그러나 여기서 우리는 가장 가난한 시민이 가장 큰 부자와 똑같이 투표권을 지니고 있다는 것은 매우 고무적인 일이 아닌가 하는 반론을 제기할 수 있다. 그리스어 demos(국민)와 kratos(지배)의 결합으로 이루어진 민주주의는 모든 국민이 차별 없이 주체적으로 참여하는 정부형태를 의미한다. 만약 이러한 민주주의의 이상이 현실 속에서 제대로 실현된다면 그것은 진정 바람직한 정치형태일 것이다. 문제는 민주주의가 지배세력이 조장하는 우민정치를 피할 수 있는가 하는 것이다. 지배자의 입장에서 볼 때 통치당하는 자가 너무 똑똑하면 통치하는 데 어려움을 겪게 된다. 따라서 대중의 비판의식을 없애고 정치적 자기소외, 정치적 무관심을 유도하기 위해, 즉 지배자가 마음대로 대중을 조작할 수 있게 하기 위해 도입하는 정책이 바로 우민정책이다. 그런데 우민정책이 실용화될 경우에도 우리는 민주주의 국가에서의 주인이 국민이라고 말할 수 있을까? 국민들의 자발적 의사로 알려진 여론 역시 지배계층에 의해 조작될 위험이 있다. 그렇기 때문에 다수가 정치에 참여함에도 불구하고 사회적·경제적 평등은 이루어지지 않는 것이다. 자유민주주의는 얼마나 많은 무산자의 빈자, 계급투쟁, 제국주의 등의 문제를 야기시켰는가? 냉소적인 이들은 민주주의란 결국 부르주아의 전국이며 대중은 그들의 유혹과 기술에 따라 수동적으로 동조할 뿐이라고 말한다. "국민들로 하여금 그들이 통치한다고 생각하게 하라. 그러면 그들이 통치받을 것이다"라고 윌리엄 펜(William Penn)[10]

은 《고독의 열매》에서 말한 바 있다. 실제로 민주주의란 언어와 공포를 사용하여 대중을 유혹하고 선동하는 지배계층에게 법을 좌지우지할 수 있는 힘을 준 격이 아닐까?

민주주의 정치는 국민의 개별적이고 독창적인 목소리에 의해서가 아니라 획일화된 좌-우파 논쟁에 의해 항상 유사한 방식으로 전개된다. 특히 자유민주주의 국가의 정치가들은 갈수록 더 '정치가들의 친구', 자본주의 사회의 진정한 권력자라 할 경제인들의 압력을 받고 있다. 그리하여 국민에 의해 선택된 사람들이 국민들보다는 소수 특권자들을 더 고려하여 정책을 만드는 일이 빈번하게 발생하게 된다. 농민보다는 기업가들에게 유리한 정책을, 지방에 사는 사람들보다는 수도권 사람들에게 혜택을 주는 정책을 선택하는 것도 이 때문이다. 이러한 정경유착 현상은 필연적으로 부패를 초래하고 국민들로 하여금 정치에 대한 신뢰를 잃게 하는 요인이 된다.

민주주의에서 가장 중요한 것은 언론과 표현의 자유라고 한다. 17세기 영국의 존 밀턴(John Milton)은 "진리와 거짓이 서로 다투게 하라. 어느 누가 자유롭고 개방된 대결에서 진리가 패배하리라 본단 말인가"라고 말했다. 그러나 미디어는 엄청난 권력기관이며 언론의 자유는 실제로 이론에 지나지 않을 뿐 대다수의 신문과 TV는 자본가의 지배하에 놓여 있게 마련이다. 지배계층은 대중매체를 통해 우민화정책을 강화하며, 대중은 아무런 사고나 비판정신도 요

---

10) 윌리엄 펜(William Penn, 1644~1718) : 펜실베이니아 창립자.

구하지 않는 쇼, 드라마, 스포츠 프로에 중독된 채 서서히 현실에서 멀어져 간다. 대중을 제어하는 치명적인 헤게모니의 대표적인 예가 바로 매체를 통한 우민화정책인 것이다.

한편 민주주의가 도입한 무한경쟁, 무한자유의 개념에 대한 세밀한 분석이 필요하다. 어떤 면에선 평등의 개념을 도입한 무한경쟁이 긍정적인 현상이라고도 볼 수 있다. 대표적인 민주주의 국가인 미국을 우리는 흔히 기회의 나라라고 칭하곤 한다. 이는 모든 사람이 평등하게 성공에 도전할 수 있음을 의미한다. 그러나 무조건적인 평등과 경쟁의 원칙은 약자에 대한 배려나 보호를 배제한다. 그리고 정글의 논리에 따른 약자에 대한 강자의 지배와 착취를 정당화할 위험을 내포하고 있다.《미국의 민주주의》라는 책을 쓴 토크빌은 다음과 같이 말한 바 있다. "광대한 민주주의의 한가운데에서 몇몇의 기업들이 형성한 소귀족사회는 옛날의 대귀족사회와 마찬가지로, 오늘날에도 극히 부유한 소수와 극히 가난한 다수를 포함하고 있다." 실제로 민주주의 국가에서 신분과 피부색에 따른 격차는 점점 더 커지고 있는 추세이다. 대자본의 위력 앞에서 자유나 평등과 같은 민주주의의 이상은 일종의 술책에 지나지 않는 것일까? 현대정치에 대한 대중의 불신과 냉소는 경제적 자유주의가 지닌 무정치적 성격에서 비롯된다는 주장도 결코 과장된 것은 아니다. 고유한 정치영역도 무한경쟁이 원리 속에서는 경제 속으로 흡수되며 약자에 대한 국가의 보호와 사회보장제도 등은 점점 더 위축되게 된다.

또한 '조건의 평등'은 사회구성원을 결합하는 전통, 권위, 위계질서를 해체시킴으로써 무질서와 개인주의를 낳을 위험이 있다. 강력한 정권의 부재는 정치권의 불안을 야기할 수도 있다. 모든 것이 상대적이고 임의적인 사회, 즉 이상이나 진리가 부재하는 상황에서 고립된 개인들은 공동체적 가치관과 이상의 부재라는 허무감에 싸여 세속적 쾌락주의와 물질주의에 빠질 가능성도 있다. 더 나아가 무한경쟁과 개인의 단자화는 가족해체와 도덕의 부재를 야기하여 우울증을 유발할 수도 있다.

정상적인 민주주의의 사법체계는 자유권, 평등권, 참정권 등의 시민의 권리가 항상 납세의 의무, 국방의 의무, 근로의 의무 등을 동반하도록 규정한다. 그러나 사회에 대한 의무를 동반하지 않는 개인의 권리남용은 특권층의 의무감 부재, 약자에 대한 무관심으로 나타나고 있으며 이런 태도는 현대사회의 윤리적 폐해로 지적될 수 있다. 우리는 신호등이 파란색일 때 길을 건널 권리가 있고 신호등이 붉은색일 때 정지해야 할 의무가 있다. 만약 건너는 권리만을 주장하고 정지하는 의무를 수행하지 않는다면 그것은 책임을 결여한 미완성의 자유라고밖엔 말할 수 없다. 현실적으로 평등과 자유를 향한 민주주의의 이상은 권리와 의무의 불균형에 의해 위협받고 있기에 권리와 의무의 상호적 공존을 위한 보다 많은 노력이 필요하다.

민주주의는 가장 덜 나쁜 정치체제이다

이런 여러 문제점들을 지적한 후 정치학자들은 이상적으로 민주주의는 가장 우수한 정치체제이지만 "현실적으로는 단지 가장 덜 나쁜 정치제도이다"라고 결론짓기도 한다. 즉, 최선의 정치제도란 현

오늘날 많은 정치학자들은 민주주의의 이상과 그 현실 간에는 많은 차이가 존재한다고 지적한다. 민주주의 국가에서 고질적 문제로 지적되는 다수의 폭정, 우민화정책, 세속적 물질주의, 이기주의, 빈부격차 등의 문제에 대해 생각해 보자.

실 속에서 존재하지 않으므로 민주주의를 그나마 가장 나은 제도로 받아들여야 한다는 것이 일반적인 견해이다. 루소나 칸트가 말했듯이 영원한 평화를 지향하는 진정한 민주주의는 이상에 불과할지도 모른다. 위에서 지적했듯이 다수의 소수에 대한 폭정이라는 심각한 문제가 발생할 수도 있다. 그러나 민주주의가 무능력한 폭정으로 변질되는 것이 필연적인 것만은 아니다. 평등의 원리가 노예상태와 자유 중 어느 쪽으로 기우는가는 전적으로 인간의 노력에 달렸다. 민주주의가 가져온 소수의 고립과 급진평등주의의 폐해는 다수의 횡포를 막는 사법부와 시민운동, 자유언론, 물질주의를 경계하는 도덕, 종교, 교육 등을 통해 시정될 수 있다.

능력이 부족하다 해서 자신의 권리를 다른 사람에게 넘길 수 있는가? 대중을 대신해서 소수의 엘리트가 대신 정치를 행하겠다는 주장은 현대에는 맞지 않는 엘리트적이고 귀족적인 사고에 불과하다. 출신이나 성별과 상관없이 개인에게 동등한 국가적 권리와 책임을 부여한 사실은 역사적으로 부인할 수 없는 진보이다. 국가가 존재하는 것은 개개인의 자유를 보호하기 위해서이고 이러한 이상에 근접할 수 있는 정치제도로는 민주주의가 유일하다.

역사학자 레이몽 아롱(Raymond Aron)[11]에 따르면 민주주의는

---

11) 레이몽 아롱(Raymond Aron, 1905~1989) : 프랑스 정치·사회학자. 1957년 콜레주 드 프랑스의 교수가 되어 사회학을 강의하면서 마르크스주의적 경제사관의 비판, 공업화사회의 분석 등에 관한 저서를 발표하였다. 주요 저서에 《현대독일사회학(*La Sociologie allemande contemporaine*)》(1935), 《지식인들의 아편(*L'Opium des intellectuels*)》(1955), 《민주주의와 전체주의》(1965), 《회고록》(1983) 등이 있다.

두 가지 특징을 지니고 있다. 그 하나는 다양성으로, 이념을 달리하는 여러 당이 참여할 수 있는 가능성은 독재와 뚜렷이 비교되는 민주주의의 우수성을 보여준다. 다른 하나는 헌법에 대한 존중으로, 이는 개인에 의한 권력남용을 불가능하게 하는 장점을 지닌다. 여기서 볼 수 있듯이 민주주의의 이상은 개인의 자유와 평등의 원칙에 기반해 있다. 그리고 이 같은 이상은 현실적 민주주의의 한계에도 불구하고 부정될 수 없는 가치이다.

한 정치제도를 평가함에 있어 중요한 것 중의 하나는 지속성과 견고성이다. 민주주의를 선택한 나라들의 현상황을 볼 때 민주주의는 여러 모순과 문제점에도 불구하고 충분히 그 가치를 인정받을 수 있다. 민주주의란 사실상 사회의 발전과 욕망의 필요에 따라 끊임없이 진화하는 단어에 불과한지도 모른다. 그러나 역설적으로 민주주의는 그 목적이 실현되지 않은 한에 있어 그 의미가 있다. 민주주의를 완벽히 실현하고자 하는 정치적 의욕은 곧 전체주의로 변질되었다.

민주주의는 항상 기존 권력에 대한 비판과 저항을 가능케 하는 반대세력을 허용한다는 점에서 가장 윤리적인 정치제도라고 말할 수 있다. 민주주의 자체를 비판할 수 있는 정치제도는 민주주의뿐이다. 민주주의의 이성 자체를 부정하지 않더라도 우리는 민주주의를 잘못 행사하고 있는 특정 정치기구나 나라를 비판할 수 있다. 또한 민주주의가 민중선동주의가 되지 않기 위해 필요한 방법에 대해 토론할 수도 있다. 민주주의를 끊임없이 비판하는 것은 진정한 민주주의를 구현하는 유일한 방법이다. 민주주의란 도전해야 할 인류의 목적이자 이상이며 수많은 단점에도 불구하고 그 자체로서 의미를 지닌다.

결론

공산주의자들에 의하면 자유민주주의란 경제를 지배하는 소수의 다수에 대한 지배를 은닉하는 가장 적절한 이데올로기일 뿐이다. 이외에도 민주주의에 대한 의문은 끊임없이 제기되고 있다. 민주주의 정치에 회의적인 사람들은 대중들이 그들의 욕망과 쾌락에 호소하는 소수 권력자들의 유혹에 넘어갈 것이며 이러한 대중의 무지를 기반으로 다수의 폭정이 형성될 위험이 크다고 지적한다. 또한 평등의 원칙은 무한경쟁의 원칙으로 변질되어 극단적인 개인주의와 물질주의를 초래할 수도 있을 것임을 강조한다. 사실 우리가 최상의 정치제도라고 평가하는 민주주의 제도도 결국 권력관계나 집단 이익과 연관되어 있기에 사회구성원들 간의 완전한 화해나 이해를 기대할 수는 없다. 즉, 민주주의의 현실과 민주주의의 이상 간에는 분명한 차이가 있다. 그러나 민주주의가 현실적으로 존재하는 가장 덜 나쁜 정치제도라는 사실은 부인될 수 없다.

무엇보다 중요한 것은 민주주의를 정치란 어떻게 발전해야 한다는 당위적 필요성으로 이해하는 것이다. 자유와 평등을 기반으로 하는 민주주의는 우리가 지향해야 할 정치적 목표이다. 위에서 살펴본 시장경제의 가속화에 따른 빈부격차의 문제, 하향평준화의 한계를 참작하더라도 개인의 다양한 의사와 비판, 자유를 존중하는 민주주의의 가치는 수호되어야 한다. 그리고 평화를 지향하는 민주

주의의 이상과 권력지향적인 현실 간의 화해를 시도하기 위한 노력
과 연구는 계속되어야 한다.

바칼로레아의 질문들

- 여론이 정치권력의 가이드가 될 수 있는가? (1995)
- 권력은 강요에 기반하고 있는가, 동의에 기반하고 있는가? (1994)
- 잘 통치한다는 것은 대중에게 만족을 준다는 뜻인가? (1993)

더 생각해 봅시다 ❶

미국은 민주주의의 모델인가?

미국의 역사는 민주주의의 발달사라고 볼 수 있다. 어떠한 국가의 역사인들 민
주주의가 중요하지 않겠냐마는 미국의 민주주의는 미국 역사 그 자체임과 동시
에 미국을 상징하고 대표한다. 미국은 보편선거법과 직접민주주의를 제일 먼저
도입하였으며 연방세를 통해 매우 효율적인 성지제도를 운영한 결과 현재 세계
최강의 국가로 군림하고 있다. 그렇다면 미국 민주주의의 장점과 단점은 과연
무엇일까?

　우리는 흔히 미국을 기회의 나라라고 부른다. 실제로 미국에서는 출신성분이
나 학력에 상관없이 개인의 노력과 재능에 따라 크게 성공할 가능성이 많고 개
인의 자유는 최대한 존중된다. 또한 토크빌이 지적했듯이 사법권과 법조인들의

권력이 강화되어 이들이 귀족층과 대중들 간의 중재자 역할을 잘 수행하고 있다는 점도 미국 민주주의의 강점이라고 볼 수 있다. 그러나 미국 민주주의는 또한 많은 문제점들을 안고 있으며, 이는 모든 민주주의 국가들을 위협하고 있는 문제점들이기도 하다.

우선 교양 없는 다수의 폭정을 우려할 수 있다. 민주주의 국가에서는 정치에 대한 기본적 지식이나 윤리에 대한 감각이 없는 사람들이 쇼비즈니스적 선거운동에 이끌려 이미지만 화려하고 실질적 능력은 없는 정치인들을 뽑고 반대로 소수의 양심적인 지식인들을 탄압하게 되는 이상현상이 발생할 위험이 있다는 것은 많은 정치학자들에 의해 지적되고 있다. 미국에서는 운만 좋으면 연기력이 없어도 스타가 될 수 있고 체계적 공부를 하지 않고도 대통령이 될 수 있다(레이건의 경우). 토크빌이 지적했듯이 다수의 의견이 반드시 정의의 기준은 아니며 다수의 의견만을 따를 경우 정치는 상당히 보수적이고 편협한 사고의 일반화를 초래할 수 있다. 그러나 무엇보다 큰 문제는 역시 빈부격차의 심화이다. 미국은 빈부격차가 가장 심각한 국가 중의 하나이다. 힘없는 자들을 위한 복지제도의 부재, 교육비의 부담, 인종차별과 심각한 범죄, 폭력 문제 등도 미국의 고질병으로 지적될 수 있다. 한편 대외적으로 미국이 민주주의 국가에 걸맞은 행동을 했는지에 대해서도 의문을 제기할 수 있다. 물론 기술적·경제적·군사적 역량 면에서 미국은 초강대국이며 이러한 발전에 민주주의 정치제도가 기여한 바는 많다. 그렇지만 민주주의의 문제점을 가장 적나라하게 보여주는 나라도 바로 미국이다. 위에서 언급한 미국 민주주의의 장점과 단점을 고려하여 현대 민주주의에 대한 비판적 고찰을 시도해 보자.

개인주의는 평화를 위협하는가?

개인주의란 개인이 가장 본질적이고 중요한 가치의 기준이 된다는 이론이다. 그렇다면 어떻게 개인주의가 평화를 위협할 수 있을까? 평화란 공공생활에 있어 혼란과 충돌이 없는 것을 의미하는데 이를 위해선 개인들 간의 최소한의 의견일치가 필요하다. 그들을 단결시켜 주는 공동의 가치가 부재하다면 그 사회는 곧 해체될 것이다. 다시 말해 개인들이 지켜야 할 가치는 개인에게 근거한다기보다는 전체에 기초한다고 보아야 한다. 그렇다면 개인주의란 곧 사회의 혼란을 발생시키고 평화와 안전을 위협하는 부정적 요소로 인식될 수 있다.

그러나 개인주의가 반드시 투쟁과 혼란으로 이어지는 것일까? 상호 존중과 책임의식을 동반한 보다 성숙한 개인주의를 우리는 충분히 생각해 볼 수 있다. 이기주의와 개인주의는 분명 다른 것이다. 집단주의가 야기하는 인권침해의 문제를 생각한다면 개인의 특수성을 존중하는 개인주의는 겉으로는 평화를 가장했으나 폭력과 억압을 전제로 하는 전체주의의 위험을 피하게 하고 다양하고 풍요로운 사회를 지향하는 민주주의의 원동력이 될 수 있다. 개인주의와 이기주의의 차이에 대해 생각해 보자.

민주적인 투표가 가능한가?

민주적인 투표는 국민에 의한 국민의 권력을 나타낸다. 우리는 민주국가에서는 당연히 민주적인 투표가 이루어지고 있다고 생각하며 민주적인 투표야말로 민주주의를 상징하는 것이라고 생각한다. 그러나 국민들이 투표를 한다는 사실만으로 그 나라에 민주주의가 정착되었다고 말할 수 있는가? 공산주의 국가들도 국민의 승리를 가장 중시한다는 뜻에서 스스로를 민중민주주의라고 칭하는 경우가 많다. 그런데 마르크스부터 본격화된 공산국가들의 민중민주주의 정책은 인간의 사적 욕구를 지나치게 격하시킴으로써 자유를 억압하고 독재를 낳았다. 그중 몇몇 동구권 전체주의 국가에서는 한 정치가에 대한 찬성표가 99%를 넘는 경우도 있다. 실제로 겉으로는 매우 민주적으로 보이는 선거제도도 사실상 국민을 기만하는 책략에 의해 조정될 수 있다. 수많은 술책과 유혹으로 정치가들은 국민들을 속이며, 선거결과가 조작되는 경우도 있다. 선거 후에도 문제점은 발견된다. 선거에서는 다수결의 원칙에 의해 대표자가 선출되거나 정책이 결정된다. 그러나 현실정치에서 한쪽 당의 주장에만 근거하여 정치를 한다는 것은 매우 어렵고도 위험한 일이다.

게다가 다수결의 원칙에 따를 때 소수의 의견이 무시될 위험이 크다. 즉, 민주주의가 개인의 의사를 존중하는 정치제도라 해도, 사실상 개인의 의사는 공적인 의사로 일반화되는 과정에서 왜곡될 가능성이 많다. 민주주의의 이상에 따르면 국민 전체가 정치에 적극적으로 참여해야 하지만 현실적으로 그들의 의사는 대표자를 통해 부분적으로 반영될 뿐이다. 또한 정치를 이끌어가기 위한 충분한 지식과 교양을 국민 모두가 갖추고 있다고 볼 수도 없다. 정책에 대해 아무것도 모르는 상태에서, 더 나아가 정치에 무관심한 상태에서 자신의 기분에 따라 투표를 하는 것도 충분히 가능하다. 그렇다면 민주주의란 결국 환상에 불과한가? 물론 민주주의가 전체주의보다 우수한 정치제도임은 분명하지만 민주주의의 이상 그 자체가 현실 속에서 그대로 적용되기에는 많은 어려움이 있다. 말하자면 민주주의란 존재하는 현실로서가 아니라 우리가 나아가야 할 이상적 목적으로서 더 의미가 있다고 할 수 있다. 정치적 현실로서의 민주주의와 윤리적 이상으로서의 민주주의에 대해 고찰해 보자.

09

더 우수한 문명이
존재하는가?

Baccalauréat, 2000

가장 문명화된 민족들은 가장 광택나는 철이 녹에 가깝듯이 야만성에
있어서도 가깝다. 금속처럼 민족들도 겉만 빛날 뿐이다.
리볼리(Antoine Rivoli, 프랑스 작가)

문명화되지 않은 민족들은 없다. 다른 문명을 지닌 민족들만 있다.
마르셀 모스(Marcel Mauss, 프랑스 사회학자·인종학자)

선함은 지성을 문명화한다.
말콤 드 샤잘(Malcolm de Chazal, 모리셔스 철학자·작가)

서론

각 문명은 고유한 특성을 지니고 있으며 그 자체로 유일한 것이다. 우리는 여러 문명들을 비교하는 가운데 인간의 다양한 측면을 배우게 되며 상이한 제도, 믿음, 관습, 예술, 문화 등은 내가 알지 못하는 인간의 무한한 가능성을 알려준다. 몽테뉴(M. E. de Montaigne)는 고대인들의 사고와 풍습에 관한 책을 읽으면서 제도와 가치의 상대성을 발견하였고, 서구인들은 십자군 원정, 크리스토퍼 콜럼버스의 아메리카대륙 발견, 예수회 선교사들의 중국 발견 등을 통해 새로운 문명에 대해 관심을 갖게 됐다. 그러나 백인들의 신대륙에 대한 이해는 백인중심적 관점에서 편협되게 이루어지지 않았는가?

다르다는 것은 사람들의 호기심을 불러일으키고 관심을 끈다. 그러나 호기심의 차원을 넘어 평등한 자세로 다른 문명에 접근할 수 있는가라는 의문을 제기할 수 있다. 다른 문명을 평가할 때 우리는 은연중에 그것에 점수를 매기고 우열을 가리는 경향이 있다. 이러한 평가는 정당한가? 어떤 객관적 기준에 의해 한 문명이 다른 문명보다 더 우수하다고 말할 수 있는가?

기술의 발전과 윤리적 모순

우리는 인류의 문명을 그 발전단계에 따라 구석기, 청동기, 신석기 등으로 나누어 부르며 문명이 점차적으로 진보했다고 생각한다. 실제로 적대적인 자연과의 싸움에서 승리함으로써 인간은 원시생활에서 농경생활을 거쳐 산업문명을 이루게 되었으며 보다 더 많은 물질적 풍요를 누리게 되었다. 그런데 이 과정에서 필연적으로 발생하는 것이 권력투쟁이다. 더 강한 경제적 부와 군사력을 지닌 문명이 그렇지 못한 문명을 누르고 권력을 차지했다는 사실은 역사를 통해 확연히 목격된다. 그러므로 우리는 역사적 자료에 의거하여 역사 속에서 어떤 문명이 다른 문명보다 더 우수했으며 특정 문명이 화려히 꽃피울 수 있었던 원인은 무엇이었는지 등에 대해 연구한다. 예를 들어 황하, 인더스, 메소포타미아, 이집트 문명을 우리는 고대 4대 문명이라 칭하고 그 우수함을 인정한다. 더 우수한 문명이 존재한다는 사실 자체를 부인할 수 없다면 그 우수함을 결정짓는 보편적 기준은 무엇인가?

어떤 나라를 선진국이라고 부를 때 우리는 우선적으로 그 나라가 경제적으로 부강한지를 질문한다. 물론 어떤 나라가 선진국인지 아닌지를 평가함에 있어 의료시설의 비율, 문맹률, 평균수명, 남녀평등, 정치참여 비율, 자유도 비율, 기술경쟁력, 복지시설 등 국가와 사회의 전반적인 요소들도 종합적으로 중요하게 평가되지만 가장 중요한 기준이 되는 것은 역시 그 공동체의 경제적 역량이다.

경제의 발전은 기술의 발전과 직접적인 연관이 있다. 권력투쟁의 역사를 보면 사물에 대한 객관적 이해와 분석을 통해 인간으로 하여금 자연을 지배하도록 한 과학이 한 나라의 경제적 발전에 있어 얼마나 결정적 역할을 했는지를 쉽게 알 수 있디. 특히 기술이 두드러지게 발전한 현대사회는 인류가 시작된 후 가장 화려히고 발전된 과학문명을 선보이고 있다. 그리고 그 점에 있어 우리는 현 세기가 그전 세기보다 우수하다고 말하곤 한다. 기술의 발전은 경제발전의 원동력이 되고 이어 인류의 복지와 문화발전을 촉진한다. 이른바 선진국이라 불리는 나라가 자연재해, 기아 등으로 인해 후진국이 어려움에 처했을 때 기술적·경제적 원조를 하는 것만 봐도 우리는 선진국의 우수성을 인정하게 된다. 그러나 경제적 부가 그 문명의 우수성을 모두 대변하는 것일까? 동물계에서는 사자가 양보다 강하기 때문에 더 우수하다고 말한다. 그러나 같은 논리를 인간계에 적용할 수 있을까? 경제적 우열순위가 우수한 문명을 결정짓는다는 주장은 너무 단순하지 않은가? 아니 그보다 과연 사자가 양보다 더 우수하다는 주장 자체가 타당한지에 대해 질문해 보아야 하지 않을까? 물론 사자는 양에게 없는 강건한 몸과 날렵한 움직임, 날카로운 송곳니와 발톱을 지녔다. 그러나 양은 초식동물이기에 이런 것들 자체가 필요 없으며 특별한 노력을 들이지 않고서도 편안한 상태에서 음식을 섭취할 수 있다. 항상 굶어죽을 것을 두려워하며 먹이를 찾으러 다녀야 하는 사자에 비해 넓은 초원이 다 먹이인 양의 삶은 그 얼마나 평화로운가? 그렇다면 양과 사자 중 누가 더 자연에 의해 혜택을 입었는지에 대해 답하는 것은 쉽지 않다.

문명의 우수성을 결정짓는 것은 무엇인가? 문명의 우수성이란 개념은 사실 매우 예민한 주제로서 여러 면에서 문제를 제기한다. 특히 문명이란 직선적으로 누적 발전되며 문명의 발전이 곧 문화적 우수성을 의미한다는 주장은 강대국이 기술이 덜 발달한 국가를 침략하는 데 알리바이로 이용될 수 있다는 위험을 지니고 있다. 실제로 제국주의자들은 기술이 열등한 곳을 문명화하고자 하는 마음에서 식민지화를 시도한다고 주장함으로써 자신들의 정복을 정당화했다. 더 나아가 이런 문화의 차이가 자연적 불평등 때문이라고 설명하는 경우도 있었다. 신체적인 특성에 따라 인간을 분류하는 인종주의가 바로 그 대표적인 경우이다. 알렉시스 카렐(Alexis Carrel)[12]은 《인간, 이 알려지지 않은 존재》에서 강자의 지배를 정당화하는 논지를 전개했다. "한 국가의 국민들 간에 서로 다른 계층이 생기는 것은 우연적으로 생기는 결과도 아니고 사회적인 관습 때문에 생기는 결과도 아니다. 이러한 계층 분포에는 생물적인 근거가 있다. 계층의 분포는 개인들의 신체적인 특성에 달려 있다. 오늘날의 부산자들은 육체와 정신의 유전적인 결함 때문에 무산자가 된 것이다. 농사를 짓던 조상들은 영토를 확장하고 침략자들로부터 영토를 수호하던 중세의 영주들보다 육체적·정신적인 구조가 더 연약하였다. 전자들은 천성적인 노예로 태어났고 후자들은 왕으로 태어났다." 그러나 생물적인 열등성이 사회적 열등성의 이유라고 설명하는 이 같은 주장은 매우 위험하고 합당치 않은 주장이다. 만약 그것이 사실이라면 한 민족의 문화적 번영은 지속되어야 하는데 특별한 신체적 변형이 없었음에도 왜 고대에 막강한 힘을 지녔던 지중해 문화가 몰락했으며 고대에 그들로부터 지배를 받았던 북유럽 민족이 부흥했는지를 설명하기 어렵기 때문이다.

마찬가지로 기술적 발전을 문명발전의 유일한 기준으로 파악해

---

12) 알렉시스 카렐(Alexis Carrel, 1873~1944) : 프랑스 외과의·생물학자. 1912년에 노벨 의학·생물학상을 수상했다. 나치에 협력할 것을 서약한 친독정권하에 우생학 연구에 참가했고 《인간, 이 알려지지 않은 존재》로 큰 명성을 얻었다. 현재 그의 이론은 극우파들에 의해 옹호되고 있다.

서는 안 된다. 물론 기술이 발전된 나라는 자연재해나 병 등의 문제를 해결할 좀더 효과적인 방법을 가지고 있다. 그러나 기술적·과학적 발전만으로 문명의 우수성을 평가하기에는 인류의 역사는 너무도 복잡하며 많은 모순을 내포하고 있다. 우리는 쉽게 기술과 경제의 발전이 보다 많은 사람들을 행복하게 하고 문명의 질을 향상시킬 것이라고 생각한다. 그러나 기술의 발전은 더 풍요로운 물질적 삶은 가능하게 해주었을지는 모르지만 불평등, 탐욕, 폭력, 집단이기주의와 같은 인류의 기본적인 악은 결코 해결하지 못했다. 오히려 2차 대전을 통해 우리는 기술의 발전이 반드시 윤리적 발전과 일치하지 않으며 그 반대일 수 있음을 목격했다. 2차 세계대전 중 있었던 유태인 학살이라는 가장 잔혹하고도 야만적인 행위가 당시 세계에서 가장 문명이 발전되었다고 여겨졌던 독일의 시민들에 의해 자행되었다는 것은 문명의 우수성이 과연 무엇인지에 대해 다시금 질문하게 한다.

타인을 심판할 수 있는가?

오랫동안 유럽중심주의적 사고는 유럽은 능동적이고 합리적·민주적인 것으로, 반면에 동양은 수동적이고 비합리적인 것으로 묘사했다. 남성과 여성을 적극적-수동적 존재로 비교하여 전자가 후자를 지배할 권리가 있다고 주장했듯이 서양은 이성중심적 논리에 따라 과학과 이성이 더 발달한 서양이 그외 민족들을 지배할 합당한 이유가 있다고 주장했다. 그러나 복합적 문화공동체를 단순한 이원론적 분석에 의해 평가할 수 있을까? 수동적인 것은 반드시 지배되어

백인들의 신대륙에 대한 이해는 백인중심적 관점에서 편협되게 이루어졌다.
어떤 객관적 기준에 의해 한 문명이 다른 문명보다 더 우수하다고 말할 수 있는가?

야 하며 약한 것은 반드시 죽어야 하는가?

문명의 차이라는 문제를 다룸에 있어 우리는 필연적으로 타자성의 문제를 만나게 된다. 우리에게는 과연 타자를 심판할 권리가 있는가? 있다면 그 기준은 무엇인가? 레비스트로스(C. Lévi-Strauss)는《인종과 역사》에서 인간은 항상 타인들을 자신의 시각으로 판단하는 경향이 있다고 말한다. 이 자기중심적 시각에 따르면 나는 항상 문명의 중심이고 타인은 그보다 못한 것을 상징한다. 예를 들어 어떤 사람이나 문명이 야만적이라 말하는 것은 그것이 인간보다 동물에 가깝다고 간주하는 것이다. 실제로 사람들은 자기의 생활권에서 지켜지고 있는 규범을 따르지 않는 것은 모두 문화가 아닌 것으로, 즉 자연적·동물적인 것으로 간주하는 경향이 있다. 스페인 사람들이 아메리카를 정복했을 때 그들은 인디언들이 열등하다고 생각했으나 인디언들도 마찬가지로 스페인 식민자들을 야만인으로 생각했다는 예만 보아도 사람이 얼마나 자기중심적인 사고를 갖고 있는지를 알 수 있다. 스페인 사람들은 인디언들에게 영혼이 있는지, 즉 그들이 진정한 인간인지를 판단하기 위하여 종교위원들을 선임하였고, 인디언들은 인디언들대로 적군들의 시체도 인간처럼 썩는지를 관찰하였다고 한다. 즉, 스페인 사람들이 원주민들의 문명을 열등한 것, 동물에 가까운 것으로 규정했음에도 인디언들이 유럽적 가치에 굴복하지 않았기에 그 두 문명 사이에 충돌이 발생했고 스페인은 인디언의 문명을 파괴로 이끌게 된다.

몽테뉴는 〈식인종에 관하여〉에서 다른 것은 무조건 야만적이라고 말하는 프랑스인들의 비인간성을 고발했다. 문명이라는 것은 인간이 동물과 다르다는 것, 약육강식의 자연의 원리를 벗어나 이성적이고 도덕적으로 행동할 수 있다는 사실과 관련된다. 그러나 역사를 뒤돌아볼 때 이른바 당대의 문명을 이끌었던 국가의 약소국에 대한 횡포나 폭력은 과연 문명의 법칙과 정글의 법칙이 반대되는 것인가를 의심하게 할 정도이다. 오늘날에도 강대국의 약소국에 대한 권력남용은 수많은 문제를 불러일으키고 있다. 특히 세계화시대에 들어서는 한 나라의 정치·경제·사회·문화 문제가 그 나라만의 문제로 그치는 것이 아니라 지리적으로 멀리 떨어져 있는 다른 나라의 문제로까지 복합적 양상으로 부각됨에 따라 국가 자주권을 무시한 내정간섭이나, 강대국의 논리나 주장을 일방적으로 강요하는 행동이 발생하고 있다. 그리고 이러한 상황은 국가간의 갈등과 대립을 한층 더 강화시키는 요인이 되고 있다.

인간은 자기에게 익숙한 것을 진리로 받아들이고 낯선 것을 악이나 열등한 것으로 규정하는 경향이 있다. 몽테뉴에 따르면 "우리는 우리 자신에게 익숙하지 않은 것은 야만스런 것이라 칭한다." 그러나 다름이 곧 정복해야 할 구실이 된다면 세상은 그 자체로 전쟁터에 불과할 것이다. 인간 개개인이 그 자체로 유일하고 소중하듯이 다양한 각 문명은 그 자체 유일한 것으로 존중되어야 한다. 각 문명들은 서로 다른 가치관과 인생관을 보유한다. 예를 들이 현대인들이 절약을 해서 모은 돈으로 휴가를 즐기는 것을 인생의 여유로 생각한다면 마야 인디언들은 절약을 해서 모은 돈을 종교적 의례에 할애하는 것을 인생의 여유로 생각한다. 기독교 신화에서 천사는 피부가 하얗고 악마는 검다. 그러나 아프리카 화가들은 천사를 검은색으로 그리고, 악마를 하얀색으로 그린다. 농촌에서는 건강이 여성의 미로 간주된다면 도시의 상류사회에서는 연약해 보이고 우아한 여성이 높이 평가된다. 이처럼 인간의 이상이 인종이나 지역에 따라 다르다면 진리나 미에 대한 절대적이고 보편적인 규범을 내세우는 것은 불가능하지 않을까? 사람들은 자신에게 익숙한 삶의 방식을 좋아하며, 그것을 진리로 간주하여 지속시키고 싶어한다. 로크(J. Locke)에 따르면 소위 절대적이고 보편적이라고 알려진 가치들도 사실상 특수한 경험의 표현일 경우가 많다. 그러므로 선과 악, 우수-열등의 척도로 섣불리 타인을 평가하기 전에 우선 그의 행동과 역사를 이해할 필요가 있다. 이것은 집단적 성향의 문제에서뿐 아니라 개인의 취향, 이념, 신앙의 문제에서도 마찬가지이다. 장 칼라스 사건[13]에서 톨레랑스 정신을 증명하였던 볼테르는 종교적 이유로 차별을 받았던 장 칼라스를 변호하면서 법정에서 다음과 같이 말했다. "나는 당신을 반대한다. 그러나 목숨을 걸고 당신이 말할 권리를 방어하겠다." 이어서 그는 "우리의 바보 같은 몸을 감싸고 있는 옷들 사이의, 모든 우리의 불충분한 언어 사이의, 모든 우리의 우스운 관례 사이의, 모든 우리의 불완전한 법 사이의 작은 차이들이 증

---

13) 1762년의 어느 날, 프랑스 남부지방 툴루즈에서 상업에 종사하는 장 칼라스의 아들이 집 앞에서 변사체로 발견되었다. 장 칼라스는 아무런 물증 없이 아들을 살해했다는 혐의를 받았다. 신교도인 그가 가톨릭인 아들과 신앙 문제로 말다툼을 벌였는데, 그 일로 살의까지 품었다는 것이다. 가톨릭이 절대다수를 차지하는 지방의 광신적 여론은 그를 살인자로 기정사실화했고 끝내 형장으로 보냈다. 그리고 볼테르는 단순히 종교적 차이 때문에 별다른 반론의 기회도 얻지 못했던 칼라스를 약 3년에 걸쳐서 옹호하였다.

오와 박해의 표시가 되지 않기를……"이라는 문장을 통해 불완전한
인간이 서로를 이해하고 용서할 것을 촉구했다.

상대주의의 문제

20세기에 들어서면서 타인에 대한 관용과 톨레랑스 이론이 큰 각
광을 받고 있다. 타인과 타인이 속한 문명을 나의 관점으로 평가하
지 말고 있는 그대로 인정하자는 움직임은 기독교·서양 중심적 사
고에 대한 비판을 포함하고 있다. 이런 배경에서 발전한 문화상대
주의는 각 개인과 문화는 나름의 사상적·역사적 가치와 정당성을
갖는다고 말한다. 이 관점에 따르면 한 문화를 존중한다는 것은 그
문화가 우리의 것과 다른 제도와 법률을 지닐 수 있으며 그 다름이
비난받을 만한 것이 아님을 인정하는 것이다. 문화상대주의는 철학
의 인식론적 상대주의에 근거를 두고 있다. 인식론적 상대주의는
보편적 절대진리란 존재하지 않고 어떤 이론도 시대와 장소, 사람
과 관계해서 타당하다고 보는 것이다. 상대주의 철학자 폴 파이어
아벤트(Paul Feyerabend)는《경험론의 문제점》에서 다음과 같이 말
한다. "그들의 내용은 비교될 수 없다. 특정 이론의 범위 속에 있지
않으면 그 사실성에 대한 판단은 불가능하다. …… 남는 것은 주관
적 판단, 기호에 대한 판단, 그리고 우리의 주관적 바람이다."
　그러나 문화적 다양성이란 이름으로 야만적인 관습마저 용납해
야 하는가? 타문화를 존중한다는 것이 모든 것을 용납한다는 것을
의미하지는 않음이 분명하다. 현대인들은 관용의 미덕에 따라 차이
성의 권리를 인정하며 모든 인간의 관점은 주관적이고 불완전하므

로 타인의 의견을 존중할 의무가 있음을 강조한다. 그렇지만 식인 풍습이나 유아살해와 같은 행위도 상대주의적 시각에서 관용할 수 있을까? 나치에 의해 감행된 집단학살을 문화적 차이로 이해하는 것은 불가능하다. 이런 상대주의를 관용의 정신으로 받아들인다면 우리는 인류가 지금껏 이룩해 온 모든 가치와 윤리관을 스스로 파괴하는 결과에 이르게 될 것이다. 알랭(Alain)은 타인의 잘못을 비판하지 않는 것은 나쁜 자들로 하여금 벌받지 않고도 타인에게 해를 입히는 것을 허락하는 것과 같으며 정의는 인간에 의해서만 보장될 수 있다고 강조했다. 이런 관점에서 본다면 악한 자를 벌하고 독재국가의 악법을 비판하는 것은 당연한 인간의 권리이자 의무라고까지 말할 수 있다. 마키아벨리(N. Machiavelli)는 정의와 선의 감정이 인간에게 보편적임을 다음의 예를 통해 설명했다. "어떤 사람이 자신의 은인을 해치는 것을 보았을 때 모든 인간의 마음에서는 두 가지 감정이 유발된다. 그 하나는 부덕자에 대한 증오이며, 다른 하나는 선인에 대한 사랑이다."

실제로 인간에게 있어 판단을 한다는 것은 피할 수 없는 본능이 아닐까? 문화와 시대를 떠나 정의, 평등, 사랑, 자유와 같은 보편선을 지향하는 인간의 마음은 변함이 없다. 실제로 우리는 의식적으로나 무의식적으로나 특정 인간이나 문명을 선망하며 다른 문명에 비해 그것이 우수하고 생각하고 있지 않은가? 그 기준은 개인적인 것일 수도 사회적인 것일 수도 있지만 이러한 판단을 금할 수는 없다. 아무리 기술문명이 발달한 국가라 하더라도 그 구성원의 인격을 침해하는 문화는 비판되어야 하며, 반대로 개인의 발전과 자유를 지향하는 사회는 우수한 문화로 평가되어야 한다. 아무도 판단하지 말라는 관용의 목소리는 매우 유혹적이나 우리는 정의에 입각하여 선악, 즉 옳고 그름을 판단할 의무 역시 지고 있다. 중요한 것은 그 평가기준이 얼마나 정당한가이므로 인류는 기준의 공평성과 정당성을 위해 끊임없이 질문하고 투쟁하여야 한다.

결론

다르다는 것은 곧 불평등하다는 것을 의미하는가? 전통적으로 우리는 차이성을 열등성이나 우수성의 문제로 환언하여 다른 문화를 평가해 왔다. 그러나 각 문명은 나름의 고유성과 정당성을 지니므로 문명은 객관적인 우열의 기준이 될 수 없다. 그보다 다른 민족의 문명을 평가하기 위해선 우선 나의 문명이 상대적이며 완벽하지 않다는 것을 인정해야 할 것이다. 즉, 타자에 대한 본능적 편견과 적대감을 해체하려는 끊임없는 자기노력과 자기성찰이야말로 인간의 본능이라 할 자기중심주의적인 사고에서 벗어나 타자와의 참된 만남을 실현할 수 있는 방법이다.

그러나 한편 상대주의적 사고의 극단화에 따라 어떤 평가두 불가능해지는 상황을 우리는 경계해야 한다. 기술이나 경제의 발전에 따른 문명의 우열 나누기는 바람직하지 못하다 해도 복지시설의 발달, 자유와 평등, 민주주의의 실행 등 윤리적인 측면에서 문명에 내한 가치론적 평가를 시행함은 여전히 가능하다. 만약 이러한 평가마저 부정한다면 우리는 완벽한 허무주의나 냉소주의에 빠질 위험이 있다. 인식은 다양할 수 있다 하더라도 선을 지향하는 인간의 마음은 보편적이므로 우리는 타문화를 평가하는 데 있어 극단주의적 상대주의와 유아론적 시각을 동시에 피함으로써 타문화에 대한 보다 올바른 이해에 이를 수 있을 것이다.

바칼로레아의 질문들

- 각각의 사람들 안에 존재하는 인간성을 어떻게 감지할 수 있는가? (1997)
- 타인을 심판할 수 있는가? (2000)
- 오늘날 야만성의 개념을 명확히 정의내릴 수 있는가?
- 문화는 잔혹함을 종결지을 수 있는가?
- 야만성은 비인간적인가?

더 생각해 봅시다 ❶

개고기의 합법화와 문화상대주의

─김홍신 의원 등 20명 법안 제출─개고기 합법화 운동을 주도하고 있는 김홍신(金洪信) 의원이 개고기 반대 운동가인 프랑스 여배우 브리짓 바르도와 공개 항의서한을 주고받는 '개고기 문화 논쟁'을 벌이고 있어 눈길. 김의원은 17일 바르도에게 보내는 공개서한에서 "유목민족은 개고기에 반대하지만 우리 조상들에게 개는 단백질을 공급해 주는 중요한 수단이었다"며 "그런 '문화의 상대

성'을 이해하지 못하는 당신을 '자문화 이기주의에 빠진 독선주의자'로 단정한다"고 주장. 또 "당신들이 '돼지고기'와 '애완돼지'를 구분하듯이 우리는 '애완견'과 '식용개'를 구분하고 있다"고 일침을 놓기도 했다. 바르도는 지난 6월 주불 한국특파원들을 통해 보낸 항의서한에서 개고기를 식용으로 하는 한국민을 비하한 바 있다. 한편 김의원 등 여야의원 20명은 이날 개고기를 축산물 범주에 포함시키는 것을 골자로 한 축산물가공처리법 개정안을 국회에 제출했다. (〈경향신문〉 1999. 8. 18)

개고기에 대한 찬반논의는 현재 많은 관심을 모으고 있는 주제이다. 일부 한국인들은 개고기의 식용에 대해서 문화상대주의를 거론한다. 프랑스인들은 달팽이를 먹고, 일본인들은 말고기를 먹는 것처럼, 한국인들이 개고기를 먹는 것은 문화적 상대주의에 비추어 정당하다는 논리이다. 이들에 따르면 개고기는 삼국시대부터 즐겨온 전통음식이고 개는 다른 동물과 다를 바 없으므로 외국인의 개고기 식용에 대한 비난은 문화적 차이에서 비롯된 것일 뿐이다.

그러나 점차 애완동물을 기르는 사람들이 많아지면서 인간과 교감이 높은 동물을 식용으로 하는 것은 야만적인 행위라는 주장도 증가하고 있다. 개고기 식용에 반대하는 사람들은 개와 인간의 특수한 관계, 개라는 동물의 정서적 교감 능력 등을 고려하여 보편적으로 금지된 것이 있다는 입장을 펼친다. 그들의 주장에 따르면 채식을 하는 불교의 교리를 인류의 숭고한 가치로 받아들이는 이유는 그 안에 동물들과 더불어 살자는 뜻이 내포되어 있기 때문이다. 마찬가지로 인간과 정서적 친밀감을 유지하는 동물, 특히 개를 되도록 먹지 않는 것은 인류의 보편적 가치 설정에 일치한다.

세부적인 음식문화에서부터 발견되는 각국의 문화적 차이를 세계화시대에 어떻게 비판하고 보호할 것인가? 보편성과 상대성의 균형을 어떻게 조절할 것인가에 대해 위의 기사를 읽고 토의해 보자.

서구문명은 타문명보다 우수한가?

서구문명이 타문명보다 우수하다고 생각하는 사람들은 다음과 같은 주장을 편다. 르네상스 이후 서구에서 가속화된 과학과 기술발달은 서구국가들에게 타민족들을 지배할 수 있는 힘을 주었다. 그리하여 오늘날에도 기술화는 서구화를 의미하는 경우가 많다. 물질적 풍요는 서구국가들에게 문화를 발달시킬 수 있는 여유를 주었고 현재 서구로 유학을 떠난다거나 세계 각국에서 서구의 클래식과 미술을 공부하는 것만 보아도 서구문화의 우수성은 입증된다. 수많은 타민족들이 서구의 기술적·산업적·문화적 우수성을 모방하는 것은 바로 서구문명이 가장 진보했다는 것을 의미하지 않을까?

한편 특정 문명의 우수성이란 존재하지 않는다는 입장을 고수하는 학자들은 진보란 신화에 불과하다고 말한다. 가령 레비스트로스는 인류의 역사란 점증적으로 발전하는 것이 아니라고 말한다. 수많은 외적인 발전과 변화에도 인간의 본성은 그대로이며 특히 기술적 발전은 그에 상응하는 강도의 새로운 문제점들(핵폭탄, 새로운 질병)을 야기하고 있다. 아마존에 사는 인디언이 서구의 문명을 모를 수는 있겠지만 자연을 존중하고 자멸을 초래하지는 않는다는 점에 있어서는 오히려 서구인보다 더 우수하다고 볼 수 있다. 또 단순해 보이는 그들이지만 지나친 경쟁이나 욕심 없이 이웃이나 조상들에게 예의를 갖추는 모습 역시 결코 열등한 문명의 것이라고 말할 수 없다. 즉, 야만적이라고 불리는 문명에서도 분명 배울 것이 있으며 아주 우수해 보이는 문명국도 대단히 야만적인 일(가령 유태인 학살)을 저지를 수 있다. 그렇다면 서구의 우월의식에 대해 재검토해 볼 필요가 있지 않을까? 진정한 발전과 문명은 무엇을 뜻하는지에 대해 생각해 보자.

세계화시대의 민족주의에 대해 어떻게 생각하는가?

'지구는 한 가족이다'를 외치는 세계화시대에 민족주의는 어떤 의미를 갖는가? 민족은 같은 혈통에 속한 집단일까? 그러나 이민과 이주가 자유로운 오늘날 순수혈통을 강조하는 것은 시대착오적인 태도로 여겨질 수 있다. 우리나라는 단일민족으로서 전통적으로 민족적 정서와 단결의식이 강하다. 특히 최근 북한과 화해무드에 들어서면서 우리나라 국민들은 오랫동안 우리의 우방이었으나 세계화 운동의 상징이자 동시에 제국주의 이미지를 갖고 있는 미국에 대한 반대의 목소리를 내는 반면 50년 넘게 적대관계를 유지했던 북한에 대해선 같은 핏줄이라는 이유로 정치적 문제를 넘어선 우호적 태도를 취하고 있다. 반미자주화, 탈미연북, 남북연합의 주장도 이런 맥락에서 이해될 수 있다.

　세계주의를 옹호하는 사람들은 민족간 갈등, 차별과 억압 등 민족주의의 부정적인 측면을 강조하며 민족주의를 외국과 외국인들에게 배타적인 일종의 자민족 국수주의로 파악한다. 그들에 따르면 역사서술에 있어 근대의 민족 개념을 고대에까지 적용하여 초역사적으로 역사를 해석하는 태도, 즉 자민족 중심주의에 따라 역사를 왜곡하는 것은 민족주의의 단점을 여실히 보여주는 대표적 예이다. 세계주의자들은 민족주의가 세계의 대세를 보지 못하고 외국과의 교류와 공존을 어렵게 하여 한국을 고립시킬 수 있음을 우려한다. 그들은 국제주의야말로 우리나라의 발전을 위하는 실용적 민족주의이므로 닫힌 민족주의에서 벗어나 세계화에 앞장설 것을 요구한다. 이와 함께 영어의 공용화를 주장하는 사람들도 있다.

　이에 반해 세계주의에 회의적인 이들은 세계화란 결국 전세계의 자본주의화, 서구의 초국적기업이 주도하는 또 다른 형태의 식민주의, 종속적 국제주의라고 해석하고 문화적 다양성의 존중, 소수민족의 저항운동 차원에서 민족주의는 옹호되어야 한다고 주장한다. "가장 한국적인 것이 가장 세계적인 것이다"라는 표현은 이런 운동을 잘 설명해 준다. 시대와 상황에 따라 민족의 개념도 바뀌며 그 의미도 달라진다. 공격적이고 배타적이기보다는 생산적이고 평화적인 민족주의란 무엇인가? 21세기에 보다 적합한 민족관은 무엇일까? 평등한 세계주의, 열린 민족주의에 대해 논의해 보자.

더 생각해 봅시다 ❹

할례제도를 비판할 수 있는가?

오늘날에도 아시아, 아프리카 등의 일부 이슬람문화권에서는 수많은 소녀들이 할례를 당하고 있다. 할례는 여성 성기의 음핵을 잘라내는 것인데 이는 여성의 성적 쾌감을 저하시켜 남성에 대한 정절을 지키게 해준다는 가부장적 통념에 기초하고 있다. 상호적인 쾌락을 배제하고 남성이 여성을 소유하는 것을 당연시하는 할례제도는 여성의 몸에 대해 여성 스스로 통제하고 결정할 수 있는 자율권을 완전히 박탈하는 비인간적인 악습으로 수많은 비판을 받고 있다. 그러나 이 제도는 경제적 자립이 어려운 상황에서 이슬람 여성이 선택할 수 있는 이슬람의 고유한 문화이며 문화상대주의적 관점에서 타문화에 대한 비판은 불가능하다고 설명하는 사람도 있다. 더 우수한 문화가 존재하지 않는다고 가정한다면 이슬람의 문화도 종교적 특수성으로 이해해야 하는가? 문화상대주의의 한계가 무엇인지, 할례제도를 중심으로 생각해 보자.

10

살아 있는 것은 모두
존중받아야 하는가?

Baccalauréat, 2004

모든 단순한 실체는 영구한 우주의 살아 있는 거울이다.
라이프니츠(Gottfried W. von Leibniz, 독일 철학자)

(환경보호법에 의해) 보호받고 있는 식물을 먹고 있는 보호받는 동물을 본다면
어떻게 해야 하나?
짐 캐리(Jim Carrey, 캐나다 배우)

윤리란 내가 나 자신의 살려고 하는 의지에 대해서와 마찬가지로 모든 살려는
의지에 대하여 동일한 생명에의 외경을 실천해야 한다는 필연성을 경험하는
것, 바로 그것이다.
슈바이처(Albert Schweitzer, 독일계 프랑스 의사·신학자·사상가)

서론

인간은 스스로를 생물계의 왕으로 간주하며 인간 외 지구상의 모든 생물체를 수단으로 사용할 수 있다는 생각을 갖고 있다. 그러나 이러한 인간중심적 사고는 환경파괴라는 문제를 낳았고, 오늘날 많은 사람들은 자연과 생명체들을 존중하고 보호할 것을 강조한다. 환경을 오염시킬 수 있는 쓰레기들을 바다에 쏟아붓지 않는 것, 잔인하고 무자비한 살생을 금하고 생체해부학을 실행하지 않는 것 등은 모두 생물을 존중하는 행동으로 보여진다. 그러나 과연 존중을 받아야 할 대상은 무엇인가? 어떤 근거로 나무나 동물을 존중해야 하는 것일까? 존중한다는 표현은 지금까지 지혜가 많거나 덕이 있거나 하는 사람들에 대해서, 즉 의식과 이성, 자유를 지닌 인격체에 대한 표현이었지 비인격인 사물에 부여한 가치는 아니었다. 왜 인간 외 생물 전반을 존중하여야 하는가? 자연도 의식과 영혼을 지니고 있다고 가정하기 때문인가? 아니면 동물과 식물도 인간과 마찬가지로 느낄 수 있는 능력을 지니고 있다고 생각하기 때문인가? 풀잎이나 박테리아와 같은 생물들은 기쁨이나 고통을 느낄 수 없다고 알려져 있다. 그렇다면 생물 전반을 존중해야 한다는 의무를 인간이 지킬 이유가 있을까? 그것들을 존중하는 것은 생물체 자체를 위하기 때문인가? 아니면 결국 인간을 위한 것일까?

모든 생물을 존중해야 한다

오랜 역사를 거치면서 다양하게 발전한 생기론에 따르면 생명체는 비유기체와 구별되는 일종의 의식형태를 지니고 있고, 물리·화학적 메커니즘으로 환언될 수 없는 신비로운 생명의 원리에 의해 지배된다. 이러한 설명에서도 볼 수 있듯이 생기론의 근저에는 '영혼의 기원이 무엇인가'라는 질문과 자연과 과학의 법칙을 넘어서는 형이상학적인 생명관이 발견된다. 과연 신체를 움직이게 하는 제일 운동자는 무엇일까? 영혼일까 물질일까? 생명을 연구하는 데 있어 그 물질적인 측면뿐 아니라 영혼에 관심을 가졌던 아리스토텔레스는 다음과 같이 말했다. "영혼을 통해 물질이 자연이 되는 것이지 그 역은 아니므로 자연의 연구는 물질보다는 영혼에 중점을 두어야 한다."

이처럼 생기론에서 말하는 생명은 생물계의 인과법칙을 넘어서는 비결정성의 영역에 속하며, 실험이나 인간의식으로 검토할 수 없는 비물질적 생명, 즉 영혼을 전제로 하기 때문에 근대 자연과학주의자들은 생기론을 배격하게 된다. 아리스토텔레스가 모든 생물에 영혼이 있으나 단지 식물보다 동물이, 동물보다 인간이 더 복잡한 영혼을 가지고 있을 뿐이라고 한 것과 달리, 근대 과학자들은 영혼과 신체를 완전히 분리하고 영혼을 인간만의 특징으로 규정한다. 특히 기계적 자연관을 체계적으로 집대성한 데카르트에 의해 이원론적 세계관은 절정을 이루게 된다. 데카르트는 생명현상 안에 어떤 특수한 목적이 있다는 것을 거부했다. 그에 따르면 그것은 인간 중심적 해석일 뿐이다. 데카르트에게 있어 생물체, 나아가 자연 전체는 영혼 없는 자동기계에 불과하다. 자연이란 살아 있는 것이든 죽어 있는 것이든 모두 기계적으로 파악될 수 있다. 기관은 톱니바퀴이며 생명은 최초의 동력이 톱니바퀴에 전달되는 방식일 뿐이다.

그는 개의 울음소리는 바퀴가 삐걱거리는 소리와 유사하다고 여길 정도로 동물들을 기계와 유사한 것으로 간주했으며, 동물들은 영혼이 없기 때문에 인간의 지배를 받아도 좋다는 결론을 도출해 냈다. 데카르트는 영혼만이 인간을 다른 모든 존재자로부터 구분하는 근본적인 특성이며 인간의 본질이라고 파악했다. 따라서 영혼이나 신학적 목적성과 무관하게 동물을 분석할 것을 권고했다. 물론 이 같은 조건하에서는 약동하는 생명체의 신비가 존중되기 어렵다.

칸트는 생물을 기계론적으로 분석하는 것을 강력히 비판하면서 생물은 자율적 동력에 따라 성장하고 변화하며 스스로 상처를 치유하는 등 기계와는 분명히 구분되는 것임을 강조했다. 생물과 무기물 사이에는 피상적인 관찰자가 보기에도 뚜렷한 차이가 존재하지 않는가? 그러나 칸트와 같은 견지에서 생명체와 기계를 동일시하면 유기체의 특수성을 무시하는 결과를 초래하게 될 것이라고 경고한 철학자들의 주장은 큰 사회적 영향력을 행사하지 못한 반면, 데카르트에서 시작된 기계론은 서구의 과학주의와 함께 근대와 현대를 거쳐 오늘날까지 사람들의 자연관과 동물관을 지배하고 있다. 현대인은 데카르트의 이원론에 너무나 익숙해졌으며 이 이원론에 의해 자연에 대한 관점이 변했기 때문에 바로 그 덕에 과학과 기술이 발전했다고까지 말할 수 있다.

과거 인간에게 자연은 자신을 양육하고 보호해 주는 신성한 존재, 즉 인간이 복종해야 할 존재였다면, 근대 이후 자연은 정복하고 다스려야 할 존재로 변화하였다. 데카르트는 인간이 피조물의 주인이라는 성서에 이미 나와 있는 명령을 재활용하여 인간이 자연의 주인이 되어야 함을 강조하였다. 그의 근대적 자연관과 함께 자연은 하나의 귀중한 존재가 아닌 관찰과 실험이 가능한 인간의 수단으로 바뀌었으며, 이 불평등한 관계를 유지한 결과 인간은 자연을 정복하게 된다. 즉, 기계론적 생명관은 자연을 지배하고 통솔할 수 있는 '사물'로 만들었다.

그러나 20세기 후반에 들어서면서 생명과 자연을 경시하고 그것을 단지 인간의 수단이나 도구로 간주하는 인간중심적 사고는 결국 환경파괴와 인간의 재앙을 불러오고 있다는 비난을 받고 있다. 핵찌꺼기나 플라스틱처럼 잘 썩지 않는 쓰레기들의 처리 문제에 대해 사람들은 적당한 해결책을 발견하지 못하고 있으며 도시화와 도로 확장공사에 따라 수많은 환경질서가 파괴되고 있다. 늪지대는 말라가고 있으며 바다는 비기 시작했고 야생동물들이 살 수 있는 땅은 점점 더 줄어가고 있다. 또 자동차 매연에 의한 지구온난화 현상은 어떠한가? 북극의 얼음이 녹을 것이라는 가정은 더 이상 공상과학에서만 볼 수 있는 황당한 가상이 아니다. 이러한 사실을 잘 알면서 인간은 자신의 욕구를 충족시키기 위해 자연을 착취하고 파괴하기를 서슴지 않는다. 인간의 끝없는 욕망을 위해 처녀림에는 도시가 들어섰고, 핵폭탄은 한 지역의 자연계를 완전히 파괴했으며, 수많은 동물들은 실험용 수단으로 사용되었다. 수단이란 어떤 목적을 달성하기 위해 사용하는 것을 의미하는데 어떤 것의 수단이 된다는 것은 곧 다른 것으로 대치될 수 있다는 것, 사용되고 버려질 수 있다는 것을 의미한다. 동물들은 인간의 단순한 수단에 불과하며 스스로 독립적인 존엄성을 지니지 못하는 것일까? 현재 유럽에서는 고기와 우유생산에 있어 더 용이하다는 이유로 몇몇 종의 소와 닭만이 길러지고 있다. 또 유전자 변형을 거칠 경우 저항력이 강한 옥수수 몇 종만이 남게 될 것이다. 인간에게 근친상간이 유전병을 야기하듯이 유사한 종의 결합은 동·식물의 유전병을 초래할 위험도 있다. 무엇보다 생물종의 축소는 날씨의 변화 등에 따라 언제라도 닥칠 수 있는 자연의 위협으로부터 인간을 지켜주는 생물의 다양성을 인간의 인위적 개입에 의해 파괴하는 것이다. 인간중심적 시각에 따라 유익하고 강하게 느껴지는 것만을 생존케 하는 인간의 행동을 어떻게 받아들여야 할까? 살아 있는 것을 경제적인 원칙에 따라 사물처럼 다루는 것이 과연 옳은 일일까? 인간이 보다 싼 가격에 고기를 먹고 달걀을 먹기 위해 닭들은 전 생애 동안 몸도 돌릴 공간이 없는 공간에서 환한 전구빛을 받으며 24시간 동안 사육된다. 축산까지 공장식 산업이 된 현대사회에서 동물들은 너무 멀리 떨어져 있고, 우리가 이들을 대할 기회는 차단되어 있기 때문에 우리는 동물 역시 고통을 느낀다는 사실을 간과하고 있다. 단지 동물들이 이성을 지니지 못했다는 이유로 이들을 마음대로 조작하고 파괴할 권리가 인간에게 있는가? 요컨대 '살아 있는 것은 모두 존중받아야 하나' 하는 문제가 제기되는 것은 현재 기술적 능력은 너무나 방대해져서 과거와 비교할 수도 없는 강도로 자연을 위협하고 있기 때문이다. 우리가 모든 생물체의 권리를 옹호하는 것은 자연환경의 균형, 나아가 그 균형 덕에 생존할 수 있는 인간의 권리를 옹호하기 때문이다. 자연 속에서의 삶이란 어쩔 수 없이 먹고 먹히는 순환논리를 피할 수 없고 인간도 죽을 때까지 생존하기 위해 어쩔 수 없이 동물을 키우고 죽여야 한다고는 해도, 이 동물이 죽는 순간까지는 그 종에 적절한 삶을 살 수 있도록 해주어야 한다. 인간은 다양한 유기체들 간의 상호관계 속에서만 생존할 수 있으므로 생명체에 대한 기본적인 존중은 포기될 수 없다.

그러나 살생 자체를 금할 수 있을까? 기계론과 정반대되는 입장을 표명하는 생명외경 사상은 비폭력의 이상에 근거하여 살아 있는 모든 것에 대한 존중을 강조한다. 생명에의 외경이란, 임의적 살생을 거부하고 생명을 보존하고 촉진하는 것은 좋은 일이며, 그것을 파괴하는 것은 나쁜 일임을 말한다. 생명외경 사상가로 유명한 슈바이처(A. Schweitzer)에 따르면 지금까지의 윤리학의 한계는 인간만을 대상으로 했다는 데 있다. 인간은 자신의 존재가 세상에서 특별하다고 생각한다. 그러나 인간은 세계 속에서 홀로 있는 존재가 아니라 모든 생명과의 관계 속에서만 생존할 수 있는 존재이다. 인간은 자신의 생명 속에서 다른 생명을 경험할 수 있다. 따라서 자기 영역 안에서 발견되는 모든 생명과 사랑과 연민의 관계를 갖는 것이 중요하다고 생명외경론자들은 주장한다. 즉, 인간은 살아 있는 다른 생명들 가운데서 자신도 생명을 지니고 있다는 사실을 인지해야 한다는 것이다. 데카르트적 생물관이 결국 동물을 넘어 덜 우수하고 더 허약하다고 여겨지는 인간에 대한 파괴와 정복으로까지 이어졌다면, 모든 살아 있는 것에 대한 존중으로부터 출발한, 예수와 현자들의 비폭력의 이상을 중시하는 생명외경 사상은 민족간, 계급간 평화와 공존을 주장했다. 피타고라스(Pythagoras)는 "인간이 동물들을 죽이는 한 그들끼리도 서로 죽일 것이다"라는 의미심장한

말을 남겼다. 실제로 동물을 대하는 태도는 곧 인간을 대하는 태도와 직접적인 연관이 있다. 동물을 수단, 물건으로 여기고 잔인하게 다루는 사람은 다른 사람도 종종 거칠게 대한다. 그렇기 때문에 유럽에서는 이미 18~19세기에 공개적으로 동물을 잔인하게 다루는 것을 금지했다. 이들을 거칠게 다루는 것은 사람들에게 혐오감을 주고 전체 사회에 악영향을 미칠 수 있다는 이유에서였다. 동물이 인간과 동격으로 취급될 수는 없다 하더라도 동물과 인간 사이에는 부인하기 어려운 너무나 많은 유사성이 존재한다. 그렇기 때문에 살아 있는 동물의 고통에 무관심하다는 것은 비인간성을 의미한다.

생물이 인간과 동격일 수는 없다

레비스트로스는 지구 전체를 위한다면 벌레 한 종이 사라지는 것이 예술작품 한 점의 손실보다 더 심각한 손실이라고 말한 바 있다. 그러나 자연과 동물에 대한 지나친 존중을 표현하는 것은 그것들을 인격화하는 것이 아닌가 하는 의문을 제기할 수 있다. 인간과 자연은 동격이 아님을 받아들이는 것이 우리의 한계가 아닐까? 생명에 관한 생물외경론자들의 윤리적 입장이나 기계론자들의 이성중심적 사고에서 벗어나 보다 넓은 관점에서 생명을 고찰할 필요가 있지 않을까?

아리스토텔레스는 인간을 이성적 동물이라고 정의하면서 이 사실은 인간을 다른 평범한 동물들로부터 구분하는 기준이 된다고 말했다. 정신분석학이나 현대인류학적 관점에서 볼 때 인간이 과연 이성적이기만 한 존재인지는 의문의 여지가 있다. 그러나 문화적

인간은 세계 속에 홀로 있는 존재가 아니라 다양한 유기체들 간의 상호관계 속에서만 생존할 수 있는 존재이다. 그렇다면 생물체의 권리를 옹호하는 것은 곧 인간의 권리를 옹호하는 것과 같다. 자연과 동물을 보호하면서 우리가 수호하는 것은 우리 안의 자연, 즉 생명 그 자체이다.

발전 정도를 볼 때 인간과 동물이 구분되는 것은 분명한 사실이다. 에드가 모랭(Edgar Morin)은 인간의 본성이란 것 자체를 부인하려는 시도를 비판했다. 그는 "인종이라는 개념의 부정은 쥐, 고양이, 이라는 종의 개념을 부정하거나 은폐하는 것만큼이나 미친 짓이다"라고 말하면서 인간을 인간이게끔 하는 특성을 인정해야 한다고 주장했다. 인간과 동물의 근본적 차이는 무엇일까? 우선 동물과 달리 인간은 자연에 의해 결정되지 않는다. 동물의 운명은 주어진 본능과 본질에 따라 결정되나 인간은 자신의 의지와 자유에 의해 무한히 발전할 수 있으며 반성할 수 있는 역사와 계획할 수 있는 미래를 지닌다는 점에서 다른 여느 동물들과 확연히 구분된다. 이외에도 인간과 동물을 구분짓는 것들은 많다. 루소와 마르크스는 인간을 인간답게 만드는 대표적 활동으로 노동을 들었다. 동물이 항상 주어진 자연 속에서 동일하게 생활한다면 노동하는 인간은 노동을 통해 주위 환경과 자신을 변화시켜 나가는 특징을 지닌다는 것이다. 인간은 유일하게 도구와 언어를 사용하는 동물이기도 하다. 이처럼 비록 더 이상 인간이 지구의 중심이라고 주장할 수는 없다 하더라도 인간이 특별한 존재라는 사실만은 부인할 수 없다.

르네상스와 근대를 거치면서 확고히 정착된 인간중심적 가치관은 인간은 이성과 자유의지를 지녔기에 다른 생물체와 구분되어 특별히 존중되어야 한다고 강조하였다. 전통철학적 관점에서 볼 때도 박테리아나 바이러스 자체를 존중한다는 것은 그 자체로 부조리한 일이다. 존중이라는 것은 도덕적 감정이며 인격체만이 이러한 가치를 부여받을 권리가 있다. 우리가 한 사람을 존중하는 것은 그가 다른 존재와 구분되는 우수한 자질, 예를 들어 용기, 관용 등을 지녔기 때문이다. 우리가 인종이나 성별, 직업과 상관없이 인류 전체를 존중해야 한다고 말하는 것도 모든 인간이 자유와 권리를 지니고 있으며 이성의 법칙에 따라 행동할 것임을 알기 때문이다. 그렇다면 동물이나 자연을 보호하는 것도 존중의 태도라고 볼 수 있는가? 존중을 받는다는 것은 존중의 대상이 권리에 상응하는 의무와 책임을 지니고 있다는 것을 의미한다. 그런데 동물의 의무에 대해 언급한다는 것은 불가능한 것으로 보인다. 잘못을 저질렀다고 해서 동물을 법정에 세우는 것은 상상하기 어렵기 때문이다. 1587년 생-쥘리앙 마을에선 경작물을 파괴하는 해충들에 대한 재판이 열리는 등 중세에는 실제로 동물재판이 존재했었다. 하지만 이는 현대사회에서 비상식적인 행동으로 간주되며 만약 오늘날 애완견이 이웃 아이를 물었다면 그 책임은 그 개가 아니라 그 개의 주인에게 묻는다.

이처럼 동물 자체가 의무와 책임을 지지 않음에도 인간과 정적인 관계를 맺는 애완동물의 증가에 따라 동물 전반에 대한 인식이 달라지면서 사람들은 점점 더 강하게 동물의 권리를 주장하고 있다. 영국의 공리주의자 벤담(J. Bentham)은 처음으로 동물의 권리를 옹호한 사람 중의 하나이다. 19세기의 진화론이 동물과 인간의 밀접성을 확인했듯이 인간과 동물은 상반된 존재기 아니라는 사실로부터 벤담은 "친절한 도덕주의자들이 동물을 보호해 주면 좋겠다"라는 의사를 표명했다. 벤담처럼 공리주의자였던 피터 싱어(Peter Singer)는 지성과 능력이 아니라 쾌락과 고통을 느낄 수 있는 모든 존재를 도덕적 고려의 대상으로 삼아야 하는데 동물도 분명 쾌락과 고통을 느끼는 존재이기에 동물의 고통을 도덕적인 견지에서 고려해야 한다고 주장했다.

그러나 엄밀한 의미에서 동물의 권리에 대해 이야기할 수 있을까? 동물들은 그 자체로 법적 권리도 의식적 자유도 이성도 책임감도 지니고 있지 않다. 권리는 근본적으로 상호적인데 잠수부의 권리를 인정하는 상어를 본 적이 있는가? 그렇다면 동물의 권리를 주장하는 것은 바로 인간이 동물 대신 그들의 권리를 주장한다고 말할 수 있는데 이 경우 자연을 너무 인간중심적인 방식으로 해석하는 것이 아닌가 하는 의문을 던질 수 있다. 자연이 스스로 보호받기를 원한다고 우리는 확신할 수 있을까? 환경을 보호한다는 주장 아래 너무 인위적인 방식으로 자연을 보살피고 있는 것이 아닐까? 많은 사람들이 굶어 죽어가는 상황에서 동물의 권리 주장에 앞장선다는 것은 사치스런 일로 느껴질 수도 있다. 희귀병으로 죽어가는 사람들을 생각한다면 동물실험을 금지한다는 것 역시 무리한 주장으로 보인다.

변호사 장마크 보로(Jean-Marc Varaut)는 "권리란 자유와 역사와 관련할 때 기입된다. …… 그러므로 동물의 권리란 존재하지 않는다"라고 말한 바 있다. 반면 미국에서 있었던 심층생태학이라 지칭된 이데올로기의 경우엔 모든 생명을 100% 존중할 것을 주장했고 생태계를 위협하는 모든 기술적 발전을 비판했다. 그들은 모든 생물의 본질적 가치를 인정했고 인간은 생명의 직물 속의 한 가닥 씨줄이나 날줄에 불과하다고 보았으며 인구삭감과 인간이 혁신적 행동변화를 통해서만 생태계 문제가 해결될 것이라고 보았다. 그리나 여기서 문제가 되는 것은 동물을 죽여 사람을 살릴 수 있는 경우에도 우리는 동물의 권리를 무작정 옹호해야 하는가 하는 것이다. 1978년에 발표됐으나 우리가 잘 모르고 있는 〈동물권리선언헌장〉 제4조에 의하면 야생과에 속하는 모든 동물은 자신의 자연환경에서, 하늘에서건 물속에서건 자유롭게 살 권리가 있다. 그러나 과연 이 조항이 현실적으로 지켜질 수 있을까? 인간은 끊임없이 야생지를 개척하여 도시로 만들고 있고 그 과정에서 동물들은 삶터를 잃고 있다. 인류의 초창기부터 야생동물을 가둬 길러 가축이나 애완동물로 만든 것도 인간이다. 또 제7조는 "노동하는 모든 동물은 한정된 시간에 적당하게 일해야 하며 충분한 음식을 섭취하고 쉬어야 한다"고 말하고 있지만 지금도 수많은 노동자들이 정당한 대우를 받지 못하고 있음을 생각한다면 인간의 권리에 앞서 동물의 권리를 생각한다는 것에는 역시 무리가 있다.

엄격한 의미에서 존중과 존경은 인간에게만 적용되는 단어이다. 스피노자(B. de Spinoza)는 《윤리학》에서 자연에 인간의 성격을 부여하는 관점을 비판하였다. 존엄성이란 인간이 단순한 수단이 아니라 그 자체로 목적이 되어야 한다는 것을 의미하며 이것은 오랫동안 동물과 인간을 구분하는 기준이 되어왔다. 무엇인가를 존중하려면 그것이 존경받을 만한 가치를 지니고 있어야 한다. 자연은 이떤 노력도 하지 않는데 그럼에도 자연을 존중하어야 할까? 또 존중이란 상호적일 경우에만 가능한 개념이다. 동물은 결코 존중이란 개념을 알지 못한다는 점에서 동물에 대한 존중은 분명 한계를 지닌다. 어느 면에서 보면 인간은 여러 동물들 중의 하나이다. 그러나

189

인간은 스스로 변화하고 발전할 수 있는 자유의지를 지니며 타자와 공감하고 세계를 이해할 수 있는 유일한 생물체이기에 그 특수성은 인정되어야 한다. 즉, 동물을 존중해야 하는 것은 의무에 의해서라기보다는 상대적인 책임감 때문이라고 보는 것이 타당하다. 가령 즉멸위기에 있는 동물에게 보다 많은 관심과 보호가 요구되는 것을 볼 때 동물의 존중받을 권리도 보편적이기보다는 상황에 따라 달라진다는 것을 알 수 있다.

모든 생물체를 존중할 수는 없다 하더라도 동물은 인간과 같은 고통을 느낄 수 있는 능력을 지니고 있으므로 인간은 동물과 같은 몇몇 고등유기체를 보호할 의무가 있다. 또한 사라질 위험에 처한 희귀종들 역시 특별히 보호할 의무가 있다. 또 아무리 동물이라 하더라도 살아 있는 것을 단순한 실험도구로 간주하는 것에 문제점이 없을 수 없으므로 동물실험이 잔인하게 이루어지지 않도록 항상 주의를 기울여야 한다. 해마다 동물실험에 투자되는 국가예산과 기부금은 어마어마하다. 동물실험 폐지를 주장하는 목소리도 있지만 현실적으로 거의 불가능하기에 가능한 한 실험대상 동물의 고통을 최소화하고 동물을 사용하지 않는 대안적인 방법을 찾는 데 최선을 다해야 하며 동물실험은 최대한 투명하게 이루어져야 한다고 과학자들은 말한다.

생물학이 다른 과학과 달리 뒤늦게 실증과학이 된 것은 의식적이건 무의식적이건 인간은 동물에게서 유사점을 직감했기 때문이다. 생물체들은 우리들과 너무도 비슷하기 때문에 그것들을 단순한 사물로 사용하는 데 우리는 본능적인 거부감과 혐오감을 느낀다. 동물의 고통과 생물의 죽음에 완전히 무감각한 사람은 없다. 다시 말해 동물, 나아가 생물 전체와 인간은 공감대를 형성하고 있다. 그렇다면 생물을 존중하고 자연환경을 보호하는 사람은 결국 인간을 존중하는 사람이라고도 볼 수 있다. 자연과 동물을 보호하면서 우리가 수호하는 것은 우리 안의 자연, 즉 생명 그 자체이다. 인간은 결국 자연의 한 일부이기에 생물체 전반과 공감할 수 있는 능력이 커질수록 우리는 보다 완성되고 균형 잡힌 인간성을 지니게 될 것이다.

결론

살아 있는 모든 것을 존중해야 한다는 이론은 복잡한 문제를 제기한다. 왜냐하면 그것은 인간의 윤리관의 전환을 요구하기 때문이다. 인간과 달리 동물은 자유의지나 의식을 지니고 있지 못하다. 그러나 인권을 요구하지 않는 민족에게도 기본 인권을 보장해야 하듯이 동물들이 존중의 개념을 이해하지 못한다 할지라도 그 생명의 소중함은 인정되어야 하는 것이 아닐까? 사실 살아 있는 것을 존중하는 것은 그것들에게서 인간의 모습을 발견하는 우리 스스로를 존중하기 때문일 수도 있다. 자연을 훼손하고 더럽히는 것은 그 자체로 비윤리적인 것은 아니다. 그러나 인간과의 관계에서 그리고 후세에게 물려줄 지원과의 관계에서 그것은 도덕적 악으로 평가될 수 있다. 한스 요나스는 《책임감의 원리》라는 책에서 아직 존재하지 않는 세대, 즉 후세에 대한 현대인들의 책임감을 강조했다. 인간이 다른 생물체를 존중하여 수단으로 사용하는 것을 완전히 금지하는 것은 인간의 생존을 위협하므로 현실적으로 불가능하다. 그러나 인

191

간과 다른 생물체의 공존은 인간의 생존을 위해서도 필수적이므로 자연을 단순한 경제적 수단으로 보는 기계론적 시각을 조정하고 자연환경에 대한 보다 성숙한 책임성을 강조해야 한다.

바칼로레아의 질문들

- 인간은 지구상에서 특별한 존재인가? (2000)
- 자연은 인간에게 수단만을 제공하는가? (1998)
- 왜 인간은 자연을 개조하는가? (1996)
- 생물체에 대한 연구를 제한하는 것은 필요한가?

더 생각해 봅시다 ❶

동물학대

현재 애완견 수가 300만 마리에 육박하면서 버려지는 개가 한 달에 1000마리가 넘고 있다. 버려진 개들은 도시환경을 더럽히고 병원균을 옮기기 때문에 지방자치단체들이 골치를 앓고 있다. 또 이마에 못이 박힌 고양이가 등장하는 등 애완동물 유기와 학대 문제가 갈수록 심각해짐에 따라 농림부는 "동물 학대행위 처벌 강화와 유기동물 보호소 설치 등을 골자로 하는 동물보호 종합대책을 마련하고 동물보호법 개정을 추진, 2006년 시행에 들어갈 계획"이다. 자신이 기르

던 동물에 대한 책임감 없고 잔인한 태도는 결국 인간이 동물에 대한 기본적 존
중을 결여하고 있다는 것을 보여주는 사례가 아닐까? 동물은 우리의 친구라고
말은 하지만 스스로 자유와 반항의 의사를 표현할 수 없는 동물은 결국 인간에
게 기쁨을 주는 종속적 수단에 불과하다고 우리는 생각하고 있는 것이 아닌지
자문할 필요가 있다. 애완동물을 학대하는 인간의 비인간적인 태도에 대해 토론
해 보자.

자연 속의 생물들은 인간의 수단에 불과한가? (1995)

수단이란 무엇인가? 그것은 어떤 목표를 달성하기 위해 사용하는 것이다. 가령
사물들이 우리에게 수단인 것은 분명하다. 나는 편지를 쓰기 위해 연필을 사용하
고 자기 위해 침대를 사용한다. 그러나 같은 방식으로 동물과 자연에 대해 이야
기할 수 있을까? 수단이라는 것은 대체 가능하며 그 자체로 어떤 존중받을 가치
를 지니지 못했으므로 언제라도 버려지거나 파기될 수 있음을 의미한다. 그렇다
면 살아 있는 생물체도 인간에게 수단에 불과하다고 말할 수 있을까? 물론 우리
는 고기를 먹기 위해 소와 돼지를 키우지만 그렇다고 해서 그것들을 물건으로 간
주한다는 것에는 왜지 거부감을 느끼게 된다. 그러나 만약 소와 나무를 존중하다
면 어떻게 스테이크를 먹고 연필을 만들 수 있을까? 데카르트는 인간만이 이성
을 지녔으므로 사물과 자연의 주인이 되어야 한다고 말했다. 물론 자연과 인간은
평등하게 대우받을 수는 없다. 그러나 자연을 마구 이용할 수 있는 도구로 간주
할 수 없는 것은 인간도 동물이기에 모든 동물에게서 얼마간의 동질성을 느끼며
이로부터 그들을 학대하거나 비인도적으로 대하는 것에서 불쾌감과 거부감이

193

파생되기 때문이다. 인간과 여타 생물체는 공동생명체에 속해 있으므로 그들을
소중히 다루지 않는 것은 인간 스스로를 존중하지 않는 것으로 이해될 수 있다.
동물과 자연을 수단 이상으로 간주할 수 있는 방법에 대해 논의해 보자.

더 생각해 봅시다 ❸

왜 동물에겐 이성이 없다고 말하는가? (1992)

전통적으로 철학자들은 인간은 이성을 갖춘 동물이며 이 점에서 다른 여타 동물
들과 구분된다고 말해 왔다. 이러한 인간 정의에는 동물이란 이성적이지 않다는
사실이 내포되어 있다. 그러나 동물이란 범위는 너무 광범위하지 않은가? 굴과
침팬지는 둘 다 동물이지만 그 사이에는 현격한 차이가 존재한다.

　만약 우리가 침팬지에게도 얼마간의 이성이 있다는 사실을 거부한다면 그것
은 인간의 이성은 비교할 수 없는 특수성을 지니고 있다고 믿기 때문이다. 과연
그 특수성은 무엇일까? 우선 인간의 이성은 동물들도 가질 수 있는 단순한 감정
작용이나 반응과 확연히 구별되는 논리성과 창조성을 특징으로 한다. 반복학습
을 통해 침팬지도 숫자를 올바르게 나열할 수 있고 단어와 사물의 관계를 암기
하며 얼굴표정으로 의사소통을 할 수 있다는 등의 보고는 여러 번 있었다. 그러
나 아무리 영리한 동물일지라도 인간처럼 구성하거나 창조하거나 미래에 대한
계획을 세우지는 못한다. 또 추상적인 것에 대한 개념도 동물들은 지닐 수 없다.
그렇기 때문에 우리는 인간만이 이성을 지닌다고 말하는 것이다. 인간이 이성을
지닌다는 사실이 바로 인간이 다른 생물에 비해 우수하다는 것을 증명하는 것인
지에 대해 토론해 보자.

11

다수의 의견이 진리인가?

Baccalauréat, 1997

다수는 다수 편의 권리를 갖지 않는다. 나는 결코 그렇지 않다고 말한다. 자유인, 사유하는 사람은 사회적인 거짓들 중 하나인 이 거짓에 반항해야 한다.
입센(Henrik Ibsen, 노르웨이 극작가)

혁명을 일으키는 자는 고립된 영웅이 아니라 민중이며 무엇보다 다수를 이루고 있는 이들이다.
앙리 라무뢰(Henri Lamoureux, 캐나다 삭가·에세이스트)

다수에게 이성이 있는지 소수에게 이성이 있는지에 대해 토의한 지는 벌써 오래되었다.
기욤 아폴리네르(Guillaume Apollinaire, 프랑스 시인)

서론

"그것은 사실일까? 물론이지, 모든 사람들이 그렇게 말하잖아"라고 우리는 흔히 말하곤 한다. 이러한 표현이 보여주듯이 다수의 동의는 어떤 진리를 보장하는 듯해 보이고 따라서 그 자체로 권위를 지니는 것이 사실이다. 루소는 다수의 의지를 통해 일반법이 설정된다고 주장했다. 그러나 다수의 지지를 받는다고 해서 그것이 반드시 진정 이성적이고 바람직하다는 보장은 없다. 따라서 '다수의 의견이 진리인가'라는 질문은 우리로 하여금 진리의 본질과 다수결의 동의의 질적인 측면에 대해 숙고하게끔 한다.

우선 어떻게 사람들 간의 동의와 다수결의 원칙이 진리를 확인하는 직관으로 사용되는지를 살펴보고, 이어 이 같은 동의와 개인의 성찰이 충돌하는 경우는 없는지 알아보기로 하자. 그리고 마지막으로 다수결의 원칙이 가장 믿을 수 있는 기준으로 사용되는 영역이 무엇인지에 대해 고찰해 보기로 하자.

진리추구는 성찰로부터 시작된다

이데올로기나 관습, 다수의 여론이 진리인가? 아니면 많은 전통철학자들이 주장하듯이 이것들과 무관한 추상적이고 보편적인 진리가 존재하는가? 데카르트는《방법서설》에서 진리추구는 성찰로부터 시작된다고 말한다. 성찰이란 개개인에 의해 행해지며 이 과정을 통해 개인은 사회적 편견과 선입견에서 해방될 수 있다는 것이다. 인식론적 관점에서 보면 사람들 간의 동의는 진리를 설명하는 데 있어 매우 불충분한 기준이다. 과학사는 사람들의 동의와 과학적 이론의 정당성 간에는 모순이 존재할 수 있음을 보여주었다. 가령 대다수의 과학자들에 의해 불변의 진리라고 받아들여졌고 소수에 의해서만 부정되었던 중세의 천동설은 다수의 여론이 반드시 진리가 아님을 잘 보여주는 대표적인 예이다. 진리의 기준은 내적인 것이어야 한다고 주장하는 데카르트는 사람들이 아무런 의심도 하지 않고 여론이나 의견을 진리로 수용한다는 사실을 비판한다. 그에 따르면 인간은 편견에 사로잡혀 있고 이러한 편견에서 벗어나기 위해 모든 것을 의심해야 하는데 대부분 지각되는 것을 비판 없이 받아들인다는 것이다. 데카르트는 지각되는 모든 것을 의심하는 방법적 회의론을 통해 모든 것을 의심할 수 있지만 의심하고 있는 나의 존재는 의심할 수 없다 하여 "나는 생각한다. 그러므로 나는 존재한다(Cogito ergo sum)"는 결론을 이끌어내고 이 사실을 모든 인식 중에서 가장 확실한 인식으로 받아들인다. 즉, 진리란 명증성의 원칙에 따른 개인적인 성찰을 통해 발견할 수 있다는 것이 그의 일관된 주장이다. 더 나아가 스피노자는 진리의 기준을 찾는 것 그 자체가 허무하다고 말한다. 그에 따르면 진리란 눈이 빛을 받아들이듯이 정신이 자연스럽게 받아들이는 것이다. 그는 진리를 하나의 존재로 파악했기에 개인적인 체험을 중시했는데 이 경우에도 다수의 동의가 진리 획득과는 아무런 상관이 없다고 볼 수 있다.

그렇지만 절대적이고 영원한 규범으로서의 진리를 아는 것이 과연 가능한 것일까? 오늘날 많은 철학자들은 이러한 절대적 진리에 대해 회의적인 입장을 취하면서 이는 이상적인 전망에 불과하며 현실적으로는 다수의 여론이 보다 실용적이고 효율적일 수 있다고 말한다. 과학혁명의 구조를 연구하면서 토머스 쿤은 이미 자연에는 진리가 존재하며 그 존재하는 진리를 마치 퍼즐을 맞추는 것처럼 찾아내어야 한다는 기존의 생각을 버리고 각 과학은 같은 유형의 법칙, 규범, 방식을 포괄한 다른 인식의 틀 속에서 펼쳐지고 있다는 사실을 받아들여야 한다고 주장했다. 이러한 패러다임을 결정하고 받아들이는 것은 연구자 단체에서 결정하게 되는데 연구자들은 대답을 아직 찾지 못한 문제를 해결하기 위해 가장 효율적인 과학이론을 진리로 받아들이고 발전시키게 된다. 그렇다면 이 경우 다수의 동의란 진리의 기준이라기보다는 효율성과 이론의 생산성에 관련된다고 볼 수 있다.

진리와 이데올로기

다수의 동의가 진리를 가늠하는 충분한 기준이 될 수 있을까? 실제로 의심스러운 문제가 발생했을 때 우리가 제일 먼저 취하는 행동은 최대한 많은 사람들의 의견을 묻는 것이다. 그토록 많은 사람들이 그렇게 말한다면 그것은 사실일 것이라 믿는 것이 인간의 본능이다. 이러한 성향은 여론을 형성하고 여론은 정치를 이끄는 중대한 힘이 된다. 그렇기 때문에 민주주의 사회에서 다수의 동의는 큰 권력을 행사한다. 그리고 모든 권력과 마찬가지로 그 앞에서 소수와 개인은 무기력하며 거부권을 지니지 못하게 된다. 그렇지만 다수의 동의는 진리와 별개의 것이 아닐까? 다수의 의견은 이질적 정치집단, 이익집단 간의 이해관계 속에서 만들어진 견해일 뿐이다. 《팡세》에서 파스칼(B. Pascal)은 인간이 지닌 사고가 얼마나 상대적인지를 설명하기 위해 다음과 같이 말한다. "피레네 산맥 아래에서 진리인 것이 피레네 산맥 위에서는 오류이다." 다수의 동의에 의해 받아들여진 진리는 주어진 상황과 문화에 따라 상대적으로 설정되는 견해일 뿐이라는 것이다. 만약 이것이 사실이라면 다수의 동의는 진리의 충분한 기준이 아니며 보편적 진리의 요구를 충족시키기 위해 만장일치를 지향할 필요도 없다는 결론이 도출된다. 문화에 따라 진리가 변화한다는 것은 결국 진리가 이데올로기에 불과하다는 것을 의미한다. 여론, 선입견, 관습 등을 포괄하는 한 시대의 지배이데올로기는 권력 개념 안으로 뭉뚱그려질 수 있으며 최종적으로 강자의 의견을 대변한다. 그렇기 때문에 다수의 의견은 보수적인 경향이 짙으며 소수의 진보적 목소리를 억압할 가능성이 많다.

집결한 다수는 민주주의 사회에서 여론(opinion, doxa)을 형성하여 큰 권력을 행사한다. 그들의 의견은 권력집단을 비판하는 긍정적인 결과로 이어지기도 하지만 숫자만으로 진리나 권리를 정당화할 수는 없다. 다수의 어리석음이 어떤 폭력을 낳았으며 이에 반대하는 소수의 저항이 어떻게 무시되었는지는 역사 속에서 자주 목격되었다. 다수의 편협과 무지는 중세 때 마녀사냥이라는 실로 어처구니없는 상황을 만들어내었고, 중세의 모든 문화를 후퇴시켜 암흑의 시대를 도래케 했다. 또 히틀러가 정당한 투표에 의해 선출된 것이나 미국의 사형제도가 다수에 의해 찬성되고 있는 것만 보아도 다수의 동의가 반드시 윤리적으로 타당한지에 대해서는 의심의 여지가 있다.

다수의 동의, 즉 여론은 선입견이나 감정에 근거하고 있는 경우가 많다. 선입견이란 객관적으로 검증되지 않은 무비판적이고 고정적인 믿음으로 그 근거를 알 수 없고 익명적이라는 특징을 지닌다. 그런데 바로 이 익명성이라는 것에 많은 사람들은 매혹된다. 개인은 스스로의 의사를 주장하는 듯하지만 한편으론 자기 자신의 정체성을 지우고자는 하는 모순된 욕망을 지니고 있다. 왜 우리는 익명성 속에서 안도감을 느끼는 것일까? 자기 자신을 내세울 경우 만나게 될 비판의 위험에서 벗어나 다수적 익명성에 파묻혀 책임을 회피하는 것은 어떤 면에서 자유를 포기한 상태라고도 볼 수 있다. 그럼에도 여론에 강렬히 유혹되는 것은 남의 의견에 동조하는 수동적 과정 속에서 개인은 홀로 사색하거나 고민할 수고를 덜게 되기 때문이다. 실제로 대부분의 사람들은 스스로의 의견을 구축하거나 제시하지 못한 채 지배이데올로기에 무의식적으로 동조하고 특별한 비판정신이나 주관 없이 남의 의견을 따르는 경향이 강하다. 물론 다수와 함께 있다는 것이 큰 안도감을 제공하는 것은 사실이다. 그러나 다수의 의견은 권력체제에 의해 선동되고 조종될 것이므로 실질적인 개인의 자유는 상당 부분 제한될 위험이 있다. 이러한 사실에 입각하여 플라톤은 독재가 민주주의의 진정한 운명이라고 주장하였다. 민주주의에 대해 부정적이었던 그는 모든 민주주의는 권리를 구축하기보다는 자유의 남용과 욕망에의 굴복을 낳을 것이라고 보았다. 플라톤은 일반대중들은 정치에 대한 지식이 없을 뿐만 아니라 일반적으로 지성을 결여하고 있고 스스로의 욕망과 감정에 따라 행동하므로 거짓된 선동에 의하여 쉽게 조작, 이용될 수 있다고 생각했다. 말하자면 다수의 동의는 정의나 도덕과 일치하기보다는 수적으로 가장 많은 사람들의 의지와 정념에 일치한다는 것이다. 플라톤은 민주주의 제도는 수적으로 많은 대중들이 스스로 결정을 내리기보다는 그들을 유혹하고 그들에게 아부하는 진정한 권력가에 의해 조종된다는 점을 부각시킨다. 그에 의하면 대다수의 국민들은 정치에 대해 피상적인 지식만을 갖고 있기에 결국 보다 많은 사람들의 정념에 호소하는 여론을 조작할 수 있는 영리한 강자가 다수의 동의를 통해 간접적으로 진리를 독점하게 된다는 것이다.

플라돈 이우 낳은 철학자늘은 여론을 진리와 대치되는 유동적이고 난잡한 개념으로 정의해 왔다. 그들의 주장에 따르면 여론이란 이성적 검증이나 숙고를 거치지 않기에 부정확하고, 수동적이기 때문에 결국 정치적 이해관계에 휘말리게 된다. 그렇다면 다수의 여론에 의해 형성된 시대의 진리는 명목상의 사실일 뿐 그것은 소수 권력자의 의견으로 귀결된다고 볼 수 있다. 권력자에게 저항해야 마땅할 다수의 대중들이 권력자들을 위한 이데올로기에 동참한다는 것은 참으로 모순적이지 않은가? 이 주제는 소크라테스와 소피스트들 간의 분쟁점이었다. 소피스트들은 정치는 모든 사람의 일이 아니지만 겉으론 그렇게 보여야 한다고 주장했다. 그들은 대중의 정념에 호소하는 웅변술과 수사학을 통해 여론을 모았으며 따라서 언변에 능숙한 소피스트들이 권력을 쥐게 되었다. 소피스트 칼리클레스(Callicles)에 따르면 정치가가 언술을 통해 다수를 기만하고 설득할 수 있다는 사실 그 자체가 정치란 기본적으로 강자들의 일임을 증명한다.

《공화국》에서 플라톤은 다수의 여론이 진리로 간주되는 민주주

다수의 의견이 항상 옳은가? 지동설이 다수에 의해 부인되었듯이 다수의 사람들이 믿고 있는 것들이 거짓이고 소수의 주장이 진실일 수도 있지 않은가? 다수의 의견과 일치하지 않을 경우 사람들은 차라리 침묵을 선택한다. 다수의 의견과 일치해야 한다는 압박감에서 벗어날 수 있는지에 대해 생각해 보자.

의에 반대하여 철학자들에 의해 통치되는 도시 모델을 선보였다. 그에 따르면 정치는 능숙한 자들의 일이 아니라 현명한 자들의 일이 되어야 한다. 대중은 항상 정념에 사로잡혀 있으므로 정념으로부터 해방돼 진리와 정의를 보다 명확히 파악하고 있는 철학자들의 지도가 필요하다는 것이다. 플라톤은 이 같은 이상적 형태의 정치가 거의 성공할 수 없다는 것을 알고 있었으며 퇴폐적인 요소에 의해 훼손될 것이라는 것 역시 잘 알고 있었다. 그러나 그는 적어도 모두가 정치에 참여하고 다수의 여론을 진리로 간주하자는 주장은 나라를 망하게 하는 것에 불과하다는 확신을 갖고 있었다. 실제로 지도자의 임무가 국가를 현 상태로 유지하는 것이 아니라 발전시키고 미래를 준비하는 것이라면 정치가는 때로는 여론과 어긋나는 정책을 펼치기도 하면서 여론에 이끌려가기보다는 여론을 주도하는 것이 옳지 않을까? 권력자가 일반시민들보다 더 많은 능력을 지녀야 한다는 것은 분명한 사실이다. 그러나 여기서 문제가 되는 것은 다른 시민들보다 더 선에 대해 잘 알고 있으며 권력욕에 빠지지 않고 모두에게 공정한 철인왕이 과연 존재하는가 하는 것이다. 정치가도 인간인 이상 그가 알고 있는 것과 그가 욕망하는 것은 다를 수 있다. 성인적 덕목과 현실적 능력을 갖춘 철인왕을 기대하는 것은 유토피아를 꿈꾸는 것과 마찬가지로 허망한 것이 아닐까?

다수의 동의와 민주주의

위에서 살펴보았듯이 철학사적으로 볼 때 '여론'이나 다수의 의견은 부정적인 평가를 받아왔다. 플라톤에 따르면 국가의 통치는 오직 통치자의 임무이며 일반시민들은 통치자에게 복종할 의무만을 질 뿐이다. 마치 병을 앓을 때 주변 사람들의 의견을 듣기보다는 전문 의사에게 찾아가는 것이 당연하듯이 정치도 소수의 전문가 집단이 이끌어나가는 것이지 다수의 동의를 참작할 필요가 없다는 것이다. 그러나 현대적 정치의식은 플라톤의 의무분배를 받아들이지 못하며 소수의 엘리트들이 대중으로부터 모든 권력을 앗아가는 것을 용납하지 않는다. 플라톤과 달리 루소는 만약 정치가 모든 사람의 일이 아니라면 대중은 주인에 의해 사로잡힌 가축무리와 다를 바 없을 것이라고 지적하면서 정치는 시민의 몫이며 최대다수가 정치적 여론 형성에 참여해야 한다고 주장한다. 루소에 따르면 다수의 대중들보다 공동체를 위해 무엇이 더 좋은지를 알 수 있는 사람은 없을 것이며 따라서 정치에 있어 우리가 받아들일 수 있는 것은 다수의 여론이지 훌륭한 현자의 의견이 아니라는 것이다.

루소가 말하는 정치기구의 일반의지는 정치가 모두의 몫이라는 근본적인 표시이다. 그에 따르면 대중은 주인인 단 한사람의 의지를 따를 것이 아니라 개인 의지들의 종합인 일반의지에 의거해야 한다. 그리고 개인이 자발적으로 일반의지에 복종한다는 것은 개인과 공동체 간의 상호관계가 설립되었음을 보여준다. 법이 강자와 소수의 특권층에 의해 남용되거나 빗나가지 않기 위해선 일반의지의 실행은 필수적이다. 다수에 의해 정치형태가 결정될 때 폭력과 불의도 사라질 것이라는 것도 이 같은 관점에서이다. 물론 법이 만장일치로 선정되는 경우는 극히 드물기에 그것은 모든 사람의 뜻을 반영하는 것이 아니라 다수의 뜻을 반영한다는 한계를 지닌다. 즉,

법이 채택되는 과정에서 소수의 의견이 수용되지 못하는 것을 피할 수 없다. 그러나 루소는 채택된 법에 반대하는 이들도 그것에 복종함으로써만이 그들의 자유를 증명할 수 있다고 주장한다. 왜냐하면 그들 역시 법과 일반의지를 존중하겠다는 시민의 의무를 표명하였기 때문이다.

오늘날 윤리적 가치로 각광받고 있는 토론문화는 다수의 의견을 존중해야 한다는 루소의 의견을 따르고 있는 듯하다. 진리를 소유하고 있다고 주장하는 소수의 독단주의를 피하기 위해서라도 적어도 실천영역에 있어서만은 다수의 동의가 가장 믿을 만한 기준이 된다는 것을 받아들여야 하지 않을까? 다수의 의견을 따르는 것은 모든 시민을 존중할 것을 강조하는 민주주의의 이상과 일치한다. 물론 사익과 공익, 다수의 의견과 소수의 의견 사이에는 필연적으로 갈등이 존재하며 위에서 지적했듯이 능숙한 지배자들의 선동에 의해 다수가 나쁜 법을 선택할 위험도 존재한다. 그러나 다수의 동의에 기반한 민주주의가 현실적인 최선의 선택임을 부인할 사람은 많지 않을 것이다. 플라톤과 마찬가지로 아리스토텔레스 역시 귀족주의를 더 선호했지만 그럼에도 그는 민주주의 사회 안에서 수많은 의견과 관점들이 절충, 보완되는 가운데 극단적인 의견이 조절될 수 있으며 이것이 민주주의의 장점이라고 명시했다. 이외 관련해서 그는 "각 시민은 전문가들보다 좋은 판단을 할 수는 없을 것이다. 그러나 이들이 모두 모이면 그들은 전문가들보다 더 나은 재판관이 될 것이다"라고 말하기도 했다. 예를 들어 파티에 초대된 손님들의 의견이 요리사의 의견보다 더 중시될 때 파티는 성공할 수 있다는 것이다. 물론 효율성의 문제와 진리의 문제는 별개의 것이다. 그러나 시민들이 적극적으로 정치적 삶에 참여하는 것을 전제로 할 때 현실세계에서 다수의 여론은 기본 행복과 질서를 보증한다. 그러나 기본 행복 이상의 것을 추구한다면 단순히 투표에 참가하는 것으로 만족하지 말고 권력을 오용하거나 남용하는 자들을 적극적으로 처벌함으로써 다수의 힘을 보여주는 것이 중요하다. 현대사회에서 권력의 구조와 현실은 일반국민의 이해수준을 크게 벗어나 있으며 그것을 제대로 이해하는 것은 결코 쉬운 일이 아니다. 그러므로 여론이 보다 바람직한 시민의 힘을 형성하기 위해서는 일반시민 각자가 권력기구의 구체적 실행에 대한 보다 많은 정보를 갖고 그에 대한 항구적인 관심과 비판의식을 표명하는 것이 필요하다.

결론

다수의 동의는 진리의 문제를 다룸에 있어 실천영역에서나 이론영역에서나 제외되어선 안 될 주요 사항이지만 그것 자체가 진리의 충분한 기준이 되는 것은 아니다. 다수의 동의란 지배이데올로기의 이기심을 반영할 가능성이 많고 소수의 의견을 무시할 위험도 내포하기에 윤리적 측면에서 한계를 지닌다. 다수의 의견이 자기 나라의 이익만을 중시하는 국수주의나 극단적 민족주의로 흐를 위험이 있음도 지적할 필요가 있다. 또 우리가 진심으로 수호하는 가치들은 수적인 평가에 의해 결정될 수 없다는 사실에도 주목할 필요가 있다. 예를 들어 모든 사람은 자유롭고 행복할 권리가 있다는 사실은 다수에 의해 토론되거나 비판될 수 있는 성격의 것이 아니다.

민주주의란 현실적으로 가능한 최선의 정치제도이고 그것이 다수의 동의를 기반으로 하는 이상 우리는 절대적 진리에 너무 집착하기보다는 다수의 동의가 보다 정의롭고 평화적인 결론에 이를 수 있도록 힘을 모아야 한다. 다수의 동의란 그 동의에 참가한 사람들이 이성적이고 과학적인 방식으로 의견을 제시했는지 선입견이나 감정에 치우쳐 있는지 등에 따라 매우 다른 성격을 띨 수 있으므로 다수를 구성하는 개인이 누구인지에 대해 관심을 기울여야 한다. 또 다수의 동의를 보다 효율적인 것으로 만들기 위해선 개인의 참여가 얼마나 진지한지를 살펴보아야 한다. 다수의 의견이 진리에 근접하기 위해서는 모든 시민이 자신이 관여하고 있는 대내외 문제들을 충분히 이해할 수 있는 역량을 쌓아야 하며 권력자들이 보유하고 있는 진리의 권위가 과연 정당한지에 대해서도 끊임없이 질문을 던져야 한다. 이러한 노력에 의해서만이 다수의 의견은 정당성을 획득할 수 있다.

바칼로레아의 질문들

- 여론이 목표로 할 수 있는 진리란 어떤 종류의 진리인가? (2001)
- 진리를 추구하는 것은 단지 그것으로부터 이득을 얻을 수 있기 때문인가? (2001)
- 여론이란 옳지 않다고 장담할 수 있는가? (1998)
- 만장일치가 진리의 기준이 될 수 있는가? (1990)

- '진리를 좋아하는 독재자는 존재하지 않는다. 진리는 복종하지 않는다'라는 표현에 대해 생각해 보라. (1982)

다수결이 정답인가?

얼마 전 인터넷에서 "다수결이 정답"이라는 제목의 기사가 많은 사람들의 관심을 모았다. 어떤 사건이나 질문에 대한 옳고 그름이 객관적 판단을 떠나 다수결에 따라 결정된다는 사실은 민주주의 시대의 진리관이 인터넷과 함께 재정립되고 있음을 보여주는 중요한 증표이다. 스타를 배출하고 한 정치인이나 유명인의 명예를 좌지우지하는 인터넷의 영향력은 갈수록 증가하고 있으며 이 과정에서 다수결의 동의는 절대적인 권력을 행사하고 있다. 인터넷 공간을 신임하는 사람들은 수많은 사람들이 사용하는 인터넷상에선 오류를 지적하는 사람이 반드시 나타나므로 올바른 방향으로 갈 가능성이 높아지며 다양성이 존중될 것이라고 말한다. 그러나 다수의 의견에 묻혀 소수의 독창적 의견과 비판이 외면당하고 배척될 가능성이 있다는 우려의 목소리도 있다. 과연 모든 진실이 꼭 '다수'에 의해 결정되는 것인지, 다수의 동의가 내포하는 문제점에 대해 논의해 보자.

국가는 항상 다수의 의견을 따라야 하는가?

국가는 다수의 견해를 항상 받아들여야 한다고 말하는 사람들은 다음과 같은 주장을 펼친다. "민주주의란 국민들의 의견을 수렴하는 정치제도이다. 많은 철학자들은 정치에 문외한인 대중들이 공공의 이익을 무시하고 자신에게만 유리한 잘못된 선택을 할 것을 염려하지만 존 스튜어트 밀(John Stuart Mill)에 따르면 시민들은 책임감을 갖고 있으며 대부분 무엇이 공통선인지를 잘 알고 있기에 개인의 이익을 포기하고 다수의 이익을 옹호할 것이므로 정부는 다수의 의견을 존중하는 것이 옳다. 특히 앙케트 조사는 시민들의 의사를 그대로 반영하므로 정치가들은 그 중요성을 충분히 인지해야 한다. 만약 다수의 의견을 참작하지 않는다면 그 정치가는 다음 선거에서 고배를 마실 것이다."

그러나 다수의 의견은 국민 전체의 의사가 아니다. 진정한 국가의 의무는 모든 국민들을 보호하는 것이 아닐까? 국가가 생긴 것은 개인의 자유와 안전을 보호하기 위함이었다. 그렇다면 개인이 자유롭게 생각할 권리를 보장해 주는 것은 바로 국가의 의무이다. 개인의 자유의사가 타인에게 피해를 입히지 않는 한 국가는 최소한 그의 사생활과 자유를 보호해야 한다. 다시 말해 폭력적이고 억압적일 수 있는 다수의 폭정에 대항하여 국가는 소수와 약자의 자유를 보호해야 한다. 특히 동성연애자, 외국인 등에 대한 도덕적 비난이 있을 때 이러한 비난을 막아주는 것도 국가의 역할이다. 일반적으로 대중의 견해는 소수에 대해 그리 관용적이지 못하다. 선입견과 편견을 갖고 있는 대다수의 사람들은 특이하거나 규범에 어긋난 이들을 항상 탄압했다. 감정에 치우친 대중들에게 이성적인 자제를 요구하고 법에 입각하여 최대한 개인의 생각과 자유를 보장하는 것이 국가의 의무이다. 다수와 소수 간의 충돌을 국가가 조절할 수 있는 방법들에 대해 생각해 보자.

12

수학은 도구인가 언어인가, 모든 과학의 모델인가?

Baccalauréat, 1997

수학의 추구는 인간 정신의 신성한 광기라는 것을 인정하자.
화이트헤드(Alfred N. Whitehead, 영국 철학자·수학자)

수학, 즉 영원한 것과 움직이지 않는 것에 대한 학문은 실재하지 않는 것에
대한 학문이다.
르낭(Joseph E. Renan, 프랑스 작가·철학자)

수학적 발견의 원동력은 논리적인 추론이 아니고 상상력이다.
드모르간(Augustus de Morgan, 영국 수학자·논리학자)

수학은 자연의 언어이다.
갈릴레이(Galileo Galilei, 이탈리아 천문학자·물리학자)

서론

영국의 철학자 러셀(B. Russell)은 "수학이란 다루는 것의 주제도 그 진실 여부도 알 수 없는 학문이다"라고 말한 바 있다. 언뜻 보기에 수학에 대한 러셀의 이 같은 발언은 수학을 낮게 폄하하고 비방하는 듯한 느낌을 풍기는데 러셀 자신이 수학전문가이며 논리학자이기에 이 말은 더욱 놀라움을 안겨준다. 그러나 사실상 이 말은 결코 수학에 대해 부정적인 의견을 제시하고 있지 않다. 러셀은 여기서 수학의 추상적 성격을 강조하고 있을 뿐이다.

수학은 그 논리적 엄격성을 확보하기 위해 직관이나 주관적 감정의 개입을 허용하지 않는다. 수학적 세계는 숫자와 방정식, 공식의 세계로서 감각적인 현실세계와 구분되며 의심의 여지없는 진리를 추구한다. 따라서 우리가 "이것은 수학적이다"라는 표현을 쓰는 것은 우리가 주장하는 바에 명증성과 확신을 부여하기를 원할 때이다. 경험적 영역과 주관적인 판단을 배제한다는 점에서 수학은 여타 학문과 구분되는 특수성을 지닌다. 수학은 도구인가, 언어인가, 아니면 다른 과학들의 모델인가? 수학의 특수성과 그것이 다른 과학과 맺고 있는 관계를 이 글에서 살펴보기로 하자.

수학의 추상성

다른 과학과 달리 수학은 우리가 설명하고 있는 것이 사실인지 아닌지를 밝힐 방법을 제공하지 않는다. 왜냐하면 수학의 법칙을 검증할 실험이란 존재하지 않기 때문이다. 수학은 일반적으로 수와 형태로 된 순전히 추상적이고 독립적인 학문을 지칭한다. 현실 속에서 등가변의 삼각형은 절대로 존재하지 않는다. 플라톤의《대화편》에서 소크라테스가 5개로 구성된 뼈로 만든 장난감으로부터 '다섯'은 사물이 아니라 이데아(관념)라는 논증을 이끌어냈듯이, 책 두 권을 지각할 수는 있지만 2라는 숫자 자체는 현실 속에서 존재하지 않는다. 수학자는 이데아들의 세계, 정신에 속한 반투명의 순수관계들의 세계에 살고 있으며 자연을 관찰하지 않고, 이데아들의 순수한 관계만을 명상한다. 요컨대 수학의 세계는 다른 과학과는 달리 정신 속에서만 존재하며 교육자 페스탈로치(J. H. Pestalozzi)가 주장했듯이 일종의 정신적 체조라고도 볼 수 있다. 우리는 이 정신의 체조를 통해 직접적·가시적으로 보이는 이미지로부터 점진적으로 벗어나 이데아와 개념들을 추상적으로 사고할 수 있는 방법을 기르게 된다.

그렇다면 추상적 사고로서의 수학이 어떻게 현실과 관계하는 것일까? 아리스토텔레스는 "수학의 고상함은 아무것에도 봉사하지 않는다는 사실에서 발견된다"고 말했다. 수학을 즐거운 무상의 놀이라고 주장하는 이들도 있다. 수학을 정신적 놀이라 말하는 것은 수학적 사고의 유희적 성격을 강조하는 동시에 수학이 다른 무엇을 위해 존재하는 것이 아니라 그 자체로 자신의 목적이 된다는 것을 의미한다. 그러나 수학을 순수한 정신적 놀이로 간주할 경우 수학의 활용영역을 수학에만 국한시켜 수학을 현실로부터 단절시키는 결과를 가져오게 되지 않을까?

수는 세계를 반영한다

수학은 무엇에 유용한가? 정의, 방정식, 공리(公理, 조건 없이 전제된 명제) 등 이 모든 것이 어디에 소용이 있다는 것인지, 현실적으로 적용할 만한 부분이 하나도 없어 보이는 이 추상적 지식에 왜 그토록 많은 노력을 기울여야 하는지에 대해 불만을 갖지 않는 학생은 드물 것이다. 그러나 수학은 사고에 있어 단지 유용한 것일 뿐 아니라 필요불가결한 것이다. 물론 그 유용성은 겉으로 드러나거나 직접 느낄 수 있는 종류의 것이 아니다. 하지만 수학 덕에 우리는 세상의 많은 문제들을 엄격한 원리와 계산을 통해 이해하고 추리할 수 있다. 즉, 수학은 추상적 실재와 관계하고는 있지만 동시에 경험적 앎을 돕는다. 수학적 계산과 공식 없이 어떻게 자연의 원칙을 집대성하고 현상들을 예견, 정의할 수 있을까? 가령 물리는 그것이 수학화되었을 경우에만 실질적인 발전을 도모할 수 있다. 그러므로 결코 수학이 현실과 무관하다고는 말할 수 없다.

수학공식을 빌려야만 물리학자는 세계와의 관계를 수립할 수 있으며, 그런 의미에서 수학 역시 세계를 묘사하고 있다고 볼 수 있다. 갈릴레이는 자연이 수학언어로 씌어 있다고 말했다. 수학이 물질적 우주의 법칙과 경이롭게 일치한다는 것은 이미 피타고라스도 느꼈던 것이다. 그리스의 철학자이자 수학자였던 피타고라스가 만물의 근원은 수에 있다고 믿고, 수학을 지식의 유일한 원천으로 생각했다는 사실은 널리 알려져 있다, 그는 "수는 세계를 지배한다"고 말했다. 그외에도 많은 철학자들은 수가 신의 뜻을 통역한다고 주장했다. 라이프니츠(G. W. von Leibniz)는 "세계는 신의 계산으

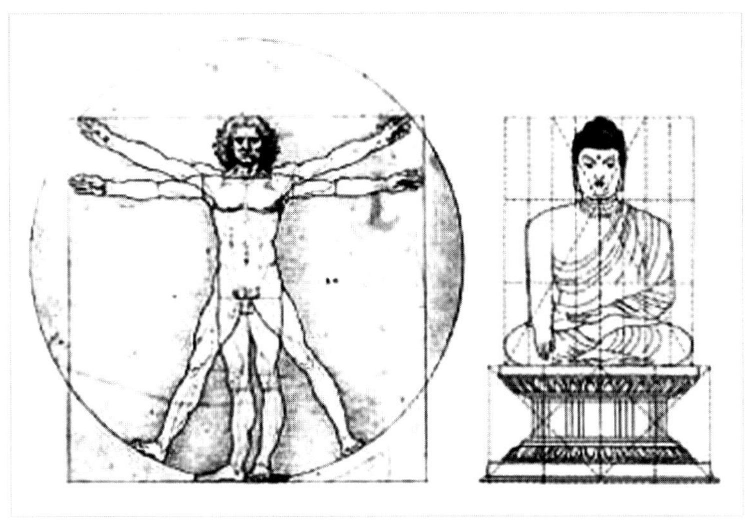

레오나르도 다빈치의 인체도와 석굴암 본존상의 수학적 구조는 균형과 대칭, 비례를 기초로 한 수학적
아름다움을 보여준다.

로부터 생겼다"고 말했고, 플라톤은 "항상 기하학적으로 행동하는" 신에게 기도하였다. 좀더 수학에 관심을 갖는다면 우리는 우리를 둘러싼 세상과 수학의 밀접성에 놀라움을 느끼게 될 것이다. 우리가 살고 있는 건축물, 지나다니는 다리, 컴퓨터 자료, 통계수치, 요리 분량 등 수학적 사고를 거치지 않은 분야는 거의 존재하지 않을 정도로 수학은 현실을 움직이고 발전시키는 힘이다.

우주적 언어로서 수를 파악할 때 수의 세계는 미학적 의미까지도 띠게 된다. 아리스토텔레스는 "수학은 질서와 대칭 및 절제를 특별하게 보여준다. 그리고 이것들은 아름다움의 최상의 형태이다"라고 말했고, 영국의 수학자 하디(Godfrey Harold Hardy)[14]는 "수학자의 양식은 화가와 시인의 양식과 같이 반드시 아름다워야 한다"고 기술했다. 실제로 사람들은 미적 기준이 얼마만큼 수학적 원칙과 연관되어 있는지를 강조해 왔다. 가령 황금분할과 그 황금분할을 인체에 적용한 이상적인 인체비례, 이른바 카논(canon)은 미의 수학적인 증명이다. 그리스 고전미술의 3대 미덕이라고 하는 비례, 대칭, 조화도 기하학에 뿌리를 둔 것이다. 또한 수학적 논리를 바탕으로 한 화음이론과 원근법이 없었다면 수많은 예술작품의 탄생도

---

14) 하디(Godfrey Harold Hardy, 1877~1947) : 영국의 수학자. 잉글랜드 서리주 출생. 옥스퍼드대학에서 기하학을 강의하고, 케임브리지대학에서 순수수학 교수로 있었다. 해석적 정수론에 많은 업적이 있고, 가법적 수론(加法的數論)에서의 오일러법의 개량, 제타함수에 관한 '리만의 예상'의 연구 등이 알려져 있다. 푸리에급수에 대한 기여도 중요하다. 1908년에는 독일의 의사 W. 바인베르크와 동시에 하디-바인베르크의 법칙을 제시했다.

불가능했을 것이다.

수학은 엄밀성의 언어인가?

플라톤이 출입하던 아카데미의 현판에는 "기하학(논리, 지성을 닦는 법)을 모르는 자는 이 문에 들어오지 말지어다"라고 씌어 있었다. 플라톤은 수학을 지식의 위계질서상 철학의 바로 아래에 놓고 이데아 연구의 예비과정으로 간주했다. 그에 따르면 수학은 허상의 세계에 매여 있는 사람을 진리와 실재의 세계로 인도하는 데 도움이 되는 학문이다. 그래서 국가를 통치할 사람은 20세부터 30세까지 10년 동안 수학을 공부하도록 법률로 정해야 한다고 주장하기까지 했다. 수학은 바슐라르의 말과 같이 이성의 에스페란토이다. 엄밀한 논리적 사고력에 기반한 학문이기에 근접함이나 직관은 통용되지 않는다. 언어를 사용할 때 만나게 되는 다의성과 모호성의 문제도 수학에선 피할 수 있다. 푸리에(J. B. J. Fourier)[15]는 "수학에서 혼란스러운 개념을 표현하기 위한 기호는 존재하지 않는다"고 말했다. 특히 데카르트는 수학에서 진리의 패러다임을 보았고 자신의 방법론을 구축하기 위해 수학적 엄격성을 사용했다. 그는 "산수

---

15) 푸리에(J. B. J. Fourier, 1768~1830) : 프랑스 수학자·수리과학자. 열전도론(熱傳導論)을 연구하여 1807년 '열의 해석적 이론'을 제출하였고, 1812년 프랑스 학사원의 대상을 획득하였다. 1822년 완성된 이 이론에는 '푸리에의 정리'가 포함되어 있으며, '푸리에급수'의 전개에 따라서 그후의 수리물리학 발전에 크게 공헌하였다. 1816년 프랑스 학사원 회원으로 추천되었다. 또 실계수방정식의 해법에 관한 연구로도 알려져 있다.

와 기하학을 반드시 배워야 하는 것은 아니다. 그러나 진리의 바른 길을 찾는 자라면 산수와 기하학의 증명과 버금가는 확실성을 제공하는 사물에만 관심을 가져야 할 것이다"라고 말했다.

일반적으로 수학을 한다는 것은 명확한 사고의 방식을 배우는 것이다. 수학은 이성이 규정한 논리적 구속을 따르므로 일반 언어보다 덜 다의적이며 덜 모호한 문법과 어휘를 갖추고 있다. 문학에 있어 애매성이 장점이 될 수 있다면 수학의 장점은 명확성이다. 수학이 동어반복적인 체계를 갖고 있기 때문에 새로운 지식이나 창조를 산출할 수 없다는 것은 고정관념에 불과하다. 공리론적으로 전개되는 수학의 이론은 기타 학문에서 찾아볼 수 없는 모순이 없는 엄밀한 구조를 가지고 있으며 전혀 빈틈없는 완벽한 이론같이 보인다. 그러나 1931년 25세의 젊은 수학자 괴델(K. Gödel)은 이런 생각에 큰 파문을 던져준 중요한 논문을 발표했다. 그 내용은 불완전성 정리에 관한 것으로, 괴델에 따르면 수학체계나 논리체계는 불완전하기 때문에 체계화시켜 얻을 수 있는 진리에서는 이론의 한계가 있다는 것이다. 현대논리학에서 가장 중요한 진보를 이룬 연구 중의 하나라고 평가된 그의 논문은 보편적이고 완전하다고 믿어왔던 수학적 진리도 다른 사유와 마찬가지로 불완전하다는 것을 보여주었다. 즉, 수학적 진리는 확고부동하고 영원한 것이라고 일반적으로 생각하지만, 수학기초론에 결정적인 전환점을 가져온 괴델의 '불완전성 정리'가 상징적으로 보여주듯이 수학적 진리는 변화하며, 수학도 과학처럼 발견과 발명이 동시에 이루어진다는 이론을 현대 논리학계와 수학계는 받아들이고 있다.

실제로 2000년 동안 사람들은 유클리드 기하학 외에 다른 기하학이 존재할 수 없다고 생각했으나 비유클리드 기하학의 발달은 결과적으로 유클리드 기하학 및 공간에 관한 선험설을 무너뜨렸다. 비유클리드 기하학에서는 삼각형의 내각의 합이 180도가 안 될뿐더러 우리가 알고 있던 수많은 기하학 법칙이 깨지지만, 비유클리드 기하학을 통해 우주공간이 더 쉽게 기술되는 점은 창조로 간주될 수 있다. 또 기호(記號)의 학문으로서의 대수학과, 도형의 학문으로서의 기하학을 하나로 묶은 매우 독립적인 형태의 수학적 발명품이라 할 해석기하학이나 위상수학(공간의 위치관계를 밝히는 수학)은 기존에 있던 수학과의 접목을 통해 한층 발달한 분야라고 말할 수 있다. 이런 수학이론의 변화가 보여주듯이 수학 역시 확고부동한 영원의 진리일 수 없다. 수학은 인간의 현실에 대한 논리적 해석일 뿐이다. 말하자면 수학적 진리는 인간의 진리이고, 우리가 결코 알 수 없는 현실 그 자체를 보여준다기보다는 인간의 현실과 변화를 보여준다.

수학은 다른 과학의 도구이다

수학의 발전은 진리보다는 증명 가능성의 문제와 좀더 밀접하게 연관되어 있다. 즉, 수학은 해결하지 못한 현실적 문제를 처리하는 과정에서 발전하며, 확실한 수학적 진리는 타학문과 연관됨으로써 외미를 갖는다. 가령 오일러(L. Euler)는 처음에 베니스의 다리건너기 문제를 해결할 때 기존에 사용하던 방법을 포기하고 위상수학이란 것을 창조해 냈다. 이처럼 순수한 수학연구 그 자체에 의미를 두는 사람도 있지만, 현실적으로 수학은 하나의 개별과학이 아니라 모든 학문의 도구이다. 역사적으로 볼 때 수학은 인식론, 철학, 과학의 발전에 크게 기여했다. 또한 고대부터 국가를 운영하는 실용적인 원리로 중요시됐다. 수학은 국가의 경제를 관리하는 회계, 농경술, 세금징수, 신전과 궁전의 건축, 그리고 천문술과 항해술의 기초를 이루는 학문이었기 때문이다. 특히 17세기 이래로 수학은 물리학과 기술 분야에서 없어서는 안 될 역할을 해왔다. 예를 들면, 케플러(J. Kepler)는 아폴로니우스(Apollonius)의 원추분할 기하학에 따라서 화성의 타원궤도를 풀었고, 갈릴레이는 물체의 대수학을 사용해 낙하법칙을 풀었으며, 데카르트는 삼각함수의 관계를 이용하여 굴절의 법칙을 이해했다.

최근 들어서는 경제학과 생명과학의 몇몇 분야에서도 이와 비슷한 역할을 하고 있으며 컴퓨터, 사회학, 통계학, 심리학 등에서도 수학은 매우 중요하게 활용된다. 현대수학에서 빼놓을 수 없는 암호이론과 게임이론의 경우에도 별반 다르지 않다. 암호이론을 사용해 튜링(A. M. Turing)은 2차 세계대전 당시 독일군의 암호를 해독해 영국이 전쟁에서 승리하도록 도움을 주었으며, 게임이론은 20세기 경제학과 정치학, 외교학 발전에 크게 기여했다. 또한 컴퓨터가 오늘날처럼 발전하게 된 데에는 여러 과학자들의 힘뿐 아니라 수학자들의 기여도 무시할 수 없으며 미래시대를 대표하는 디지털 혁명도 수학으로부터 많은 도움을 받을 것이라 예상된다. 이처럼 수많은 분야에서 수학은 복합적 기능을 발휘하고 있다. 가우스(K. F. Gauss)가 "수학은 과학의 여왕"이라고 한 것도 같은 맥락에서 이해될 수 있다. 그러나 수학적 진리가 모든 진리의 모델이라 주장하는 것은 진리 개념을 너무 축소하는 결과를 가져오지 않을까?

수학의 방법론적 한계

수학의 도구적 유효성은 생물학이나 인문학과 같이 좀더 복잡하고 좀더 주관적인 과학에서 감소한다. 생명의 생성이나 복잡한 개별성은 수학언어에 의해 번역되기 어렵기 때문이다. 예술과 진리의 문제를 생각해 볼 때도 같은 어려움을 만나게 된다. 하이데거가 예술과 관련해서 말한 진리의 현현은 논리-수학적 의미로 이해할 수 있는 것이 아니다. 수학은 엄정성을 가르치는 훌륭한 학교이지만 수학만으로는 인간문화 전반을 설명할 수 없다. 과학자들은 수학이 모든 앎의 모델이며, 세상은 그 모델을 통해 분석해야 할 커다란 방정식으로 생각한다. 그러나 증명의 엄격성과 확실함을 적용할 수 없는 인간의 활동영역과 사고영역은 분명 존재한다. 외부현실(세계, 자연, 타자)과의 직접적인 관계와 접촉을 통해 얻을 수 있는 사유의 유연성과 풍요성을 수학은 지니지 못한다. 즉, 수학은 사유방식의 한 가지일 뿐이다. 감정이나 직관에 의거하는 종교나 예술의 경우 우리는 그것이 수학적이지 않다 해서 거짓이거나 비지성적이다 말할 수 없다. 만약 수학적 논리를 거친 사실만을 진리로 받아들인다면 인간의 사고는 매우 빈약해질 것이다. 인간의 생명의 경우 그것을 단순히 생물학적인 생사의 문제로 이해한다면 수학적 공식과 화학·물리학적 실험을 통해 우리는 삶을 이해할 수 있겠지만, 단지 생물적인 생사의 문제가 아니라 태어나고 사랑하고 병들고 죽는 한 인간의 실

존적 역사로 삶을 접근한다면 객관적이고 논리적인 수학적 설명만
으로는 불충분하다. 그러므로 보편적 수학이라는 '감탄의 과학'을
이루려는 데카르트의 꿈은 아직 인간과학과 생명과학에서는 실현
되지 못하고 있다. 의식과 감정, 생명의 생성이나 복잡한 개별성은
수학적으로 번역되기 어렵기 때문이다. 즉, 수학은 과학적 사고의
모델이 될 수는 있어도 모든 학문의 모델이 될 수는 없다.

결론

수학은 엄격한 논리에 근거하고 있기에 많은 철학자들은 수학을 앎
의 이상적 패러다임으로 간주한다. 객관적이고 명확한 수학언어는
일시적인 감각들의 근본 질서와 체계를 탐구하는 것을 목적으로 하
며 물리적·생물학적·우주적 세계와 사회적 세계를 보는 확실한 방
법론을 제공한다. 물론 인문학이나 종교, 예술에까지 수학의 객관
적 언어를 사용할 수는 없다. 그러나 수학적 언어로 인해 우리는 세
상의 많은 복잡한 문제들을 명석하게 이해하고 추리할 수 있다. 수
학은 감각세계와 추상세계 간의 가장 훌륭한 연결고리이고 그 이성
적·실용적 가치는 수많은 학문과 기술에서 증명되고 있다. 수학이
없다면 우리는 복잡하고 불안한 자연의 원리를 정의, 예견할 수 없
을 것이다. 즉, 수학은 추상적 실재와 관계하고는 있지만 동시에 경
험적 현실과 앎에 기여하는 명료함의 언어이다.

바칼로레아의 질문들

- 엄밀하게 생각한다는 것은 무엇을 의미하는가? (1999)
- 조리 있는 사고가 반드시 옳은 사고인가? (1994)
- 논리규칙은 정신의 자유를 제약하는가? (1994)
- 수학화될 수 있는 것만 과학이라고 말할 수 있는가? (1999)
- 계산하는 것, 그것은 사유한다는 것을 뜻하는가? (1991)
- 수학적 추리는 단순한 논리적 추리인가? (1991)
- 경험에서 독립된 사고물인 수학이 어떻게 현실을 그토록 잘 설명하는 것일까? (1989)
- 수학을 현실의 모든 영역에 활용하는 것은 합당한가? (1989)
- 수학이라는 학문에서 경험이 차지하는 부분은 무엇인가? (1946)

더 생각해 봅시다 ❶

수학은 배워서 무엇 하는가?

중·고등학교 시절 학생들에게 가장 큰 부담과 지루함을 안겨주는 학문이 바로 수학일 것이다. 수학에 특별한 재능이 있는 학생이 아니라면 누구나 한번쯤은 '왜 수학을 배워야 하는가' 하는 고민에 빠져본 경험이 있을 것이다. 성인이 되어 기억하지도 못할 공식과 기호라면 수학을 공부한 그 많은 시간에 차라리 다른 지식을 섭렵하거나 독서를 했더라면 훨씬 더 풍요로운 삶을 영위할 수 있었을 것이라는 주장을 하는 사람들도 있다. 왜 우리는 수학을 배워야 하며 그 교육적 가치는 무엇일까? 인문학이나 예술을 하는 사람도 수학을 배워야 할까?

단지 수학이 다른 과학의 기초와 도구가 되며, 과학은 한 나라의 경쟁력을 좌우하므로 수학을 배워야 한다고 학생들을 설득해야 할까? 그러나 실제로 과학 분야에서 국가에 기여할 사람은 소수에 불과하므로 그 때문에 모두가 수학에 매달려야 한다는 주장은 무리가 있어 보인다.

그보다는 수학의 본질과 관련된 설명이 더 타당성이 있다. 수학은 덧셈, 뺄셈이나 하고 공식을 외워 적용하는 기술을 배우는 것이 아니다. 우리나라 같은 경우 입시라는 고질적 문제에 의해 수학교육이 변질되었지만, 수학교육에서 중요한 것은 문제를 잘 푸는 기술이나 지식을 제공해 주는 것이 아니라 수학적으로 생각할 수 있는 바탕을 마련해 주는 것이다. 수학적 사고는 논리적 사고력, 추상화 능력, 귀납·연역적 추론능력, 창의적 사고력 등을 양성함에 있어 필수적이고 이런 능력은 과학분야뿐 아니라 인문, 더 나아가 생활 일반에 있어 한 인간의 삶에 큰 도움을 줄 수 있다.

사람들은 수학이 이공계 분야 사람에게만 필요하다고 생각하나 사실상 글을 잘 쓰려면 수학을 잘해야 한다. 한국사회에선 낯선 논지일 수도 있겠으나 토론이나 논술 문화가 발전한 서구사회에서 추론능력과 논리력은 무의식적으로 수학적 사고에 기초를 두고 있는 경우가 많다. 물론 소설이나 시 등 주관적 예술분야에까지 수학적 논리를 요구할 수는 없겠지만, 그외 이성을 바탕으로 한 논문이나 토론에 있어 수학적 정확성과 논리성은 매우 큰 도움을 준다. 따라서 수학적 사고와 언어적 사고를 완전히 별개의 것으로 구분하여 이해하는 것은 창조적 사고를 저해할 수 있다.

한편 수학의 윤리적 가치에 대해서도 언급할 필요가 있다. 수학자에 대해 언급할 때 우리는 자주 원론에만 충실한 융통성 없고 고지식한 사람을 떠올린다. 그러나 융통성이란 이름 아래 온갖 편법과 거짓이 난무하는 세상에서 수학의 정직함과 엄밀성은 원칙에 대한 신임과 충실함이란 새로운 가치로 부각되어야 하지 않을까? 플라톤이 정치나 철학을 할 사람은 기하학을 반드시 배워야 한다고 주장한 것은 지도자들이야말로 지적·윤리적으로 정직하고 곧은 성품을 지녀야 한다고 생각했기 때문이다.

　그렇다면 '수학은 어디에 쓸모가 있는가' 하는 질문에 우리는 다음과 같이 답할 수 있다. 수학은 모든 분야에 필요하다. 수학은 단지 수나 공식에 관한 연구가 아니라 삶 속에 숨겨져 있는 논리적 구조를 깨닫고 발견하는 일이다. 수학을 통해 우리는 안 보이는 것을 볼 수 있다. 삶 속에 숨어 있는 우주적 질서의 정직함과 순수함을 깨닫기 위해, 우연한 것처럼 보이는 세상의 모든 일들에도 어떤 변하지 않는 법칙들이 숨어 있다는 것을 찾아내기 위해 우리는 수학을 배워야 한다. 만약 일관적이고 보편적인 법칙을 찾아내지 않고 우연성에 인간의 운명을 맡긴다면 우리는 지속적인 불안과 위험을 경험하게 될 것이다. 나아가 문명의 발전도 불가능하게 될 것이다. 수학적 사고를 통해 현실의 원리를 이해함으로써 우리는 적대적일 수도 있는 자연의 위협으로부터 스스로를 보호하고 보다 많은 생산과 번영을 기약할 수 있다.

더 생각해 봅시다 ❷

아리스토텔레스에 따르면 수학의 귀족성은 어떤 것에도 도움이 되지 않는다는 점에 근거한다. 이 주장에 대해 어떻게 생각하는가?

아리스토텔레스에게 있어 수학이란 아무것에도 소용없는 것이다. 아리스토텔레스에 따르면 수학자란 단지 수에 대한 사랑으로 수와 형상을 연구하는 자이다. 그러나 이것은 수학이 아무 가치도 지니지 않는다는 것을 의미하는 것이 결코 아니다. 그보단 수학에 기술적이고 실용적인 효율성을 기대하지 않는다는 것을 의미한다. 실제로 우리는 바로 이러한 수학의 특수성 때문에 수학은 현실로부터 독립된 진리의 모델이 될 수 있다고 생각한다. 수학은 오랫동안 수와 형상으로 만 된 순전히 추상적인 학문으로 간주되었으며 바로 그 엄격성 때문에 물리학자, 화학자 등 과학자들이 가설을 세우고 측정을 하고 문제를 해결하는 데 도움을 주었다. 그렇다면 순수수학과 응용수학을 구분하는 명확한 기준은 무엇일까? 오늘날 자연과학·사회과학의 각 분야에서 이용되는 응용수학의 중요성은 점차 증대하고 있으며 수학 전반의 이론이 응용되고 있어 순수수학과 응용수학 간의 구별도 점차 사라지고 있는 추세이다. 현실적으로 활용 불가능한 순수한 수학적 논리가 존재하는지, 그리고 의미가 있는지에 대해 생각해 보자.

13

사회적 불평등은 태어나면서부터의 인간의 자연적 불평등 때문인가?

Baccalauréat, 1989

전 인류는 단지 한 선조밖에 갖고 있지 않다. 그러므로 어느 인간이 어느 인간보다 뛰어났다고 할 수는 없다.

탈무드

자본주의는 전쟁을 안고 있다. 구름이 소나기를 안고 있듯이.

장 조레스(Jean-Jaurès, 프랑스 사회주의 운동가·정치가)

평화란 지속적으로 인위적인 방식에 의해 유지해야 하는 인위적 상태이다. 인간은 본질적으로 평등하지 않다.

블라디미르 부코프스키(Vladimir Boukovsky, 러시아 사회학자)

서론

능력에 따라 또는 어떤 환경과 신분에 속하느냐에 따라 우리는 사회적 불평등을 경험한다. 그런데 만약 이러한 불평등이 자연적 불평등에 기원한 것이라면 그것을 근본적으로 개혁할 방법은 없다는 회의적인 결론에 도달하게 되지 않을까? 현대인들은 불평등이 많은 부분 교육, 문화, 생활환경 등 후천적인 요소에 의해 결정된다고 말한다. 그러나 선천적인 요소에 따른 불평등 역시 개인의 삶에 지대한 영향을 미치고 있음을 우리는 부인할 수 없다. 만약 한 개인의 운명이 선천적인 조건에 의해 결정된다면 사회적 평등의 이상은 사실상 실현 불가능한 유토피아적 구상에 불과하게 되지 않을까?

오늘날 대부분의 사회는 평등의 이상을 실현하기 위해 노력하고 있다. 사회주의 국가는 생산물의 균등한 분배를 통해 결과적인 평등을 이룩하고자 하고, 자유민주주의 국가는 각 개인에게 동등한 기회를 보장해 주는 것이 평등의 실현이라고 생각한다. 그러나 사회주의나 자유민주주의가 제시한 이상과 달리 이 두 사회 모두에서 특권층의 권력남용과 권력계승은 여전히 유지되고 있다. 평등은 추상적이고 이념적인 이상에 불과한 것일까?

불평등은 필연적이다

선천적인 불평등은 존재한다. 태어날 때부터 건강한 사람도 있고 허약한 사람도 있다. 지능이 높은 사람도 있고 그렇지 못한 사람도 있다. 좋은 가정에서 태어나 정서적으로 안정될 확률이 높은 아이가 있는가 하면 해체가정에서 태어나 정서적인 어려움과 고통을 겪는 어린이들도 있다. 정신분석학적 설명에 따르면 어린 시절 불안을 경험한 아이들은 성인이 된 후 패륜이나 각종 범죄를 저지를 확률이 높다. 그러나 이러한 사실로부터 성인이나 살인자가 그들의 주어진 환경적 불평등에 의해 만들어진다는 결론을 내릴 수 있을까? 세계인권선언은 인간의 평등성을 강조하며 법 앞에서 인간은 동등하다는 것을 명시한다. 그러나 현실적으로 유전, 신체적 능력, 피부색, 용모, 성별에 따른 차별은 한 개인의 삶에서 무시할 수 없는 부분을 차지하며 자연적 불평등이 사회적 불평등으로 전환되는 경우도 다반사이다. 만약 선천적으로 강한 신체와 저항력, 미모, 영리한 머리를 지녔다면 그는 세상의 생존경쟁에서 살아남을 가능성이 높음을 우리는 부인할 수 없다.

어떤 나라에서 태어났는지 어떤 부모를 두었는지도 사회적 불평등을 형성하는 데 중요한 요소가 된다. 상습제도는 여전히 유지되고 있고 인맥이나 계급에 따른 불평등은 한 개인이 자신의 계급에서 벗어날 수 없게 만드는 결정적 요인이 되고 있다. 아무리 노력을 하고 재능이 있다 하더라도 그가 속한 계급이 성공의 조건을 제공해 주지 못할 경우 개인의 성공은 보장될 수 없다. 인도의 카스트제도가 보여주듯이 어떤 사람은 태어날 때부터 정신적·물질적으로 윤택한 인생, 적어도 행복하게 될 가능성이 많은 삶을 제공받고 어떤 사람은 척박하고 어려운 삶을 선고받는다. 이러한 선천저 불평등에 대해 비판적인 공산주의 사회에서도 상속제도와 계급제도는 유지되고 있으며 자본주의 사회에서는 좀더 노골적인 형태로 계급간 불평등이 표출되고 있다.

인종주의자들이나 우익보수주의자들은 이러한 선천적 불평등에 기초하여 사회적 불평등을 정당화했다. 이들은 생물학적 결정론에 의거하여 인종주의, 남녀불평등을 정당화하고 가난한 자와 부자의 차이는 자연적 질서에 따른 것이니 그대로 받아들여야 한다고 주장하기까지 했다. 알렉시스 카렐(Alexis Carrel)은 무산자의 열등한 상황은 그들 자신의 육체와 정신의 유전적인 결함 때문이라고 평했다. "이 세상에는 불행한 사람들이 늘 있는 법이니 그들을 도와줄 필요는 없다고 판단했습니다. 자연이 그걸 원하고 있으니까요. 자연이 무질서를 원했다면 균형을 잡으려고 시도한다는 것은 자연의 법칙을 어기는 일이지 않겠는가라고 생각했던 것이지요." 사드(F. Sade) 역시 냉소적인 입장에서 자연적 불평등을 강조했다. "불행에 대해 고작 해줄 수 있는 위안이란 자연의 질서에 어긋나는 짓을 저지르는 것뿐이오. 자연의 우리들 인간에 대한 불평등은 바로 자연이 이러한 부조화를 좋아한다는 걸 증명해 주고 있지. 자연이 불평등을 만들어냈다는 건 사람과 마찬가지로 재산에서도 차별이 이루어지길 원한다는 말이지."

우익보수주의와 밀접한 관계를 맺고 있는 생물학적 결정론은 인간의 성격이 유전자에 의해 정해진다는 입장을 취한다. 이러한 관점에 따르면 남자와 여자, 흑인과 백인은 생물학적 특성이 다른 만큼 그 사회적 역할도 다를 수밖에 없다. 생물학적 결정론의 한 형태인 우생학은 선천적인 우열이 존재한다는 가정하에서 창시된 학문이다. 이 학문은 "열등분자의 증식을 억제하라"는 모토 아래 우수한 능력을 지닌 인구의 증가를 장려하고 열등한 능력을 지닌 인구의 증가를 막는 것을 목적으로 한다. 우생학자들은 보다 우수한 인종을 만들기 위해 정신병, 유전성 기형, 혈우병 등의 환자나 범죄자를 강제 또는 임의 단종시키는 우생법안을 제안했다. 특히 나치 집권 당시 독일에서 시행되었던 극단적인 우생정책은 인권침해의 대표적인 예로 많은 윤리적 지탄을 받았음은 물론이다.

이들의 연구는 사회적 능력은 유전에 의해서 결정된다는 논리로부터 출발한다. 우생학이 발전하였던 19세기 후반에 인종주의는 상식으로 통하였고, 모든 유색인종은 물론 소수 백인 엘리트를 제외한 대부분의 군중은 추상적 사고를 할 줄 모르며 남의 지도 없이는 올바른 선택도 행동도 할 줄 모르는 '동물적 군중'으로 치부되었다. 당시 우생학자들이 제기한 문제는 열등한 대중들이 우수한 사람들보다 더 빨리 증가한다는 것인데, 이에 대한 개선책으로 그들은 '염치없이 번식만을 일삼는 유전적 열등분자들을 국가의 적으로 선포하고 무자비하게 다루어야' 하며, '유전적으로 우등한 극소수'는 '국가적 지원대상'으로 인정하여 그들의 통혼을 장려하고 그들이 지도자로 부상하게끔 도와주어야 한다는 이론을 내놓았다. 물론 오늘날 우생학이나 인종주의는 더 이상 통용되지 않는다. 누가 이와 유사한 발언을 한다면 그는 사회적 지탄을 면할 수 없을 것이다. 그러니 각 사회는 여전히 인종주의의 문제를 안고 있으며 출신환경에 따른 불평등도 줄어들 기미를 보이지 않고 있다.

자본주의 사회는 기회의 균등과 공정한 분배를 모토로 내걸고 있지만 선천적인 능력의 차이에 대해서는 어떠한 해결책도 제시하지 않는다. 자본주의 논리를 따른다면 강자가 힘을 갖는 것은 타당한 일이다. 자본주의 사회에서 각 개인은 자신의 능력에 따라 아무것에도 구애받지 않고 능력을 펼칠 것을 종용받는다. 자본주의 이데올로기는 경쟁에서 승리하는 자는 부와 명예를 얻을 것이고, 경쟁에서 도태한 약자는 스스로의 패배를 인정하고 또 다른 경쟁에 도전해야 한다고 독려한다. 그러나 이런 무한경쟁 제도는 인위적 불평등을 없애는 대신 결과적으로 자연적 불평등에서 나오는 잔혹성을 극대화하는 결과를 낳지 않을까? 정치적·법적 규제에 의해 인종적·계급적 차별은 상대적으로 완화되었지만 경제적 원리에 따른 약육강식의 논리는 더욱 강화되고 있지 않은가? 또한 우리는 자본주의와 민주주의의 근간이 되는 자유와 평등의 원칙이 그 이념적 보편성과는 달리 특정 계급의 이익을 옹호하고 있지는 않은지 주시할 필요가 있다. 과거 귀족계급이 신분과 계층의 불평등을 이유로 자신들의 권리만을 추구했다면, 현대사회의 권력층인 부르주아 계급은 약자를 보호할 수 있는 세금제도나 사회보장제도에 호의적이지 않다. 즉, 신분적 제약의 폐지를 통해 힘을 얻게 된 이 새로운 권력층은 경영에 있어 어떤 예외도 인정하지 않고 누구도 피할 수 없는 강력한 경쟁원리에 따라 무제한적인 경쟁과 영리활동을 시도하고 있다.

결과적으로 자본주의 사회에서는 과거에 볼 수 없었던 심각한 불평등이 생겨나고 있으나 인위적 불평등이 더 이상 존재하지 않는다는 이유로 경쟁에서 도태한 이들은 세상의 불의를 비난할 권리도 갖지 못한 채 사회 주변부로 밀려나고 있다. 이처럼 평등을 기초로 한 민주주의 사회에서도 불평등을 종식시킬 수 없다면 사회적 불평

자본주의 사회에서 부자는 빈자를 경멸하고 빈자는 부자를 시기한다. 생존의 욕구 이상으로 강한 명예와 지배의 욕구를 과연 윤리적 당위성에 의해 해결할 수 있을까?

등에 대한 이상은 포기해야 할 유토피아적 이념에 불과한 것이 아닐까? 계급의 불평등이 사라진 자리에 들어선 힘의 불평등은 정글의 논리에 따라 약자의 보호받을 권리를 부정하고 폭력을 정당화하고 있지 않은지에 대해 우리는 자문할 필요가 있다.

권력에의 의지, 질투와 멸시, 나르시시즘의 욕구 등은 인간이 타인과의 관계에서 경험하게 되는 인간의 본성인지도 모른다. 남보다 우수하다는 평가를 듣기 위해 우리는 인생 전체를 경쟁에 투자하기도 한다. 만약 차이가 불평등의 원인이 되지 않고 그 자체로 존중받는다면 인간은 그토록 염원하던 평등과 평화의 시대를 맞이하게 될 것이다. 그러나 생존의 욕구 이상으로 강한 명예와 지배의 욕구를 과연 윤리적 당위성에 의해 해결할 수 있을까?

자연적 불평등을 극복하기 위한 노력

사회적 불평등이 선천적인 원인을 갖고 있다면 우리는 그것을 피할 수도 극복할 수도 없다는 비관적인 결론에 이르게 된다. 그러나 문화사회학자들과 상대주의자들은 개인은 선천적 유전보다는 문화적 특성에 의해 더 많이 규정된다고 주장한다. 이들의 분석에 따르면 미국사회에서 유태인들 가운데 전문가와 연구인이 많은 것은 학문을 강조하는 유태인의 문화적 전통 때문이다. 마찬가지로 돈을 중시하는 가정에서는 사업가가, 예술을 우선시하는 가정에서는 예술가가 나오게 마련이다. 즉, 환경의 중요성을 부각시킬 경우, 사회적으로 열등하다고 간주되는 이들도 좀더 나은 환경을 제공받았더라면 현재보다 우수한 사람이 되었을 것이라는 추측을 할 수 있다.

사회적 불평등이란 말 그대로 사회의 탄생, 인위적 공동체인 국가의 성립과 함께 발생한 것이며 자연상태에서 불평등은 존재하지 않았다고 루소는 《사회계약론》에서 주장했다. 평등의 이상을 신임했던 그는 홉스와 달리 자연상태를 평화로운 상태로 규정했다. 자연 속에서 인간들은 풍부한 자원을 지니고 있었기에 서로 투쟁할 필요도 없었으며, 공동체적 규제나 사유재산도 없었기에 자유와 평등을 유지했다는 것이 그의 주장이다. 루소는 이러한 자연상태를 해체시키고 사회적 불평등을 확산시킨 것은 분업과 소유에의 욕구라고 설명한다. 일단 소유에의 욕구가 발생하면 소유자는 자신의 욕구를 충족시키기 위해 우선적으로 자연을 지배하고, 이어 다른 인간들을 지배하게 된다. 이렇게 해서 국가가 건설되고 인간은 자연스레 사회적 불평등과 폭력의 상태에 빠지게 된다는 것이다. 루소는 이러한 병폐를 치료하는 방법은 원시적 자연상태로의 복귀가 아니라 합법적 사회계약을 토대로 한 평등과 도덕적 자유라고 생각했으며 일반의지를 실현함으로써 공동체 구성원 모두는 평등한 위치에 놓이게 될 것이라고 생각했다.

이 같은 루소의 평등론은 프랑스혁명에 지대한 영향을 끼치게 된다. 귀족주의와 봉건주의의 종말을 선언한 프랑스혁명은 만인은 평등하다는 기독교적 이상의 세속적 표현일 수도 있다. 인권선언은 모든 인간이 동등한 권리를 지닌다고 말한다. 여기서 주의할 것은 인간이 현실적으로 동등한 능력을 지녔다는 것이 아니라 존엄성의 측면에서 그 모든 차이에도 불구하고 동등한 대우를 받아야 한다는 당위적 존재라는 것이다. 인권선언의 주장을 따른다면 더 이상 사회적 불평등을 자연적 불평등을 이유로 정당화할 수 없다. 루소적 관점에서 볼 때 무산계급이 가난한 이유는 그들이 선천적으로 게으르거나 열등한 유전자를 지녔기 때문이 아니라 오직 불공평한 사람들이 그들의 타고난 권리를 빼앗았기 때문이다. 따라서 그러한 착취를 방지하고 모든 사람을 행복하게 만들도록 애쓰는 것이 정부가 수행해야 할 과제라고 루소는 명시했다. 그러나 공산주의 국가에서 행해졌던 절대평등주의가 모든 차이성을 무시하고 추상적·획일적 인간성만을 허용하는 문제점을 야기했던 것을 상기해 보자. 평등과 자유의 문제를 어떻게 조화롭게 해결할 수 있을까?

민주주의는 자유와 평등을 동시에 추구하기에 자연적 불평등과 사회적 불평등의 연계고리를 끊고 기회의 평등을 최대한 실현하려고 노력한다. 과거 귀족사회에서 선거권이나 교육을 받을 권리는 극히 소수의 계층에 한정되었다. 그러나 오늘날 평등의 시작이라 할 교육받을 권리와 선거권은 민주국가의 모든 사람에게 부여되며 이는 모든 시민은 동일한 권리와 의무를 지니고 있다는 사실을 시사한다. 한때 미국에선 "검은 것이 아름답다"는 슬로건 아래 흑인 공동체의 특수성을 자랑스럽게 여기며 흑인끼리 뭉칠 것을 강조하는 운동이 있었다. 그러나 이 경우 흑인들은 자신이 백인과 동등하게 어울려야 하는 인간이라는 사실보다 집단성을 더 중시하게 되었고 이러한 중심으로부터의 자발적 일탈은 불평등의 논리를 지속시켰을 뿐이다. 즉 차이의 강조가 불평등으로 이어져서는 안 되지만 자유가 무관심이나 이탈, 배제의 의미로 해석되어서도 안 될 것이다. 민주주의는 자유와 평등을 동시에 추구하지만 이 둘을 양립시키는 것은 결코 쉬운 일이 아니다. 즉, 위에서 지적했듯이 민주주의의 이상은 현실적으로 많은 한계를 지니고 있다. 그러나 현실적인 난점에도 불구하고 선천적인 불평등을 정당화해서는 안 된다. 선천적인 불평등을 정당화하는 이론은 인간의 노력이나 자유의지의 가치를 부정하고 운명론 내지는 패배주의로 치달을 위험이 있기 때문이다.

우리는 사회적 불평등을 자연적 불평등의 결과로 보기보다는 반대로 자연적 불평등이 사회적 불평등의 결과가 아닌지 자문할 필요가 있다. 태어나면서부터 열악한 노동환경, 정서적으로 불안한 가정, 물질적 가난을 물려받았다면 아무리 뛰어난 사람이라 할지라도 그의 재능을 발전시킬 수 없다. 장시간의 노동은 노동자들로부터 기력을 앗아가 그들은 휴식이나 단순한 오락 외 다른 것에 관심을 기울일 만한 여유를 지니지 못할 것이다. 그리고 정신적이고 문화적인 삶을 향유할 여유를 갖지 못하다 보면 그들의 도덕적 자질도 지적 능력도 감소할 것이다. 아프리카 아이들 중에도 뛰어난 음감을 지닌 아이가 있겠지만 교육을 받지 못하는 한 그 재능을 펼칠 수 있는 기회는 존재하지 않을 것임이 분명하다. 이러한 사실들이 증명하듯이 자연적인 불평등이라는 것도 부당한 사회적 불평등의 결과일 수 있으며 자연적 불평등과 사회적 불평등의 필연성을 단절하고자 하는 노력 속에 인간의 가치와 위대성이 발견된다. 물론 개인의 자연적 특수성과 사회적 평등성을 동시에 보장한다는 것은 실현하기 어려운 이상일 수 있다. 그러나 이 둘 중 하나가 다른 하나를 위해 희생된다면 그 사회는 결과적으로 평등과 자유 둘 모두를 놓치게 될 것이다. 차별될 수 있는 자유와 동등하게 인정받을 평등을 동시에 추구하고자 하는 인간의 바람은 유토피아를 향한 인간의 갈망이지만 둘 사이의 균형을 찾고자 하는 노력은 계속되어야 한다.

결론

인간은 자연적 존재인 동시에 문화적 존재이며 무엇보다 이성과 의지로서 자연적 한계를 극복할 수 있는 존재이다. 그렇다면 자연으로부터 부여받은 불평등성을 사회제도를 통해 계속 유지한다는 것은 이러한 인간의 자유의지에 대한 부정과 같다. 현실적으로 인간은 자연적 불평등에 기인한 많은 제약을 받으면서 사회생활을 영위해 나간다. 그러나 인간의 근본적 평등성은 죽음, 사랑, 정의와 같은 본질적인 체험 앞에서 동등하게 나타난다. 만약 전쟁이나 감옥살이와 같은 극단적인 경험을 해본 사람이라면 근본적으로 인간은 재산, 지위, 성별, 인종을 떠나 평등하고 동일하다는 것을 알 것이다. 삶의 근본적 조건 앞에서 인간은 유사한 허약함과 염원을 지닌다. 그렇기 때문에 인간은 모든 자연적 불평등에도 불구하고 동등하게 존중받아야 하며 법 앞에서의 동등한 권리는 어떤 상황에서건 보장되어야 한다. 평등은 정의의 기본적 형태이기 때문이다.

　루소는 《인간불평등 기원론》에서 신체적 조건과 외모에 대한 관찰은 가능하지만 그 평가는 불가능하다고 말했다. 평가한다는 것은 덜 우수한 것과 더 우수한 것을 분별한다는 것인데 이러한 구분은 사회화에 따른 악이라는 것이다. 질투와 멸시는 인간의 본성이다. 그렇기에 우리는 끊임없이 자신의 우수성을 과시하고 타인을 지배하고자 하는 욕망에 사로잡힌다. 우리는 나와 다른 사람을 만나자마자 더 우수한가 덜 우수한가의 평가를 내리는 경향이 있다. 그러나 자연적으로 물려받은 다름은 차이일 뿐 객관적 우열의 비교대상이 아니므로 사회적 불평등의 원인이 되어서는 안 된다. 자연은 동물과 식물 중 어떤 것이 더 우수하다고 말하지 않는다. 자연계는 다양성 때문에 존재할 수 있는 것이며 인간 개개인도 바로 그 유일성 때문에 고귀한 것이다.

바칼로레아의 질문들

- 인간의 천성에서 부정의의 기원을 찾아야 하는가? (1989)
- 정의로운 사회도 불평등에 순응할 수 있는가? (1997)
- 모든 사람을 존중하여야 하는가? (1993)
- 차이는 곧 불평등인가? (2000)
- 정의로운 불평등이란 존재하는가? (1995)
- 자연적인 불평등에 대해 이야기하는 것이 의미가 있는가? (1994)
- 정당화될 수 있는 불평등이 있는가?
- 정의가 필요하다는 주장은 못난 사람들의 질투심만을 표현하는가?

교육 평준화, 어떻게 볼 것인가?

지나친 엘리트주의, 빈익빈 부익부 현상, 과열 입시경쟁을 막고 중학교 교육의 정상화를 유도한다는 취지에서 우리나라에선 1994년부터 고등학교 평준화 정책이 실행되고 있다. 평준화 정책을 옹호하는 이들은 평준화 정책을 포기할 경우 공교육이 붕괴될 것을 우려한다. 이들은 또한 특목고, 자립형 사립학교, 자율학교 학생 비율의 확대 방침은 교육을 시장질서에 맡기는 것이며, 결국 교육에 대한 특권적 요구를 확대하고 계급·계층간 분리의식을 노골화하여 부와 지위의 손쉬운 세습 수단을 확보하려는 것이라고 주장한다. 즉, 시장논리에서 대중을 보호하고, 교육에서만은 평등주의의 이상이 유지되어야 한다는 것이 교육 평준화 찬성자들의 의견이다. 몇몇 교육전문가들은 한정된 사회적 자원을 특정 집단이 배타적으로 독과점하는 고교등급제는 '강남 우대'로 상징되는 뒤틀린 한국사회 현대사와 필연적으로 연관되어 있음을 지적하기도 했다.

한편 평준화 해제를 주장하는 측은 평준화 정책은 교육의 하향평균화를 초래했으며, 지금의 평준화 체제로는 경쟁력 있는 공교육 체제를 가질 수 없다고 말한다. 이들에 따르면 모든 학습 성취의 결과를 인위적으로 같게 만드는 교육 평준화는 결코 민주적인 교육방법이 아니며 개인의 발전이나 국가의 경쟁력에 장애가 될 수 있다.

요컨대 고교평준화 정책이 추구했던 대중교육론적·평등주의적 이상이 자율성과 수월성을 강조하는 엘리트주의적·자유주의적 관점의 도전에 직면해 있는 것이 우리 교육의 현실이다. 자유경쟁에 기초한 비평준화교육을 통해 개인 능력의 강화를 추구할 것인지 평등 원칙에 기초한 평준화교육을 통해 균등한 기회제공의 이상을 실천할 것인지에 대해 토론해 보자.

평등하다는 것은 동일하다는 뜻인가?

수학에서 'A=B'라는 공식은 A와 B가 같다는 것을 의미한다. 그러나 이 논리가 다른 분야에도 적용될 수 있을까? 사람들 간의 평등성이 곧 그들의 동일성을 의미하는 것일까? 예를 들어 권리의 평등성에 대해 생각해 보자. 세계인권선언에는 모든 사람은 법적으로 자유롭고 평등하게 태어났다고 씌어 있지만 현실적으로 모든 사람이 같은 권리를 갖는 것은 아니다. 현실 속에서 완벽한 평등을 기대한다는 것은 유토피아적 바람에 불과할까? 존 롤스는 모든 사람에게 이익이 되지 않는 불평등만이 정의롭지 못하다고 밝힌 바 있다. 실제로 더 많이 노력하고 일한 사람이 더 많은 대가를 받는 것을 우리는 정당하다고 생각한다.

사회는 각기 다른 사람들로 구성되어 있다. 그렇다면 어디에서 그들의 공통점을 찾아야 할까? 물론 인간과 동물은 구분되며 인간은 모두 동일한 특징을 갖고 있다는 점에서 인간은 모두 동일하며 평등하다고 주장할 수 있다. 그러나 이것은 너무 추상적인 인간관이라 구체적인 현실 속에서는 효율적으로 적용되기 어렵다. 특히 여성과 남성의 차이, 인종의 차이, 서양과 동양의 차이를 생각할 때 동일성을 평등성과 같은 것으로 생각하는 것은 위험한 결과를 초래할 수도 있다. 만약 모든 여자가 남자와 평등하기 위해 여성의 특징을 버리고 남자처럼 행동하는 것을 상상해 보라. 또 다르다는 것이 불평등하다는 것을, 동일하다는 것이 평등하다는 것을 의미한다면, 무엇이 동일성의 기준이 되어야 하는지에 대한 심각한 문제가 제기될 수 있다. 그리고 이 질문은 결국 인간을 어떻게 정의하느냐 하는 문제로 이어지게 된다. 타인이 나와 다름에도 불구하고 그를 평등하게 대할 수 있는지에 대해서 생각해 보자.

사교육과 학력유전

얼마 전 사교육비 격차가 사회 불평등 구조를 굳히고 있다는 연구결과가 나왔다. 이는 부모의 학력과 소득수준, 거주지 등이 자녀의 사교육에 영향을 미치며 '학력유전(學歷遺傳)'이 나타나 교육을 통한 계층이동이 더욱 어려워지고 있다는 사실을 보여준다. 이 같은 사실이 발표됨에 따라 과외의 정당성에 대한 논의도 활발히 이루어지고 있다.

과외를 찬성하는 측은 "자기들 스스로의 시간, 수업료와 노력으로 지식이나 아이디어를 얻는 행동이 왜 죄악시되어야 하느냐"고 주장한다. 이들에 따르면 교육의 목적이 공공의 성격을 지닌 것도 사실이지만 수요자가 자신의 능력과 적성에 맞게 교육서비스를 선택할 자유가 있음을 무시해서는 안 된다는 것이다. 이에 대해 과외를 반대하는 측은 "국가는 부모의 경제적 능력에 따라 교육형태와 양식이 달라지는 부조리를 막아야 할 의무가 있음"을 강조한다. 이들은 교육이 경제·사회적 불평등의 심화를 막고 계층상승을 위한 통로의 역할을 해야 함에도 불구하고 오히려 교육이 계층의 재생산 기능을 하고 있는 것처럼 보이는 것이 오늘날의 교육현실임을 비판한다. 교육이란 사적인 것인가, 공적인 것인가? 개인의 욕망을 실현하는 것이 자본주의의 기본 원칙이라면 이에 대한 정부의 규제가 바람직한 것인지, 그런 개입을 정당화할 수 있는 근거는 무엇인지 생각해 보자.

자유와 평등은 반대되는 것인가, 서로 보완적인 것인가? (1995)

가장 당연한 것 같으면서도 어려운 것이 자유와 평등의 관계이다. 자유와 평등은 서로를 보완하면서 공존할 수 있는가, 아니면 서로 상치되는 것들인가? 자유와 평등은 민주주의 사회의 두 정치원리를 구축한다. 자유가 개인의 열망에 상응한다면 평등은 정의의 이상과 일치한다. 그러나 현실적으로 부자와 가난한 자, 강자와 약자들 간의 갈등은 끊임없이 발견되고 있으며 자본과 부의 배분에 있어 평등의 원칙은 유린되었고 자유의 존중은 무관심으로 대치되었다는 비판의 목소리가 높다. 부자들은 더 많은 자유를 원하며 국가의 간섭마저도 벗어나려고 한다. 가난한 자들은 더 많은 평등을 외치며 정보나 자본, 지식이 여전히 강자들에 의해서만 독점되고 있는 현실과 출신 신분과 자본에 의해 성공이 좌우되는 부익부 빈익빈 현상을 고발한다.

이러한 자유와 평등 간의 모순을 해결하기 위해 사람들은 기회와 조건의 평등을 제시한다. 자유경쟁을 옹호하되 최대한 많은 사람에게 동등한 조건을 제공하고 똑같은 기회를 부여함으로써 더 정당하게 능력을 발휘할 수 있도록 하겠다는 것이다. 물론 이 기회와 조건의 평등 역시 현실적으론 많은 한계를 지닌다. 그러나 자유와 평등 간의 모순은 피할 수 없는 것이기에 이 둘 사이의 균형을 맞추려 최선을 다하는 것이 시민의 몫이라 하겠다. 평등주의적 자유주의에 대해 생각해 보자.

14

무엇인가를 잘 알기 위해서는 그것을 관찰하는 것만으로 충분한가?

Baccalauréat, 1996

관찰은 사실들을 모으고 사고는 그것들을 배합하고 경험은 배합의 결과를 검증한다.

드니 디드로(Denis Diderot, 프랑스 철학자·작가)

관찰은 자연현상의 탐구이고 경험은 탐구자에 의해 변형된 현상의 탐구이다.

클로드 베르나르(Claude Bernard, 프랑스 생리학자)

만약 인류가 아이들을 직접 관찰하는 것으로 알 수 있었다면 이 책을 쓸 노력을 들일 필요가 없었을 것이다.

프로이트(Sigmund Freud, 오스트리아 정신분석학자·정신분석학의 창시자)

서론

아이는 아주 어릴 때부터 그를 둘러싼 세상을 관찰하기 시작하며, 그로부터 세상에 대한 앎을 키워나간다. 이처럼 우리의 지식이 관습이나 이론을 통해 얻은 기존의 것을 반복하는 데서 그치지 않고 관찰을 통해 새로운 것을 얻을 수 있다는 사실은 매우 고무적이며 이 사실은 교육에 있어서도 매우 중요하다. 오늘날 많은 사람들은 관찰을 앎의 시작이자 원천으로 간주하고 그 교육적 중요성을 강조한다. 철학자들과 달리 과학자들은 더 이상 하늘에 떠다니는 이데아나 추상적 관념으로 세상을 설명하지 않는다. 그들은 현실의 다양한 사물들과 움직임을 관찰함으로써 올바른 인식을 얻을 수 있다고 주장한다. 그러나 관찰만으로 앎이 획득될 수 있을까? 단순한 관찰이 과학의 기초가 되기에는 한계가 있지 않을까? 아이가 관찰을 통해 이해한 개미와 과학자가 이해하는 개미는 같은 성질의 것일까? 전문가들은 관찰은 적극적인 실험으로 바뀌어야 의미가 있으며 수동적으로 관찰하는 것만으로는 과학적 이론체계를 구축하기에 불충분하다고 말한다. 관찰 외에도 이론적 원리와 이해를 동반한 보다 체계적인 가정 설정이 필요하다는 것이다. 관찰과 이론의 상호작용이 과학적 앎의 발전에 어떤 역할을 하는지 알아보기로 하자.

일반적 관찰의 한계

하루에도 수없이 우리는 주위를 관찰한다. 떨어지는 잎, 지는 태양, 친구의 달라진 모습 등을 보며 우리는 세상의 다양성을 경험한다.

그러나 이러한 관찰은 지각적 범위에 머물기에 단편적 사실만을 내게 제공할 뿐이며 그로부터 종합적인 결론을 내릴 수는 없다. 나뭇잎이 떨어지는 것을 보며 중력의 법칙에 대해 생각하는 사람은 거의 없다. 일반적으로 관찰은 '지각하는 행위'에 국한되며 피상적인 관점만을 제공한다. 플라톤은 이미 이 문제와 관련해서 진정한 앎은 지각이나 외양으로부터 벗어난 것이라고 지적한 바 있다. 플라톤 외에도 합리주의 전통의 철학자들은 감각적 지식에 대해 비판적인 태도를 취했다. 그들에 의하면 즉각적인 관찰은 현상만을 보여줄 뿐 그 원칙, 구조 등 본질적인 것은 보여주지 않는다. 겉으로 아름다워 보이는 것이 독을 품고 있을 수도 있고, 오늘 견고하게 느껴졌던 것이 내일 무너져 내릴 수도 있다. 즉, 내가 지각하고 관찰하는 세상은 너무나 유동적이고 불안정하여 그로부터 어떤 확고한 법칙이나 규칙성이 도출될 수 없다는 것이다.

더욱이 관찰자의 감각은 이성이 아닌 감정, 신체에 결부되어 있으므로 사람마다 다를 수 있고 보편적일 수 없다. 동일한 풍경을 바라본다 해도 시험에 합격한 사람과 시험에 떨어진 사람의 반응은 상이할 것이다. 전자는 그것을 아름답게 느낄 것이고 후자는 추하게 느끼겠지만 그렇다고 해서 누구의 판단이 더 옳다고는 말할 수 없다. 또 같은 사람도 경우와 상황에 따라 다른 판단을 내릴 수 있다.

사실 모든 사람은 감각에 대해 어느 정도 경계심을 갖고 있다. 하지만 지속적으로 의심한다는 것은 불가능하기에 일상생활에선 대부분 자신의 감각을 신뢰하며 살아간다. 만약 모든 감각적 정보를 검증해야 한다면 정상적인 일상생활 자체가 불가능할 것이다. 그러나 관찰을 너무 신뢰할 경우 우리는 본능에 따라 세상을 인간중심적인 시각으로 파악할 위험이 있다. 예를 들어 일상적인 관찰에 의존한다면 나는 지구의 움직임을 볼 수도 느낄 수도 없기에 태양이 지구 주위를 돈다고 말하게 될 것이다. "해는 아침에 동쪽에서 솟아올라 낮에는 중천으로 올라가고 저녁이면 서쪽으로 진다"는 것을 우리는 매일매일의 경험을 토대로 믿었지만 학교에 다니면서부터 해가 움직이는 것이 아니라 우리에게 그렇게 보일 뿐이라는 것을 알게 된다. 말하자면 우리는 보이는 것 그대로를 믿는 경향이 있지만 나이가 들어감에 따라 감각과 관찰이 우리를 속일 수 있다는 사실을 점차 깨닫기 시작한다.

그렇다면 관찰을 통해 보편적 진리, 이론을 도출하려는 것은 너무 무리한 요구가 아닐까? 경험과 관찰이 모든 과학적 지식의 출발점임은 분명하다. 그러나 지각적 관찰을 전적으로 신뢰할 수 없는 것은 그것들이 수많은 예외를 허용하기 때문이다. 우리의 감각은 수없이 우리를 속인다. 가령 물 속에 넣은 막대기가 굽어 보이는 착시현상, 주변의 빛깔에 따라 달라지는 지각현상, 신기루 같은 착각현상들은 우리의 감각적 관찰만으로 확고한 인식을 갖는 것이 얼마나 어려운지를 잘 보여준다. 그렇다면 관찰을 통해 이론을 추출하기보다는 관찰이 전해 주는 지식을 우선 의심해 보아야 옳다.

관찰은 항상 착각의 가능성을 내포하며 관찰에 관찰자의 주관성이 첨가될 경우 관찰은 오류에서 벗어나기 힘들다. 과학의 객관성을 강조한 실증주의자 오귀스트 콩트(Auguste Comte)는 지식의 객관성을 유지하기 위해서는 대상과 감정적인 거리를 유지해야 한다

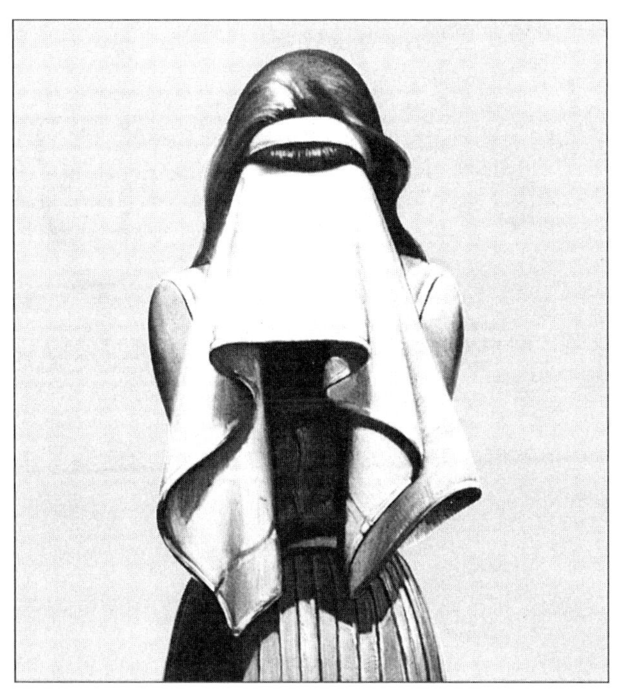

웨인 티보드(Wayne Thiebaud)의 〈Towelling off〉.
"나는 내가 보는 것을 믿는다"라는 성 토머스의 유명한 말처럼 일반적으로 우리는 우리가 지각하는 것이 실제로 존재한다고 믿는 경향이 있다. 그러나 우리의 감각은 수없이 우리를 속이며, 주관적 관찰은 착각과 오류를 피할 수 없다.

고 주장했다. 콩트에 의하면 관찰자가 관찰대상에 도취될수록 그것에 대한 객관적이고 실질적인 질문을 던지기가 힘들어지므로 관찰자와 관찰대상 간의 거리유지는 반드시 필요하다. 예를 들어 나비 날개를 관찰할 때 그 화려한 색채에 매혹된다면 나는 감탄에 겨워 그러한 다양성을 산출토록 한 궁극적 존재에 대한 질문, 예를 들어 "이토록 아름다운 자연을 만든 신이란 존재하는가?" 등 실험과 동떨어진 질문을 하게 될 것이다. 즉, 이러한 상황에서 좀더 냉정하게 구체적이고 실질적인 질문을 던지지 않는다면(가령 나비 날개의 기능, 형태, 방어, 장식성에 대한 질문) 나는 나비에 관한 어떤 실질적이고 새로운 앎도 구축하지 못할 것이다.

바슐라르는 당연하다고 느껴지는 첫 번째 느낌이야말로 근본적인 인식의 장애라고 밝힌 바 있다. 당연하거나 필연적이라고 느끼게 하는 관찰의 직감을 경계해야 한다는 것이다. 요컨대 과학자는 즉각적으로 얻을 수 있는 지각적 관찰과 어느 정도 거리를 두거나 너무 보이는 그대로 해석하지 않음으로써만이 진정한 앎에 이를 수 있다.

관찰의 이론의존성

일반적으로 우리는 과학자란 사실을 관찰·수집하며, 그 사실로부터 일반적인 가설을 이끌어내는 사람이라고 생각한다. 아리스토텔레스도 자연은 인간의 이성적 능력 앞에서 스스로 그 모습을 드러낼 것이므로 인간 이성의 과제는 관찰이 제공하는 자료들을 잘 분류하고 정리하는 것이라고 말한 바 있다. 그러나 과학적 탐구는 결코 이렇게 단순하지 않다는 것이 현대 과학철학자들의 주장이다. 우선 세상에는 너무 많은 사실들이 있는 반면 과학자의 관찰능력에는 한계가 있으므로 과학자는 특정 사실만을 관찰대상으로 선정할 수밖에 없다. 그런데 바로 이 연구대상을 결정하는 것 자체에 과학자의 주관이 반영된다.

과학사적으로 볼 때 있는 그대로의 사실과 현상을 관찰하던 습관은 갈릴레이부터 귀납적 사고로 대치된다. 단순한 관찰을 통해 현상의 원칙을 파악하는 것은 불가능하며 오히려 잘못된 앎을 초래할 수 있다는 것을 과학자들이 깨달았기 때문이다. 칸트가《순수이성비판》에서 밝혔듯이 귀납법은 수동적으로 자연의 법칙이 드러나는 것을 기다리지 않고 적극적으로 자연에 질문을 던지는 인간 정신에 의해 특징지어진다. 아리스토텔레스의 방법론을 비판하고 귀납주의를 구축한 베이컨은 합리주의를 자신의 몸에서 거미줄을 뽑아내는 거미에 비유하고, 단순한 경험주의를 재료를 그냥 모으기만 할 뿐 그것들이 갖고 있는 질서를 발견해 내지 못하는 개미에 비유했다. 그리고 재료를 모아 소화하고 그것에 자신의 것을 첨가시켜 새로운 고차적인 산물을 창조하는 것을 꿀벌의 작업으로 간주했다. 경험은 과거와 현재에 대한 정보를 제공하는 반면 이성은 미래를 예측하게 한다. 즉, 거미줄로 비유되는 이성으로 개미가 모이놓은 재료를 새로이 투사할 때 우리는 건설적인 과학적 추리를 할 수 있다.

실제로 더 많이 의심하고 관찰의 정확성을 높이고 관찰대상의 수를 늘린다고 해서 그 관찰이 더 우수해지는 것은 아니다. 알랭은 "사실을 파악하려면 지식이 있어야 한다"고 보았고, 클로드 베르나르(Claude Bernard)는 관찰은 실험적 추론이라고 말했다. 말하자면 관찰은 이미 확립된 앎을 갖고 있는 상태에서 시행되었을 때 그 성과가 있다는 것이다. 과학적 교육을 받지 못한 사람은 과학자가 관찰하고자 하는 대상 자체가 무엇인지도 알 수가 없다. 사과가 자신의 머리 위로 떨어지는 경험을 반복한다 해도 일반인은 결코 뉴턴의 중력의 법칙을 생각해 내지 못할 것이다. 요컨대 과학적 발견에 있어 본질적인 역할을 하는 것은 직관이다. 여기서 직관이라 함은 초자연적이고 본능적인 능력을 지칭하지 않는다. 과학적으로 의미 있는 직관은 당면한 문제에 대한 오랜 기간 동안의 숙고와 지식의 축적 속에서 야기되는 것이다.

찰머스(A. F. Chalmers)는 과학적 지식에 대해 다음과 같이 설명한다. "과학적 지식은 입증된 지식이다. 과학이론은 관찰과 실험을 통해 얻어진 경험적 사실에서 엄격한 방법을 통해서 이끌어내어진다. 우리가 볼 수 있고 들을 수 있고 만질 수 있는 것 등은 과학의 기초가 된다. 과학에는 개인적인 의견이나 선호, 사변적인 상상이 개입될 여지가 없다. 과학은 객관적이다. 과학적 지식은 객관적으로 증명된 지식이기 때문에 믿을 수 있는 지식이다." 그러나 "과학이 관찰과 더불어 시작된다"고 믿는 소박한 귀납주의에 반대하는 현대 과학철학자들은 관찰 자체가 주관적 속성을 지닌다고 주장한다. 왜냐하면 관찰자들은 동일한 것을 볼지라도 각자가 가지고 있는 지식, 신념, 기대감, 가치관 등에 따라 서로 다른 방식으로 실험을 진행할 수 있기 때문이다. 클로드 베르나르는 관찰이란 이미 학문적 의미를 띠고 있으며 일반인의 관찰과는 구별된다고 설명했다. 학문적 관찰이란 문제점이 무엇인지를 가려내고 특정한 현상을 부각시킬 수 있는 관찰로서 일반인들이 단순히 호기심으로 사물에 접근하는 것과는 다르다. 우리가 관찰하는 현상 자체는 어떤 의견도 제시하지 않는다. 그것들은 그 자리에 그대로 있을 뿐이다. 그 현상들로 하여금 그들의 비밀을 고백하라고 강요하는 것이 바로 과학자의 역할이다. 자연의 비밀을 듣기 위해 과학자는 올바른 이성적 추론을 통해 자연에 좋은 질문을 던져야 한다. 실제로 좋은 관찰이란 가정, 즉 선행된 설명을 유발할 수 있는 관찰을 의미한다. 그리고 그것은 현상에 포함된 요인에 대한 분석작업을 동반한다. 현상의 원인은 대부분 숨겨져 있기 때문에 그 원인을 우리는 추정과 상상으로 구성할 수밖에 없다. 클로드 베르나르는 실험과학에 있어 가설의 중요성을 언급하면서, 가설은 "자연현상들을 앞서, 또한 합리적으로 해석하는 것"이라고 정의한 바 있다.

가설은 사실에서 도출되는 것이 아니라 과학자가 사실들의 집단을 해석하기 위해 상상해 낸 한 해석이다. 그러므로 관찰과 실험에 앞서 존재하는 가설-이론적 앎은 객관적일 수 없다는 한계를 지닌다. 관찰은 관찰자가 믿고 있는, 또는 믿고 싶어하는 이론을 전제로 한다. 과학적 관찰은 이미 그 시작부터 중립적이지 않으며 관찰자의 경험이나 지식, 기대로부터 영향을 받는다는 것이다. 이러한 사실을 근거로 상대주의자들은 과학은 관찰, 실험으로부터 출발하지 않으며 오히려 이론이 관찰, 실험을 유도한다고 평했다. 그리고 주관적 추론에 의거하기에 관찰과 과학이론 역시 절대적인 진리이기 어렵다는 결론을 이끌어냈다. 그들에 따르면 과학자는 대부분 시대의 패러다임에 일치하는 가정을 세우고 관찰을 행하며 그로부터 예상 가능한 결론을 도출해 낸다. 그렇다면 과학적 진리 역시 문화적·사회적 상황과 시대에 따라 변할 수밖에 없다.

요컨대 관찰 역시 앎의 한 과정인 것은 분명하나 관찰만으로 앎에 이를 수는 없다는 주장은 상당한 설득력을 지닌다. 사실 귀납추리가 말하는 '다양한' 상황과 '충분히 많은' 관찰의 필요성은 대단히 모호하다. 관찰은 모든 것을 대상으로 할 수 없기에 어떤 보편적 진리도 지지할 수 없다는 한계를 지닌다. 만약 천 마리의 흰 백조를 보았다고 해서 그러한 관찰로부터 '모든 백조는 흰색이다'라는 진리를 도출해 낼 수는 없다. 우리는 세상의 모든 백조를 관찰할 수 없는 경험적 한계를 지니기 때문이다. 마찬가지로 우리는 태양이 아침마다 떠오르는 것을 보지만 지금까지 그것을 계속 보아왔다는 것만으로 '내일도 태양이 떠오를 것'이라는 사실을 확신할 수 없다. 현대과학으로 예측할 수 없는 돌발적인 우주 변화나, 오늘 핵폭탄이 터져 지구가 멸망할 수도 있으리라는 가정을 배제할 수 없기 때문이다. 흄은 이를 귀납추리의 근본적인 한계라고 말했다.

관찰언명은 제한된 수의 관찰결과에 불과한데 보편언명은 무한 수에 대한 언급이다. 이럴 경우, 관찰의 수를 아무리 늘린다고 하더라도 절대적 확신에 도달할 수는 없다. 모든 관념과 판단이 경험에서 출발한다고 본 경험론자들은 현상 A와 현상 B 사이의 인과적 관계에 대한 확신은 분명하지 않다는 사실을 인지하게 되어 결국 회의주의에 이르게 된다. 이런 과학적 회의주의는 구체적 관찰은 보편적 이론을 확률적으로 지지해 줄 수 없다는 사실에 근거한다. 앎이란 보편적이어야 하는데 단편적·일상적 관찰을 통해 보편법칙을 이끌어내는 것은 불가능하기 때문이다.

반증

수집적 관찰의 한계를 직시한 포퍼는 과학이론은 다수의 증거에 의해 확증되는 것이 아니라, 반증 가능한 가설을 통해 구성된다고 주장했다. 포퍼의 반증 가능성에 따르면 과학의 경험적 탐구는 가설을 확증하기 위한 것이 아니라 가설을 제거하기 위한 것이다. 제거되지 않은 가설만이 잠정적으로 확정(corrobortion)된 것으로 간주된다. 포퍼는 반증실험을 많이 견뎌낼수록 믿을 수 있는 이론이 되며 "한 이론의 과학적 자격의 기준은 그 이론의 반증 가능성, 반박 가능성, 테스트 가능성이다"라고 말했다. 말하자면 어떤 이론의 거짓을 경험적으로 반증할 수 있는 방법이 있을 경우 그 이론은 과학이론으로 증명된다. 반면에 경험적 반증이 불가능한 이론은 사이비 과학일 뿐 과학이 아니다. 예를 들어 "명왕성에 생명체가 있다"라는 과학적 가설은 과학적이다. 왜냐하면 이 가설은 명왕성을 탐사함으로써 그 주장이 거짓임을 경험적으로 입증할 수 있기 때문이다. 또 "모든 물체는 열을 받으면 팽창한다"거나 "폭력물을 시청한 청소년은 폭력행위를 저지른다"와 같은 명제 역시 반증이 가능하다. 그러나 누군가 유령이 존재한다고 주장한다면, 그에 대해서는 관찰을 통한 반증을 제공할 수 없으므로 그 주장은 비과학적인 지식에 속한다. 마찬가지로 마르크스의 역사이론은 과학을 자처하지만 과학이 아니다. 그도 그럴 것이 마르크스의 이론은 그것이 거짓으로 판명될 수 있는 가능성, 그러니까 반증될 수 있는 가능성을 지닌 이론이 아니기 때문이다. 포퍼에 따르면, 마르크스의 과거에 대한 설명은 훌륭한 편이나 그가 역사발전 과정으로 파악한 자본주의 사회에서 공산주의 사회로의 이행은 과학적인 법칙이 아니라 예언에 가깝다. 오히려 공산주의 국가들은 세력을 잃고 있으며 프롤레타리아트 혁명이나 자체 모순에 의해 붕괴된 자본주의 국가는 지금까지 없다는 사실로 마르크스의 이론을 반증하려 해도 마르크스주의자들은 현재 상황은 여전히 과정일 뿐이라고 변론할 것이며, 자기들의 이론을 끊임없이 수정함으로써 반증의 기회를 막을 것이다. 이처럼 마르크스가 제시한 미래의 공산주의의 궁극적 승리에 대한 명제는 종교적 신념과 같아 현실적으로 평가할 수 없으므로 명제의 참, 거짓을 가릴 수 없다.

반증주의에 따르면 과학적 이론은 잠정적일 뿐 결코 절대적 진리를 확보할 수 없다. 관찰대상은 무한하고 과학적 관찰은 과학자의 주관과 선택을 배제할 수 없으므로 가설은 반증될 수 있을 뿐 결정적으로 검증되거나 확증될 수 없기 때문이다. 그러므로 과학자들이 해야 할 일은 보편법칙의 발견이나 참된 과학이론의 구성이 아니라, 가설을 반증하려고 계속 시도하는 것이다. 즉, 무엇인가를 알기 위해선 가설을 세우고 관찰하는 것에서 그치지 않고 반증을 통해 잠정적 진리들을 개선해 나가는 것이 중요하다.

결론

과학적 관찰은 일반적인 관찰과 달리 현상을 수동적으로 받아들이지 않고 현상과 사물을 특정 관점에 의해 적극적으로 질문한다는 특징을 지닌다. 즉, 관찰만으로 앎에 이를 수는 없으며 이론적 선입관 없이는 관찰할 만한 대상조차도 결정할 수 없다. 앎의 시초와 결론 부분에 필요한 것은 이론적 개념이다. 이론으로부터 과학자는 질문을 형성하고 관찰을 검증할 수 있다. 그렇다면 관찰은 앎의 한 구성요소라고 말할 수 있다. 앎은 실험적 요소와 이론적 관점 사이를 왕복하는 가운데 형성된다. 아무리 과학이 구체적 관찰과 경험을 중시하더라도 이론적 관점을 배제하고서는 앎에 이를 수 없다. 개별적인 관찰에 의해 일반원리를 발견하는 귀납의 과정과 일반원리에서부터 출발하여 더 근본적인 원리를 이끌어내는 연역의 과정, 그리고 이론이 비판되고 반증되는 과정, 이 모두가 중요시될 때, 즉 현상을 단지 있는 그대로만 이해하지 않고 이들을 하나로 묶을 수 있는 통합적 이론의 틀 속에서 적극적인 실험에 의해 평가할 때 우리는 보다 건설적인 결과에 이를 수 있다. 과학적 지식이란 경험에 의해 촉발되고 이성의 합리적 상상력에 의해 투사되고 이로부터 다시 경험이 유발되며 반증에 의해 검증되는 순환과정을 통해 발전한다.

바칼로레아의 질문들

- 감각을 믿을 수 있는가? (1998)
- 무엇인가를 지각할 때 그것이 꿈인지 아닌지 어떻게 알 수 있는가? (1990)
- 이론 없는 실험이 존재하는가?

내일도 태양은 뜰 것인가?

흄은 "어제 태양이 동쪽에서 떴고 오늘 해가 또다시 동쪽에서 떴다고 하더라도 내일 태양이 동쪽에서 뜨라는 법은 없다"는 이론을 전개했다. 그에 따르면 경험의 반복은 현상들 간의 인과관계가 있다는 것을 보여주지만 그렇다고 해서 반복 경험만으로 실재에 대한 확신을 가질 수는 없다. 왜냐하면 우리가 세상에 존재하는 모든 것을 보고 경험할 수는 없기 때문이다. 우리는 주어진 경험을 토대로 다만 그렇게 믿을 뿐이다. 그러나 우리가 가장 객관적이라고 말하는 과학적 앎 역시 우리의 믿음에 근거하고 있다는 이 회의주의적 결론을 받아들일 수 있을까?

이러한 흄의 주장을 극복하고자 칸트는 인과 개념은 경험에서 도출될 수 없는 선험적인 것임을 강조했다. 칸트에 따르면 우리 인간에게는 누구에게나 보편적으로 타고나는 일종의 범주형식이 있는데 그것이 바로 시간과 공간이며 시간과 공간의 법칙인 과학은 '보편성' 나아가서는 '절대성'을 지닌다는 것이다. 우리의 판단을 결정하는 것은 경험에 의거한 확률이 높은 믿음인가, 아니면 보편적이고 선험적인 이성인가에 대해 생각해 보자.

우리가 지각하는 것은 실제로 존재하는가?

"나는 내가 보는 것을 믿는다"라는 성 토머스의 유명한 말처럼 일반적으로 우리는 우리가 지각하는 것이 실제로 존재한다고 믿는 경향이 있다. 사슴이 지나가는 것을 보고 "내가 보는 것이 과연 진짜 사슴일까?"라고 의심하는 경우는 매우 드물다. 그런데 성 토머스의 말에서 우리가 관심을 기울여야 할 것은 그가 "나는 믿는다"라고 했지 "나는 안다" 혹은 "그것은 사실이다"라고 말하지 않았다는 점이다. 실제로 우리는 지각에 의한 환상을 많이 경험하며 우리가 지각하는 것이 현실이 아닐 수 있다는 것을 잘 알고 있다. 전통적으로 철학자들은 모두 지각을 의심했으며 어떤 사물에 대한 보편적 앎을 얻기 위해서는 지각이 아닌 이성에 의거할 것을 충고하였다.

지각에 의해 속임을 당하는 이유는 감각기관 때문이다. 시각이나 청각에 의해 지각된 세상은 부분과 외양밖에 보여주지 않기에 우리는 그릇된 판단을 내릴 수 있다. 예를 들어 빨간빛과 녹색을 적당한 비례로 혼합한 빛이 노란색으로 보이는 사실〔混色〕등도 이러한 종류의 착각의 예이다. 그러나 아무리 이런 사실을 알고 있다고 해도 일상생활에서 지각을 항상 의심한다는 것은 불가능하다. 만약 승차하기 전 버스의 번호를 수없이 검토하고, 만나는 사람들의 정체성을 항상 의심한다면 어떻게 정상적인 삶을 영위할 수 있겠는가? 일상 속에서 우리는 확률에 따라 행동하고 지각을 신임한다. 그러나 과학실험을 할 때에는 보다 강도 깊게 의문을 제기하는 것이 타당하다. 요컨대 지각의 활용과 수용 정도는 상황에 따라 달라진다는 것을 강조할 필요가 있다. 어떤 경우에 감각기관에 의한 착각이 벌어지는지 생각해 보자.

15

인권과 국익 중 무엇을 더 선호해야 하는가?

Baccalauréat, 1993

인류애는 부드러움, 공정, 중용, 자애, 관용과 같은 많은 덕을 선사한다.
그러나 용기와 확고함 등을 불러일으키지는 못하며 그들을 영웅성에까지
끌어올리는 조국애로부터 받는 에너지를 절대로 그들에게 주지 못한다.
루소(Jean-Jacques Rousseau, 스위스 태생의 프랑스 사상가·소설가)

국가는 자살에 의하지 않고는 결코 쇠망하지 않는다.
에머슨(Ralph Waldo Emerson, 미국 철학사·시인)

우리의 조국이란 우리의 마음이 묶여 있는 곳이다.
볼테르(Voltaire, 프랑스 작가·사상가)

서론

국가의 이익을 위해 비윤리적인 일을 감행할 수 있는가 하는 문제는 윤리와 정치, 이상과 현실 간의 갈등과 관계하기에 매우 난해한 문제 중의 하나다. 국가는 윤리적 이상을 실현해야 하는가? 아니면 세속적 이익을 우선적으로 고려해야 하는가? 플라톤이나 아리스토텔레스와 같은 고대 그리스 철학자들은 윤리가 결여된 정치는 상상할 수 없는 것으로 평가하였다. 부정한 법에 의해 소크라테스가 사형된 것에 충격을 받은 플라톤은 철학자가 왕이 되어야 한다고 말하기도 했다. 이처럼 정치는 윤리의 연장이어야 한다는 것이 많은 철학자들의 입장이다. 그러나 주도권을 갖기 위해 권력투쟁이 끊이지 않는 국제정치계에서 도덕적 양심을 요구하기에 정치와 윤리는 너무나 상반된 요소를 지니고 있다. 국가란 무엇보다 국민의 물리적 안정과 이익을 도모해야 하고 결과가 방법을 정당화한다면 타국가를 침략하기도 하는 현실적이고 실용적인 기구이다. 그렇다고 해도 애국심이란 명목으로 타국가의 평화, 인류에 대한 약속, 도덕을 무시하고 자국민의 이익만을 추구할 수 있는가?

애국심

루소는 《사회계약론》에서 "일반의지에 복종하기를 거절하는 사람은 누구라도 국가기구에 의해 제재를 받아야 한다"고 말했다. 그의 국가론에 따르면 사회계약상 국가는 모든 성원들의 이익을 추구해야 하기에 국가를 위한 일은 시민들 자신에게도 유리하다. 즉, 자신의 이익을 위해 시민은 국가에 충성하고 복종함을 당연하게 생각해야 한다는 것이다. 우선 단체에 속해 있는 개인은 그가 갖고 있는 일체의 권리를 전체 공동체에 전적으로 양도하여야 한다. 왜냐하면 개개인이 모두 자기를 양도한다면 모든 사람의 조건은 평등하게 될 것이고, 모든 사람의 조건이 평등해진다면 결국 공동의 이익이 자신의 이익이 될 것이기 때문이다. 이처럼 국가 없이 실질적인 개인의 자유란 보장될 수 없기 때문에 국가를 사랑하는 것은 곧 개인의 자유를 존중하는 것과 같다고 루소는 강조한다.

아리스토텔레스는 "명예로운 행동에 가담하는 자만이 진정한 시민이다"라고 《정치학》에서 밝힌 바 있다. 공동선에 적극적으로 참여하지 않고 국가를 위해 자신의 생명을 바치지 못하는 자는 진정한 국민이 아니라는 것이다. 철학자들의 의견을 빌리지 않더라도 애국심은 인간이 태어나서 생활하는 고장에 대한 자연적인 애정에 그 근거를 두고 있다. 공동체 생활을 하는 인간은 외부 집단에 대해 적대감을 가지고 있으며 자신에게 정체성과 가치관을 부여하는 공동체에 대해 깊은 애정을 지니기에 때에 따라 그것을 위한 희생마저도 받아들인다. 로버트 라이시(Robert B. Reich)는 《미래를 위한 약속》에서 애국심에 대해 다음과 같이 기술한다. "애국심이란 원래 국가의 이익을 위해 자신의 이익은 희생할 수 있다는 정신을 의미한다. 반드시 자신의 목숨이나 재산 또는 명예와 같은 거창한 것이 아니라고 하더라도, 최소한 일반적으로 누릴 수 있는 약간의 불편함을 감수하는 것을 말하는 것이다."

그러나 만약 개인이 복종하고 희생을 바쳐야 할 국가가 경제발전과 국가경쟁력을 목적으로 세계인권선언에 어긋나는 비인간적인

몽테스키외는 "만약 내가 비록 조국에는 이득이 될지언정 인류 전체에 해가 되는 무언가를 알고 있다면, 절대로 그것을 발설하지 않을 것이다. 나는 무엇보다도 먼저 필연적으로 인류 사회의 시민이며, 그 다음으로 우연하게도 프랑스의 시민이 되었기 때문이다"라고 말했다. 애국심은 약육강식의 국제현실 속에서 살아남기 위한 자연스런 행동이지만 인간은 국민이기 전에 인간으로서 지켜야 할 도덕적 의무 역시 지고 있다. 국익과 인권 중 무엇을 선호해야 하는가?

행동을 감행했을 때에도 우리는 애국자의 자세를 취해야 할까? 흔히 애국심은 자연적인 감정이라고 말한다. 그러나 타인에 대한 공격성과 적대감, 내 것, 우리 것에 대한 이기심을 포함하는 이 자연스런 감정을 항상 옹호해야 할까? 우리들이 일반적으로 찬양하는 애국심은 국가에 의해 강제된 것이 아닌지 자문해 볼 필요가 있다. 애국심이란 명목하에 자기의 생명을 희생하고 한번도 만난 적이 없는 상대를 '적'이라는 명칭 아래 기꺼이 잔인하게 살육하는 놀랄 만한 광기의 예를 우리는 역사 속에서 끊임없이 발견한다. 국가의 이익이 결국 나의 이익으로 돌아온다 할지라도 약소국을 침략하는 행위마저 용납해야 하는 것인지 애국심의 도덕적 근거에 대해 우리는 근본적인 질문을 던지게 된다.

국가는 냉정하다

일정한 영토와 그곳에 사는 일정한 주민들에 의해 통치조직을 갖는 사회집단이라는 것이 사전적 의미의 국가의 개념이다. 국가라는 시스템은 스스로를 보존하고 그 힘을 증대시키는 것을 목적으로 하며, '국가이성(reason of state)'이란 명목 아래 국가의 생존을 위해서 법·도덕·종교보다 권력을 우위에 놓는다. 국가는 국가의 목적을 수행하기 위하여 필요에 따라 물리적 강제력을 동원할 수 있는 규범적 강제질서이기도 하다. 따라서 소수 단체나 한 개인이 국가이성의 명령을 거부할 때 그는 목숨을 잃을 수도 있는 가혹한 처벌을 각오하지 않으면 안 된다.

현실주의자들은 오래 전부터 국가이성이란 윤리와 상관이 없으며 정치의 가치는 단지 그 효율성에 의해 결정된다고 주장해 왔다. 그들에 따르면 정치계는 잔인한 권력관계의 장이며 이곳에서는 폭력과 책략이 승리하며 약자의 주장은 그리 중요하지 않다. 중요한 것은 권력을 소유하는 것이기에 권력을 쟁취하고 유지하기 위한 모든 수단은 유용하며 거짓말이나 폭력, 살인, 전쟁마저도 용납될 수 있다. 왜냐하면 역사가 증명하였듯이 역사를 해석하는 자는 결국 승자이기 때문이다. 다시 말해 정치에 있어 가장 중요한 것은 윤리가 아니라 힘이다. 왜냐하면 힘만이 국가의 안전을 보장해 줄 수도 미래를 보장해 줄 수도 있기 때문이다. 국가는 항상 대내외적 적들에 의해 위협을 받고 있으며 이러한 적들로부터 스스로를 보호할 수 있는 권력기구는 정당화될 수 있다. 그렇기 때문에 현대 민주주의 국가에서도 국가의 이익이 개인의 인권보다 우선시되는 것을 우리는 종종 목격하게 된다.

니체는 국가란 가장 냉정한 괴물 중에서도 가장 냉정하다고 말했다. 또 "국가는 조직적인 부도덕성이다"라고 말하기도 했다. 홉스는 국가를 리바이어던이란 신화적 괴물에 비교했다. 헤겔도 국가를 괴물이라고 표현했다. 이토록 국가를 부정적으로 그리는 것은 무엇 때문일까? 우선 국가에 대한 적대감은 국가가 폭력과 억압을 행사하는 기관이라는 사실에 근거한다. 국가는 국가 구성원에게 법을 강요하기 위해 물리적·사회적 강압을 사용하는데, 개인의 자유를 억압하는 것은 폭력의 한 형태로 간주될 수 있다. 현대사회에 와서 국가는 다양한 상징조작과 매스커뮤니케이션에 의한 대중선동, 선전이나 홍보에 의한 여론조작을 실시하고 국가 이익을 최우선에 둔 마키아벨리적인 외교술을 발휘하기도 한다. 좋은 정치가가 반드시 좋은 사람이 아니라는 것을 마키아벨리는 《군주론》에서 밝히고 있다. 그에 따르면 정치가는 행동가이며 효율적인 행동으로 이익을 산출해야 하기 때문에 윤리를 저버릴 수 있다. 국가는 자국의 이익을 위해 다른 나라를 침략하고 타국민의 재산과 생명을 장악, 파괴할 수도 있다. 국가는 스스로의 이기적인 목적을 위해 거짓말을 하기도 한다. 국가의 입에서 나오는 거짓말 중 대표적인 것은 마치 국가가 국민을 대변하려는 듯한 모습을 보이는 것이다. 타국에 대한 전쟁을 일으킬 때 국가는 자국민을 위한 정책이라는 인상을 심어줌으로써 그들의 동조를 얻는다. 2차대전 중에 있었던 유태인과 집시 학살은 잘못된 애국주의와 민족주의의 결과가 어떠한지를 여실히 보여준다.

"자신의 국가를 사랑한다는 건 멋진 일이지. 그런데 그 사랑이 국경선에서 멈춰야 할 이유는 또 뭔가?"라고 파블로 케이설즈가 지적했듯이 조국애는 결코 인류애가 아니다. 물론 애국심이 반드시 국가주의로 귀결되는 것은 아니며 고양된 애국심이 인류애로 발전되는 경우도 있다. 그러나 대부분의 경우 조국애는 개인의 이기심과 유사한 형태를 취하며 우리가 조국의 이익을 수호하는 것은 결국 조국의 부강함이 내게 가져올 이익을 염두에 두고 있기 때문일 수도 있다. 애국심은 오늘도 많은 국민들이 국가경쟁력 향상에 이바지할 것을 종용한다. 경우에 따라 타국민의 인권을 무시하고 자국의 이익만을 중시하는 왜곡된 애국심은 전쟁이라는 허황된 권력의 표현에 동참하도록 만들기도 한다. 그러나 전쟁터에 나가본 사람은 조국애라는 것이 얼마나 부질없는 것인지를 알고 있다. 자신이 알지도 못하는 무고한 타인을 단지 다른 이데올로기를 지닌 적이라는 이유로 살해한다는 것은 대단히 무모하고 비윤리적인 일임이 분명하다. 미국의 신학자 라인홀트 니버(Reinhold Niebuhr)에 의하면 "개인의 차원에서는 각 개인들은 다른 사람들에 대해 이해심을 갖거나 다른 사람들의 입장을 합리적으로 이해"해 줄 수도 있지만, "집단 대 집단으로 만나게 될 때에는 언제나 이해관계로 대하게 된다"고 말한 바 있다. 즉, 죽어가는 나에 대해 적군은 연민을 갖고 도덕적인 태도를 취할 수도 있지만 이러한 도덕적 감정을 무시하고 나를 살해해야만 그는 자신이 속한 공동체의 훌륭한 군인으로 인정받을 수 있다. 이러한 문제점을 이미 파악한 루소는 진정한 의미에서의 시민과 단순한 군인의 역할로 전락한 전시의 시민을 구분하였다. 그리고 전쟁 발생시 참전을 명령하는 실정법을 거부하고 타인의 생명을 지키는 도덕법을 따르는 것이 이성에 부합하는 정당한 행동이라고 주장했다. 칸트 역시 인류의 보편성을 강조하며 예외적인 살인이나 예외적인 범죄의 가능성을 부인했다. 또《영구평화론》이란 글에서는 세상을 인류의 시각에서 바라볼 필요가 있다고 주장했다. 칸트의 주장처럼 인류는 세계를 하나의 공동체, 하나의 국가로 받아들이고 인권을 법으로 삼아야 하지 않을까? 한 국가의 경계선 내로 제한되지 않으며, 오직 세계의 안녕을 추구하는 보다 고차원적인 의미에서의 의무를 인간은 수행해야 하지 않을까?

국가는 필요악인가?

토머스 페인(Thomas Paine)은 국가를 일종의 필요악으로 간주한다. 이기심이 나의 생존을 보장해 주듯이 조국애는 나의 생존을 위해 필수불가결한 것이다. 왜냐하면 나의 재산과 신체를 보호해 주는 것이 바로 내가 속한 국가이기 때문이다. 실제로 국가가 없다면 무정부상태의 혼란을 피할 수 없다. 자연적 상태의 결핍과 불안에서 벗어나기 위해서라도 국가는 필수불가결한 존재이다. 물론 지정학적인 이유로 자신의 감정과 이성을 조종당하고 도덕심을 포기당할 것을 강요받는다는 것은 인간에게 있어 실로 끔찍스런 모욕이 아닐 수 없다. 그러나 도덕이 살인을 금지하고 있더라도 조국과 영토의 수호를 위해 전쟁에 참가해야 하는 것은 생존을 제일 우선시할 수밖에 없는 인간의 실존조건이다. 도덕이 살인을 금지하고 있더라도 조국과 영토의 수호를 위해 전쟁에 참가하는 것은 실존적 측면에서 용납될 수 있다.

베르그송은 애국심의 발현에 대해 다음과 같이 설명한다. "사회적인 융합은 대부분의 경우 한 사회가 다른 사회로부터 자신을 방어할 필요성에서 생긴다. …… 사람들이 자기와 함께 사는 사람들을 사랑한다는 것은 무엇보다도 다른 사람들에게 대항한다는 것이다." 독일제국은 나폴레옹의 군대와 싸우면서 독일의 일체성을 의시하였으며, 미국은 독립전쟁을 통해서 자신의 정체성을 의식하였고 하나의 민족이 되었다. 말하자면 단 하나의 국가로 결합되어 타국가와 투쟁하는 가운데에서 사람들은 강렬하게 공동체 의식을 느끼게 된다. 이처럼 인간은 공동체 없이 인간답게 존재할 수 없으므로 조국은 인간에게 필수불가결한 가치임이 분명하다. 그러나 나는 물질적인 동시에 정신적인 존재이므로 돈을 위해 양심을 파는 것이 장기적으론 내게 이익이 될 수 없듯이 국가는 애국심의 이름으로 국가의 명예를 저버리고 다른 민족을 부당하게 침해할 것을 국민에게 요구해서는 안 된다. 세계사를 보면 알 수 있듯이 국가와 민족은 여러 번 바뀌었다. 말하자면 국가는 절대적이라기보다는 상대적인 개념이다. 성, 지위, 민족, 종교, 국가와 관계없는 인간의 가장 근본적인 권리의 표현인 세계인권선언이야말로 인간이라면 모두가 존중해야 하는 보다 보편적이고 절대적인 가치이다. 폴 클로델(Paul Claudel)은 현재와 미래로 눈을 돌려 국가간, 대륙간의 관계와 교류를 가장 중요하게 생각하라고 권고한다. 실제로 세계화시대를 사는 우리는 모든 인간이 존중하는 윤리적 가치와 민족주의를 초월하는 보편가치를 존중함으로써만이 진정한 조국애를 발휘하게 되지 않을까?

정치에 어떤 윤리성도 부여하지 않은 마키아벨리즘은 '극단적인 냉소주의다, 악마적이다'라는 평가를 받았다. 그의 정치론이 어느 정도 현실성을 담고 있다 할지라도 국가의 이익이 개인의 인권과 도덕적 이상을 침해해서는 안 된다. 윤리적인 이상을 배제한 정치적·경제적 국가권력은 가치의 전복을 가져올 위험이 크다. 로크에 따르면 국가란 그 자체로 목적이 될 수 없으며 모든 국민의 행복을 지향하는 사회계약론에 의해서만 존재이유를 지닌다. 즉, 행복 대신 불행과 잔혹성이 사회를 뒤덮을 때 그 국가의 정당성은 의심되어 마땅하다. 한 국가가 장기간 지속되기 위해선 국민의 행복과 도덕심을 존중하는 것이 필수적이다.

결론

국가는 스스로를 보존하고 그 힘을 증대시키는 것을 지향하는 목적 중심적이고 실용적인 시스템이므로 국가에 너무 많은 도덕성을 요구하는 것은 무리일 수 있다. 그러나 한 국가에 대한 자국인들과 타국인들의 극도의 불신과 비판은 사회를 무정부상태로 이끌게 할 수 있음을 또한 염두에 누어야 한다.

스피노자와 루소가 주장했듯이 국가는 인간의 자유를 보장해 주는 기본 시스템이므로 어떤 이유로도 부정될 수 없다. 국가제도는 현실적인 것이지만 국가 없는 인간의 행복은 불가능하므로 우리는 윤리와 정치 간의 화해 가능성을 모색하는 데 주력해야 한다. 각 국가의 구성원들이 인권에 관심을 기울이고 국가의 정치결정에 좀더 적극적이고 비판적인 자세를 취할 때 국가는 보다 성숙한 모습을 지니게 될 것이다. 세계인권이라는 윤리적 이상이 반드시 비현실적인 것만은 아니며 대내외적인 정치권력의 남용을 피하기 위해선 교육을 통해 국가권력을 비판하고 심판할 수 있는 국민적 자질을 개발하는 것이 무엇보다 필요하다.

바칼로레아의 질문들

- 도덕이 금지하는 것을 국가가 명령할 수 있는가? (1999)
- 세계시민일 수 있는가? (1994)
- 도덕심은 국가의 역량에 속하는 것일까? (1993)
- 국가의 목표는 질서를 유지하는 것인가, 정의를 실현하는 것인가? (1994)

더 생각해 봅시다 ❶

사회안전을 위해서라면 범죄자의 인권을 침해해도 되는가?

국가인권위원회는 청소년을 대상으로 한 성범죄자의 구체적인 주소와 얼굴 등 자세한 범죄자 개인정보를 인터넷에도 공개토록 하는 청소년 성보호에 관한 법률 개정안에 대해 "인권침해 가능성이 있다"고 판단하고 청소년보호위원회에 도입 자제를 요청하기로 했다. 이 같은 국가인권위원회의 태도는 여성계의 입장과 상치되는 것이라 논란이 예상된다. 청소년 대상의 성범죄를 예방하기 위한 사회적 공익이 더 크기 때문에 범죄자의 신상공개는 불가피한 것일까? 아니면 사회안전이라는 이유로 범죄자의 인권이 부당하게 유린되는 것일까?

　개정안에 찬성하는 측은 다른 범죄에 대한 사회적 경각심과 그 처벌에 대한 합의는 법적으로나 제도적으로 확립되어 있는 반면 청소년 성범죄는 그렇지 못하기 때문에 예외를 두어야 한다고 주장한다. 반면 이 새로운 법률개정안에 반대하는 측은 왜 청소년 살해범은 신상을 공개하지 않으면서 특별히 성범죄자에

게만 이런 조치를 취하는 것인지, 이것은 형평성의 논리에 어긋나지 않는가 하
는 의문을 제기한다. 무엇보다 범죄자의 신상을 공개하는 것은 그들의 재사회화
를 가로막을 뿐 아니라 정상적인 사회생활을 할 수 없도록 하는 등 부작용을 일
으킬 수 있으므로 극히 가혹한 처벌임을 강조한다. 이미 법적인 처벌을 받은 사
람에게 또 다른 처벌을 가하는 것은 이중처벌이며 범죄자이기 전에 일반시민인
사람에 대한 기본적인 인권침해라는 것이다. 개인의 인권과 공공의 이익 중 무
엇을 더 선호해야 할까? 우리나라에서 범죄자에 대한 인권은 어느 정도 지켜지
고 있는지 토론해 보자.

국가보안법 논란

6·25전쟁을 '북한 지도부가 시도한 통일전쟁'이라고 주장한 강정구 교수의 사
법처리와 관련 여야간 공방이 가시화되고 있다.

위 사건은 우리에게 국가보안법과 사상의 자유, 어느 것이 우선인가라는 반복
되는 질문을 다시금 던져준다. 표현의 자유가 존중되는 민주주의 사회에서는 학
자가 사회주의건 자본주의건 자신이 옳다고 생각하는 이론을 연구하고 발표할
수 있는 기회를 가져야 옳지 않을까? 아니면 정치적·경제적 이해관계로 이루어
진 이데올로기 공동체인 국가가 모든 사상의 자유를 인정할 것이라고 믿는 것은
유토피아적인 발상에 불과한 것일까?

국가보안법 폐지를 주장하는 국회의원들은 국가보안법은 너무나 **추상적으로**
규정되어 있어 언제든지 양심과 사상의 자유를 억압할 수 있는 수단으로 악용될
수 있다는 점을 지적한다. 그들에 따르면 국가보안법이 존속하는 한 인권침해의
소지가 있고 공산주의와의 대립을 피할 수 없다. 말하자면 국가보안법 폐지는 남
북통일을 앞당기고자 하는 국민적 열망이며 그 유지는 보수우익과 미국의 논리

라는 것이다. 한편 국가보안법 폐지에 반대하는 측은 아직도 한국과 북한은 휴전 상태이고 외부 세력에 대한 기본적 방어를 의미하는 국가보안법이 폐지될 경우 국가안보 불안 야기, 국론 분열 등이 야기될 것이라고 우려한다. 국가보안법은 폐지되어야 하는가? 부분적으로 조정되어야 하는가? 국가보안법이 필요하지 않고 인권만을 중시할 수 있는 사회는 가장 이상적인 사회이겠지만 국가의 존속을 위해 개인의 자유를 얼마간 제약해야 하는 것이 우리의 현실이다. 그렇다면 결국 국가보안법 논란은 이상과 현실, 개인과 사회 간의 영원한 갈등과 충돌을 반영한 다고 볼 수 있다. 국가보안법 폐지에 대한 각자의 생각을 서술해 보자.

더 생각해 봅시다 ❸

양심적 병역거부

종교적·도덕적 이유로 병역을 거부하는 것은 타당한가? 종교적 혹은 정치적 신념을 이유로 병역을 거부하는 것을 '양심적 병역거부'라고 한다. 이는 단순한 병역기피와는 구별된다. 양심적 병역거부자들은 군입대 대신에 감옥행을 택하는 것도 주저하지 않는다. 최근 이런 양심적 병역거부가 무죄라는 판결이 났다. 개인과 국가가 충돌할 경우 국가에 대한 의무를 더 중시했던 과거와 비교해 본다면 양심적 병역거부라는 문제가 언급되고 있다는 사실 자체가 놀라운 변화라고 볼 수 있다. 양심적 병역거부를 찬성하는 측은 개인의 자유가 국가의 이념보다 더 중요하다는 사실에 초점을 맞춘다. 그리고 군복무를 대체할 수 있는 대체복무제의 도입을 요구한다.

　그러나 양심적 병역거부를 인정하지 않는 측은 대체복무를 인정할 경우 그것은 병역회피의 수단으로 악용될 위험이 있음을 지적한다. 그리고 한 국가의 국민으로서 같은 안보적 혜택을 받으면서 특혜를 요구하는 것은 형평성에 어긋나며, 병역거부를 조장할 우려가 있다고 주장한다. 무엇보다 그들은 남북이 대치해 있는 현 상황에서 국가질서의 유지가 개인의 자유보다 더 시급하다는 관점에서 병역거부는 인정될 수 없다고 말한다. 국가의 안보와 질서유지, 개인의 자유와 인권 중 무엇을 더 중시해야 하는가는 닭이 우선이냐 달걀이 우선이냐의 문제만큼이나 어려운 질문이다. '살상하지 말라', '평화를 실현하라', '이웃을 사랑하라'고 우리가 배운 도덕율법은 현실 앞에서 그 의미를 상실하게 되는 것일까?

더 생각해 봅시다 ❹

"인기 있는 정부란 없다. 지배한다는 것은 노하게 하는 것이다"라는 표현에 대해 어떻게 생각하는가?

국가의 첫 번째 임무는 시민들의 평화와 안전을 보장하는 것이다. 우리는 자연상태에서 만인의 만인에 대한 투쟁을 벗어나기 어렵다는 것을 알기에 공동체에 일정한 권리를 양도한다. 그러나 자발적으로 국가정책에 동참하고 법과 질서를 존중하면서도 우리는 가끔씩 개인의 자유가 유린되고 있다는 생각을 하게 된다. 모든 개인의 자유를 존중하는 국가란 과연 존재하는가?

억압은 정치의 본질을 구성하기에 억압하지 않는 정부를 둔 사회는 존재하지 않는다. 개인의 욕망은 무한하기에 정부는 법과 질서의 이름으로 개인들의 행동을 규정하고 처벌한다. 즉, 지배한다는 것은 타인들의 자유를 억압하는 것이다. 국가의 정책은 결코 모든 사람들의 의사에 상응할 수 없고 국민들이 정부에 기대하는 것은 항상 현실적 가능성을 초월하기에 정치가가 욕을 먹고 정부가 비난받는 것은 일면 당연한 것일 수도 있다.

모든 정치가들은 국민들의 인정과 표를 얻고 싶어한다. 그러나 정치가들이 인기에만 신경을 쓸 경우 민중선동적 정책이 통용화될 위험이 있다. 순간적인 국민들의 바람에 응하기 위해 장기적인 전망이나 체계적인 분석 없이 충동적으로 정책을 이끌어나가는 것은 아이가 갖고 싶다 하는 장난감을 모두 사주는 무책임한 부모의 태도와 유사하지 않을까? 또한 인기를 끌기 위해 자극적이고 선동적인 주제와 모토를 설정하는 경우에도 사회는 혼란에 빠지게 될 것이다. 정책을 논리적으로 설명하여 설득하기보다는 미디어나 스타, 노래, 자선사업 등을 동원하여 단기적으로 인기를 얻으려는 행동을 우리는 현대 정치계에서 흔히 볼 수 있다. 진정한 정치인이라면 국민의 정념에 호소하기보다는 그들의 이성에 호소하여 새로운 정치적 미래와 이상을 제시할 수 있어야 한다. 정부의 억압과 국민의 불만족을 전제로 하는 것이 정치적 현실이지만 교육과 상호 대화를 통해 부분적 개선과 발전은 가능하다. 이상적인 정부에 대해 생각해 보자.

16

생명보다 더 소중한 것이
있는가?

Baccalauréat, 1997

꿈꾸는 자들은 행복하다. 그러나 꿈들은 희생을 요구하고 극소수의
몽상가들만이 살아남는다.

토리 헤이든(Torey Hayden, 미국 특수교육교사·작가)

영웅들은 오늘날 매우 축소된 생존기간과 활동영역을 갖고 있다.

로랑 그라프(Laurent Graff, 프랑스 고문서학자·작가)

더 이상 어떤 이상도 그것을 위해 희생할 가치가 없다. 삶보다 더 중요한 것은
없다.

파스칼 부르크너(Pascal Bruckner, 프랑스 에세이스트·소설가)

서론

생명은 죽음과 상극되는 최고의 존재양식으로서, 인간을 비롯한 모든 생명체에게 그지없이 소중한 자산이다. "어떤 것도 인간의 피를 대가로 살 만큼의 가치를 지니고 있지 않다"고 루소가 말했듯이 우리는 생명만큼 중요한 것은 없으며 모든 것을 희생해서라도 생명을 지켜야 한다고 생각한다. 우리의 모든 의지와 욕망이 향하고 있는 생명은 그 자체로 최고선을 의미하는가? 즉 생명을 위해선 다른 모든 것을 희생시킬 수 있을 만큼 인간에게 가장 중요한 것일까? 아니면 반대로 생명보다 더 중요한 것이 있어 우리에게 생명을 희생할 것을 강요할 수 있는가?

우리 모두는 생명이 무엇인지를 직감적으로 감지하며 생명의 중요성에 공감하지만, 사실 생명이 무엇인지를 정확하게 정의하는 것은 결코 쉬운 일이 아니다. 물론 생물학적 관점에서 볼 때 생명은 죽음과 반대되는 것이다. 생명은 살아 있다는 것, 음식물을 섭취하고, 움직이고, 성장하고, 자손을 번식하는 등의 행동 속에서 발견된다. 그러나 자유나 영혼 등을 내포한 보다 고차적인 개념으로서의 생, 즉 생리적 작용을 넘어서는 정신적 원리로서의 생이 존재한다면 과연 무엇을 진정한 생명이라고 지칭해야 할까? 생명을 정의하는 것은 윤리적 차원에서도 매우 중요하다. 가령 의사에게 있어 가장 중요한 것은 생명인지 아니면 그보다 더 중시해야 할 다른 가치가 있는지는 그가 환자를 대하는 태도를 결정할 수 있다.

생명을 죽음과 생이라는 생물학적인 관점에서 고찰할 때 이 세상에서 생명보다 귀한 것은 분명 존재하지 않는다. 수백억의 재산이나 권력도 생명과는 바꿀 수 없다. 그러나 인간의 삶은 다른 생물학적인 삶과 구별된다. 인간존엄성을 상실한 채 목숨만을 부지하는 삶도 과연 가치가 있을까? 인간의 존엄성이 무참히 말살된 경우에는 생명의 위협을 무릅쓰고라도 자유를 찾으려 노력해야 하는 것이 아닐까? 단지 연명하는 것과 인간다운 삶을 영위하는 것은 분명 다른 것이다. 나의 생명을 희생해도 좋을 만큼 소중한 가치가 존재하는지 생각해 보자.

생명은 가장 소중한 것이다

생명을 가장 귀한 것으로 생각하는 것은 서양문화와 동양문화 모두에게서 보편적으로 나타나는 자연스러운 현상이다. 생명을 앗아가는 것을 최고의 악으로, 생명을 구하는 것을 최고의 선으로 간주하는 전통 역시 모든 사회의 도덕규범에서 발견된다. 모든 법은 개개인이 자신의 생명을 보호받을 권리를 지님을 명시하고 있고, 모든 종교는 살인을 금지한다. 그리고 살인을 하면 이승이나 내세에서 가혹한 처벌을 받게 될 것임을 경고한다.

본능적인 측면에서도 생명은 인간에게 가장 소중한 것이다. 우선 인간에게 생명은 기쁨의 원천이다. 생명의 상징인 젊음과 건강이 얼마나 유쾌한 것이며 죽음의 상징인 늙음과 병이 얼마나 불쾌하고 고통스러운 것인지만 생각해도 우리는 생명을 최고의 가치로 생각하는 인간의 마음을 이해할 수 있다. 죽음을 맞이하는 타인을 목격할 때마다 우리는 심한 공포를 느끼며 어떤 방식으로라도 생명을 연장시키고자 한다. 생존의 법칙, 생존경쟁 등의 표현도 삶의 중요성과 비장감을 일깨워준다. 전쟁이나 살인도 외부로부터 공격을 받은 자신의 생명을 보호하기 때문이라는 명목 아래에서는 정당화된다. 요컨대 자신의 생명을 지속시키려고 노력하는 것, 즉 생명연장은 모든 존재의 목표이다. 이 궁극적 목표를 위해 인간을 비롯한 모든 생명체는 주위의 환경에 맞추어 진화한다. 자연계에서 적자생존은 피할 수 없으므로 나는 나의 생명을 구하기 위해 타인의 생명을 해치기도 하고 명예나 사랑을 배반할 수도 있다.

과학자들은 생명이 얼마나 소중한 것이지를 생명의 구성이 지닌 복잡함을 통해 설명한다. 그들에 따르면 한 과학자가 세균 하나의 생명구조와 기능을 밝혀내기 위해 자신의 인생을 바친다 해도 그 성공 여부가 불투명할 정도로 생명은 복잡하다. 생명과학을 다루는 이들은 이러한 사실로부터 생명의 소중함과 가치를 깨닫게 되었다고 말하기도 한다. 즉, 개개인의 생명은 모두 특수하고 인간의 힘으로 조절할 수 없는 것이기에 그만큼 더 소중하다.

비생물학적인 생

그러나 생물학적인 분석을 넘어서는 생에 대한 논의도 존재한다. 사실 '생명이란 무엇인가?' 하는 질문에서 가장 문제가 되는 것은 생명을 순전히 물질현상으로 설명해야 하는지, 아니면 그 이상의 무엇을 상정해야 하는지 하는 것이다. 아리스토텔레스는 영혼론을 통해 생명에 철학적 형식을 부여하였다. 그는 《동물지》에서 "영혼을 통해 물질이 자연이 되는 것이지 그 반대는 아니므로 자연의 연구는 물질보다는 영혼에 중점을 두어야 한다"고 주장했다. 결국 영혼이 물질에 생명을 부여하는 것이므로 여기서 생명을 연구하는 것은 근본적으로 영혼을 연구하는 것과 같다. 같은 맥락에 있는 생기론에 따르면, 생명은 물리적·화학적 삶에 국한되는 것이 아니라 물질과 구분되는 생명의 비약과 관계한다. 즉, 생명현상의 발현은 비물질적인 생명력, 혹은 자연법칙으로는 파악할 수 없는 원리에 의해 지배되고 있다는 것이다. 물질에서 비물질적인 원인을 찾는 것은 목적론적 관점을 전제로 하며 기원에 관한 형이상학적 성찰을 동반하므로 이것은 현대적 시각에서 볼 때 종교적 혹은 신비주의적 사고로 간주될 수 있다.

실제로 종교인들은 생은 육체의 소멸과 함께 사라지는 것이 아니라고 주장한다. "나는 부활이자 생명이다"라는 신약성서에 기록된 예수의 말만 보더라도 생명은 육체의 한계를 뛰어넘는 성스러운 의미를 지니고 있음을 알게 된다. 종교에서 생명이란 신성과 연결되며 어떻게 영원한 생명을 지닐 수 있는가 하는 질문에 종교인들은 기도, 선행, 수행, 정숙 등을 통해 생명을 영원히 유지시킬 수 있다고 답한다. 요컨대 종교적 의미에서의 생은 성스러움, 소중함, 완벽함과 관계되는 것이다. 그러나 예수가 말한 생과 인간의 개별적 생 사이에 과연 연관관계가 존재하는가? 종교인이 아닐 경우 이런 영혼불멸의 생을 믿기란 쉽지 않다 이처럼 육체적인 생과 정신적인 생 중 무엇이 더 진정한 생명인지에 대한 질문은 투론의 여지를 남겨놓는다.

생명연장은 모든 존재의 목표이다. 이 궁극적 목표를 위해 인간을 비롯한 모든 생명체는 주위 환경에
맞추어 진화한다. 과연 생명보다 더 중요한 것이 있어 우리에게 생명을 희생시킬 것을 강요할 수 있는가?

자유롭기 위해 죽음의 위험을 무릅쓰는 것

모두에게 생명은 가장 소중한 것이다. 그러나 역사 속 위인들의 인생을 살펴보면 그들 중에는 생명보다 더 소중한 것을 지향했던 이들이 있었음을 보게 된다. 명예나 이상을 위해 생명을 바친 사람들에게 있어 생은 무엇을 의미했을까? 그들의 희생은 어리석은 선택에 불과한가? 단순한 생물적 삶을 유지하기 위해 자유나 이상을 포기하는 것이 더욱 현명한 결정일까? 관념주의자, 이성주의자들은 생물적인 삶으로부터 어느 정도 해방됨으로써 우리는 독립성과 자유를 획득하게 된다고 주장한다. 그들에게 있어 물질적인 생명의 유지에만 연연하여 모든 정신적 이상을 포기해야 한다는 것은 인간성을 무시하는 행동과 같다. 동물이 생존을 보존하기 위해 투쟁하는 것은 당연하다. 그러나 인간은 노예상태에서 벗어나기 위해 생명의 위험을 무릅쓸 수 있는 특이한 존재이다. 헤겔은《정신현상학》에서 노예와 주인의 관계의 변증법을 통해 주인을 '죽음을 무서워하지 않는 자'로 묘사한다. 헤겔에 따르면 이 죽음에 대한 도전이 한 평범한 사람을 주인이자 영웅으로 만든다는 것이다. 주인이 생명의 위험을 무릅쓴 투쟁을 통해 타인의 인정과 존경을 얻는다면, 노예는 죽음의 위협이 있는 투쟁을 거부하고 단지 자신의 동물적이고 생물적인 삶에 집착하여 자유를 포기하는 자이다.

프랑스혁명 때 사람들은 "자유가 아니면 죽음을 달라"고 외쳤다. 당시 프랑스에서 애국심이란 자유와 평등의 이상을 수호하려는 혁명적 태도, 그 자체를 의미했다. 이 목적을 위해 혁명가들에겐 희생과 자기헌신이 요구되었다. 그리고 혁명을 위한 사람들의 고통과 아픔은 가장 애국적인 것으로 간주되었다. 실제로 우리는 혁명이나 전쟁이 있을 때마다 수많은 사람들이 이상이나 조국을 위해 그들의 목숨을 버리는 것을 목격한다. 역사적 인물들이나 영웅들을 생각해 보자. 그들은 그들이 추구하는 이상적 세계나 가치를 위해 죽음을 무릅쓴 이들이다. 소크라테스는 자신의 철학을 포기하지 않았기 때 문에 젊은이들을 타락시킨다는 이유로 사형에 처해졌다. 조르다노 브루노(Giordano Bruno)는 지동설을 포기하지 않았기 때문에 화형 을 당했다. 갈릴레이 역시 같은 문제로 교회의 배척을 받았다. 수많 은 예화가 보여주듯이 기존 사회윤리에 어긋나는 진리는 자주 사람 들에게 공포심을 안겨주었고 진리를 주창하는 이들은 사회에 의해 희생당했다.

이상을 중시하는 이는 자신의 생명을 포기하면서까지 그것을 수 호함으로써 자신의 이상에 대한 강렬한 애착을 증명하곤 한다. 그 러나 진리를 위해 죽는다는 것이 현대에도 가능한가, 혹은 그럴 가 치가 있는가? 희생을 각오할 때 우리는 흔히 후세와 더 나은 미래를 위해 반드시 필요한 희생이라고 생각한다. 그러나 과연 내가 죽음 의 대가로 이룩한 가치가 후세로부터도 인정을 받을지는 확실치 않 다. 그리스 신화의 영웅 아슈르마저도 죽는 순간 삶은 어떤 것과도 교환할 수 없는 소중한 것이라고 말하면서 늙고 평안하게 살고 싶 다는 염원을 토로하지 않았던가? 영웅주의란 사실 판타지에 불과 한 것이 아닐까? 영혼불멸에 대한 많은 이론에도 불구하고 삶보다 더 가치 있는 것은 존재하지 않는다는 생각을 대부분의 현대인들은 갖고 있다. 고대 철학자들은 죽음의 두려움에서 벗어날 것을 강조했지만 실제로 죽음을 두려워하지 않는 인간을 상상할 수 있는가? 자유를 위해 나를 희생할 경우 그 투쟁의 결과를 향유할 나는 이미 존재하지 않는다. 이처럼 많은 현대인들은 생명보다 더 소중한 것이 있다는 영웅적 이론에 의문을 제기한다.

마르크스는 노동자 계층의 비굴한 삶과 관련해 "프롤레타리아는 그들의 쇠고리 외에 잃어버릴 것이 아무것도 없다"고 말했다. 그러나 아무것도 잃을 것이 없는 이들의 혁명은 더욱 과감하고 파괴적이다. 수많은 혁명이 죽음의 위험을 무릅쓴 이들에 의해 발생했으며, 끔찍한 야만적 살인과 숙청 등 그들이 처음에 의도했던 이상과 관계없는 결과를 낳았다. 이처럼 이상을 위해 생명을 버릴 각오를 하는 등의 극단적 행위는 중도에서 벗어날 위험이 있는 무모하고 무책임한 시도일 수 있다. 보다 온건한 방법을 통한 지속적인 개혁이 파괴적 혁명보다 낫지 않을까?

희생의 문화

'생명이란 자신을 귀히 여기는 모든 것을 칭한다'라는 생명에 대한 정의가 있다. 그러나 인간의 생을 생존본능으로 국한시킬 수 없게 하는 대표적 예가 바로 앞에서 살펴본 희생이다. 특별히 영웅이 아니더라도 인간은 이상과 공동체를 지키기 위해 자기 자신의 생명을 희생시킬 수 있는 특이한 존재이다. 인간 외에 희생을 자처하는 동물은 없다. 희생이란 무엇인가? 희생이란 집단 성원의 안녕을 위해 신에게 의식적 공물이나 동물, 혹은 인간의 생명을 바치는 종교적 행위이다. 이러한 뜻이 확장되어 우리는 타자를 위해 스스로의 이익을 포기하는 행위를 희생이라고 부른다. 희생은 어느 경우든 생명보다 중요하다고 여겨지는 것이 존재한다는 것을 상정하므로 초월성의 문화와 관계한다.

희생은 인간의 가치를 드높이는 최상의 기회이다. 예를 들어 신앙인에게 가장 성스러운 행위는 순교(殉敎)일 것이며 신에 대한 믿음 때문에 자신의 목숨을 바친 자에게는 성인이라는 칭호가 주어진다. 순교란 종교적 박해가 있을 때 이루어지는 것이라고 생각하기 쉽지만 고대종교에서는 인간의 목숨을 신에게 바치는 것이 통례적 의식이었다. 한편 국가를 위해 희생한 자에게는 애국지사라는 명예로운 칭호가 붙여지며 그는 이상적인 국민의 모델로서 칭송된다.

이처럼 희생이라는 의식을 통해 인간은 물리적·신체적 한계를 넘어 종교적·윤리적 가치를 수호하는 동물임을 자처해 왔다. 그러나 현대에 와서 이러한 인간 희생에 대한 비판이 거세지고 있다. 곡물이나 동물과 결코 비교할 수 없는 인간의 생명을 고상한 목적을 위해 희생시키는 것이 과연 정당한가? 윤리적 측면에서 볼 때 인간은 타인을 결코 수단으로 다루어서는 안 되는 것이므로 목적이 아무리 숭고하다 해도 인간의 희생은 용납될 수 없다. 더욱이 문제가 되는 것은 목숨을 포기하며 수호한 가치가 과연 진리인가 하는 점이다. 희생을 각오할 만큼 절실했던 이상도 결국 환상이나 선입견에 불과한 것으로 밝혀질 수 있다. 일본군은 2차대전 당시 수없이 많은 자살을 종용받았고 국가는 그들의 행위에 숭고성을 부여했지만 세계사에 그 당시 일본의 정치는 군국주의적 파시즘으로 기록되었으며 현재까지 비난을 면하지 못하고 있다. 그렇다면 그 희생자들은 애국심과 파시즘을 혼동하여 희생을 자처한 것이 되고 만다. 파시즘 혹은 나치를 위해 목숨을 바쳤다는 것처럼 부조리한 사실이 또 어디 있을까?

르네 지라르 같은 학자는 《폭력과 성스러움》에서 어떻게 희생이 사회의 평화를 가져오는지를 역설적으로 설명하였다. 그에 따르면 사회는 곳곳에 퍼져 있는 구성원들의 폭력을 정돈하기 위해 한 사람의 희생을 받아들인다는 것이다. 선택된 이 사람을 우리는 희생양이라고 부른다. 여기서 중요한 것은 어떤 자가 희생물로 선정되는가 하는 것이다. 지라르는 다음과 같이 말한다. "사람이든 동물이든 어떤 생물체가 희생될 만한 것으로 보이기 위해서는 혼동이 일어나지 않을 정도로 그 구분이 명확하면서 동시에 가능한 한 많은 유사성을 지니고 있어야 한다." 실제로 역사를 살펴보면 전쟁포로, 노예, 아이, 처녀, 총각, 신체장애자, 거지, 죄수, 심지어 왕 등이 희생양으로 선택되었음을 알 수 있다. 이들은 사회에서 제외되었거나 그 속에 거의 속하지 못하기 때문에 사회적으로 권리와 의무가 제대로 없고, 따라서 이의를 제기하거나 복수할 위험성이 없는 자들이다. 그렇다면 이 희생의식은 전체의 안정을 위한 다수의 소수에 대한 폭력이 아닐까?

희생과 인내가 사랑의 중요한 속성이긴 하지만 그것이 사랑이 본질 자체는 아니다. 성경에도 "내가 내게 있는 모든 것으로 구제하고 또 내 몸을 불사르게 내어줄지라도 사랑이 없으면 내게 아무 유익이 없느니라"라는 문구가 있다. 즉, 사랑이 없는 희생은 내게 기쁨을 줄 수 없고 결국 좋은 결과를 가져올 수 없다는 뜻이다. 대의를 위한 생명의 희생은 수동적인 의무감으로부터 시작된 자기파괴의 행위인지 아니면 진정한 행복을 지향하고 있는지 의문을 던져볼 필요가 있다.

정신적 이상과 생물적 삶을 모두 포기하지 않을 수 있는 방법은 없는 것일까? 정신적 이상은 안전하고 풍요로운 생물적 삶을 전제로 할 때 가능하며 생물적 삶이 정신적 삶과 조화를 이룰 때 우리는 비로소 완전한 행복에 이를 수 있다. 즉, 생물적 삶을 추구하되 정신적 이상을 포기하지 않을 때 인간은 생명을 인간적 가치로 승화시킬 수 있다. 인간은 정신적 존재이면서 동시에 생물적 유한성을 지닌 존재이다. 생명보다 더 소중한 것은 없겠지만 이 생명이 어떤 의미와 가치를 지니는지는 개인의 노력과 숙고에 따라 다를 것이기에 우리는 보다 고차적인 생을 가꾸기 위해 노력해야 한다.

결론

생명에 우리는 매우 다양한 의미를 부여한다. 그러나 생물학적 생으로부터 죽음을 뛰어넘는 성스러운 정신적 생에 이르기까지 그 정의는 다를지라도 인간이 생에 부여하는 의미는 절대적이다. 생은 인간의 궁극적 목적이며 인간의 모든 행동의 가치는 이 생을 지향하느냐 아니냐에 따라 결정된다. 가령 사랑, 성공, 행복, 이 모두는 생을 유지함에 있어 긍정적인가 부정적인가의 관계에 있어 상대적인 의미를 지니게 된다.

문제는 생을 둘러싼 육체와 정신의 관계이다. 육체적 생을 가장 소중한 것으로 여겨 정신적 생을 포기하는 것이 바람직한 것일까?

아니면 정신적 생을 위해 육체적 생을 포기하는 것이 바람직한 것일까? 인류의 역사는 정신적 생을 더 수호한 사람들에 의해 전개되어 왔다. 그러나 개인의 진정한 행복을 도모한다면 우리는 정신적 생과 육체적 생 사이의 조화와 대화를 통해 동물적이지도 신적이지도 않은 인간적인 생을 추구해 나가야 한다. 생명은 정신과 물질을 통괄하는 일종의 에너지가 아닐까? 생명은 영혼과 육체 모두에 총괄적인 기로서 작용하고 있으며 이것은 나의 성장과 발전의 추진력이 된다.

바칼로레아의 질문들

- 죽음을 원할 수 있는가?
- 이상을 위한 죽음은 그 이상의 가치를 높이는 역할을 하는가?
- 생명이란 무엇인가?
- 역사를 만든 것은 영웅들인가?
- 영웅성이란 왜곡된 용기인가?

극심한 고통을 겪고 있는 말기 환자가 안락사를 요구했을 때 당신의 선택은?

세계적으로 안락사에 대한 관심이 고조되고 있다. 안락사를 둘러싼 수많은 법적 논쟁이 벌어지고 있고 그 정당한 기준 설립에 학자들은 골몰하고 있다. 최근 미국 플로리다에서 아내의 안락사를 주장하는 남편과 딸의 죽음을 반대하는 친부모 간의 법정 공방이 연일 뉴스에 보도되면서 안락사에 대한 찬반논쟁이 다시 가열되고 있다.

적극적 안락사는 어떠한 이유로든 허용되어서는 안 되지만 소극적 안락사는 신중하게 처리되어 허용될 수 있다는 견해가 있는가 하면 종교적 입장에서 인간의 생명을 인간이 끊을 수 없다는 강경한 반대입장도 있다. 과연 안락사란 무엇인가? '안락사(euthanasia)'는 매우 다의적인 개념이다. 일반적으로 사용되는 좁은 의미로 말하면, 죽음에 임박하여 참기 어려운 육체적 고통에 시달리는 환자의 고통을 없애거나 경감할 목적으로 죽음을 앞당기는 임의적 조치이다.

안락사에 찬성하는 측은 인간은 자신의 죽음을 스스로 결정할 수 있으며 품위 있는 죽음을 맞이할 권리가 있다고 주장한다. 그들은 인간의 존엄성은 생명의 연장뿐만 아니라 고통에서 벗어난 편안한 삶을 살 인간의 권리이기도 하다는 점을 강조한다. 반면 안락사에 반대하는 측은 살인은 일급 죄악이며 '살인하지 말라'는 시대와 인종을 초월한 절대가치이므로 예외가 있어서는 안 된다고 말한다. 이들은 특히 안락사가 사회나 가족에 짐이 되는 약자들에게 불리하게 악용될 수 있으며(환자는 가족들에게 미안한 마음에 자신의 죽음을 결정할 수 있다) 안락사를 모방한 범죄가 발생할 위험이 크다고 지적한다. 살인인가 자살인가, 환자의 고통을 줄이기 위한 인도적 행위인가, 불필요한 인력과 경제적 비용을 경감시키려는 세속적 현실주의인가? 생명의 본질과 삶의 질 중 어느 것이 더 가치 있는가? 인간에게는 자신의 죽음을 선택할 권리가 있는가? 삶은 절대적 가치인지, 삶의 목적은 행복인지에 대해 생각해 보자.

병드는 것은 기계가 고장나는 것과 유사한 것인가?

사실 몸을 기계에 비교하는 것은 매우 쉬운 일이다. 심장은 펌프, 신경은 전기 케이블선, 신장은 여과기와 유사하다. 기계가 기름을 필요로 한다면 몸은 음식물을 통해 에너지를 섭취해야 한다. 기계를 고치는 과정과 병을 치료하는 과정 사이에도 유사점이 존재한다. 더 이상 작동하지 않는 기계를 고치기 위해 우리는 전문기술자를 부르고 필요한 부속품이나 약품을 사용하여 문제가 생긴 부분을 제거, 수리한다. 인간이 병이 났을 경우에는 의사가 아픈 부분을 분석하고 약이나 수술을 통해 치료한다.

그러나 인간의 몸을 기계에 비교하는 것에 문제점은 없는가? 우선 아프다는 것은 몸이 작동하지 않음을 나타내는 단순한 사실이 아니라 몸의 균형이 깨졌음을 알려주고 이에 대처할 것을 알려주는 일종의 경고신호라는 점을 지적할 필요가 있다. 가령 열은 세균에 저항하여 싸우기 위해 발생하는 것이다. 또한 몸의 병은 육체적 원인뿐 아니라 정신적 원인으로부터도 영향을 받을 수 있다는 특징을 지닌다. 칸트는 《판단력비판》에서 시계는 생물체와 다름을 설명하면서 시계는 스스로를 고칠 수 없는 데 반해 몸은 자가회복력을 지니며 시계와 달리 생물체는 성장하고 번식할 수 있다는 특성을 지닌다는 것을 강조했다. 모든 유기체는 자신을 둘러싼 외부환경에 반응하며 그에 맞춰 행동한다. 또한 몸은 기계와 달리 욕망하며 움직이고 생과 죽음에 대해 인식한다. 기계는 처음 설계된 모습 그 자체가 바로 그의 미래이지만 인간의 몸은 개인이 어떻게 돌보고 가꾸느냐에 따라 수없이 다양한 모습으로 변화할 수 있다. 인간에게 병이란 무엇인지에 대해 생각해 보자.

더 생각해 봅시다 ❸

왜 사람들은 이념을 위해 목숨을 바치는가?

순교자들은 역사의 커다란 불행이다—이들은 현혹시켰다. 한 사람이 죽음을 무릅쓸 만한 원인은 그 원인 자체로 대단한 어떤 것을 가졌음에 틀림없다고 결론 짓는 것—이러한 논리는 검토, 비판정신, 지성적인 신중함에 커다란 제동을 걸었다. 순교자들은 진리를 훼손시켰다. 오늘날에도, 박해가 잔혹하기만 하면, 별것 아닌 어떤 종파에게 좋은 평판을 충분히 제공할 수 있다. 어째서일까? 원인을 위하여 자신의 생명을 바치는 것, 그것이 어떤 것을 가치로 변화시킬 수는 없지 않은가? 반대파의 원인에게 존엄성의 형태를 부여해 주는 것은 곧 모든 박해자의 보편적인 역사적 우매함이다.—니체

니체가 주장하듯이 모든 희생이 진리를 의미하는 것은 아니지 않을까? 특정 정치이념이나 종교이념을 수호하다 죽은 자에게 무조건적으로 영웅 호칭을 내리는 것은 지나친 낭만주의가 아닐까? 만약 희생행위 자체가 진리를 보증한다면 진리의 문제는 보다 쉽게 해결될 것이다. 일본이 패망한 후 수많은 병사들이 자살했고 많은 기독교인들은 화형으로 순교했다. 개인적인 차원에서 이러한 죽음을 이해할 수 있다 하더라도 과연 이념을 부활시키기 위한 개인의 희생이 바람직한 것인가에 관해서는 논의의 여지가 있다. 순교의 가치에 대해 논의해 보자.

17

법에 복종하는 것은 정의를 수호하는 것인가, 권력에 굴복하는 것인가?

Baccalauréat, 2004

의로운 것을 따르는 것은 의이고, 가장 강한 것을 따르는 것은 필요이다. 힘 없는 정의는 무력하다. 정의 없는 힘은 횡포이다. 힘 없는 정의는 반항을 받게 된다. 왜냐하면, 악인들은 항상 있게 마련이기 때문이다.
파스칼(Blaise Pascal, 프랑스 철학자·수학자)

도둑은 항상 재산분배를 비판할 수 있고, 국가를 배신한 사람은 자기 나라의 괴상한 정치를 공격할 수 있고, 간음한 부인은 가족법을 부르주아적인 법이라고 비난할 수 있다.
돈디외 드 바브르(Renaud Donnedieu de Vabres, 프랑스 정치인)a

서론

왜 나는 국가에 세금을 내고 타인에게 폭력을 가하지 않는 것일까? 이는 단지 법을 준수하지 않았을 때 따르는 좋지 않은 결과들, 가령 벌금이나 구속을 두려워하기 때문인가? 아니면 실제로 내가 타인을 존중하고 국가를 소중히 여기기 때문인가? 일반적으로 사람들은 자기 나라에서 적용되고 있는 법을 지킨다. 그러나 이러한 복종을 이끌어내는 것이 무엇인지를 설명하는 것은 쉽지 않다. 과연 법과 정의는 일치하는 것일까? 법을 둘러싼 힘과 정의의 관계는 참으로 미묘하고 복잡하다. 법과 정의의 구분은 법철학상의 난제 중의 하나이며 법이 무엇인지에 대한 근본적인 논의를 이끌어낸다.

우리가 존중하는 것은 권력이다

법은 국가권력에 의해 강제되는 사회규범들의 총체이다. 무정부주의, 자유방임주의, 마르크스주의, 기독교 등은 정의가 법을 대체할 수 있다고 주장했으나 인류역사를 살펴볼 때 국민의 자발적 도덕심을 신임한 국가는 존재하지 않았고 사회가 있는 곳에 처벌을 동반한 법은 반드시 존재했다.

국민 개개인의 입장에서 볼 때 법의 기능은 법이 없으면 인간들을 지배하게 될 폭력으로부터 개인들을 보호하고 그들이 평화롭게 살 수 있도록 규칙과 계약을 만드는 것이다. 인간이 정의를 수호하고자 하는 목적만으로 법에 복종한다는 생각은 다분히 유토피아적인 사고이다. 가장 정의롭다고 알려진 사람조차도 자신의 모든 욕망을 실행할 수 있는 환경에 처해진다면 행동을 달리할 수 있다. 홉스에 따르면 인간은 타인과 평화롭게 살 능력이 있는 호의적이고 이타적인 존재가 아니다. 그는 이성과 도덕심에 의해 "인간이 스스로를 다스릴 줄 알았더라면 인간에게 정치란 전혀 필요 없을 것"이라고 《시민론》에서 기술했다.

그러나 인간은 천성적으로 이기적이기에 안전을 보장해 주는 사회조직과 법이 없다면 그는 타자의 이기심과 폭력을 끊임없이 두려워하는 불안상태에 놓이게 된다. 말하자면 학살당하는 것보다는 노예상태를 원하듯이 폭력과 죽음에 대한 두려움은 자유보다도 더 강한 정념이며 안정에 대한 욕구가 곧 법의 기원이 된다. 스스로를 갈기갈기 찢어놓을 수 없도록 사나운 짐승들을 쇠창살로 분리해 놓는 것과 같은 방식으로 사람들은 자발적으로 자신의 권리를 포기하고 권력에 복종할 것을 맹세한다. 즉, 자기 자신을 보존하기 위해서는 그 전제로 사회가 보존되어야 한다는 사실을 알고 있기에 사람들은 법의 강제성과 구속력에 수긍한다. 그리고 이러한 사실은 수동적인 법의 준수와 자발적인 정의의 실현 사이에는 분명한 차이가 있음을 보여준다.

그리스의 철학자 피타고라스는 "법은 변천하는 권력의 표현이고 강제의 권리"라고 말했다. 그렇다면 권력의 표현인 법제도를 실천하는 데에 폭력이 없을 수 없다. 우선 법제도는 검거, 구속, 사형이라는 여러 가지 처벌제도와 경찰, 간수, 사형집행인 등의 처벌자들의 존재를 전제로 한다. 학자들에 따르면 처벌은 일종의 본보기를 만듦으로써 피지배자들에게 두려움을 안겨주고 범행을 모방하려는 의욕을 꺾는 협박적인 성격을 지니고 있다. 사형은 죄를 미워하되 사람은 미워하지 말라는 윤리적 지침을 현실적으로 실행할 수 없기 때문에 범행의 근원과 범행을 가능케 한 사회적 모순 대신 범행자를 제거하는 것이다. 범죄자의 교화와 개선을 목적으로 하는 관점에서 보면 이것은 분명한 실패이다. 그러나 사회심리학적 관점에서 보면 사형이라는 폭력은 집단적인 분노를 해결하는 데 있어 유용하게 쓰일 수 있다.

일반적으로 법은 정의, 합법성과 동격으로 인식된다. 그리스어의 정의(Dikaison)와 법(Dike)은 같은 어원이었고, 로마어의 정의(Justicia)에서 법(Jus)이 유래된 것을 보아도 어원적으로 법과 정의는 유사한 의미임을 알 수 있다. 헤겔은 법이란 원칙적으로 사회구성원 모두에게 동등하게 적용되는 보편적이고 냉정한 것이라고 설명했다. 알랭은 무조건 법과 정치가를 비판하는 현대인들의 자세를 유감스럽게 생각하면서 합법적인 법은 단지 지켜질 것이 아니라 시민들에 의해 옹호되어야 한다고 주장했다. 칸트는 "스스로 규정한 법에 복종하는 것"이야말로 윤리적 의미에서의 진정한 자유라고 설명했으며 루소 역시 합법적인 법은 전체의 이익을 위해 시민 개개인의 자유의사에 의해 설정된 이상 수호되어야 한다고 생각했다.

그러나 현실적으로 법과 정의가 항상 일치하는 것은 아니며 보편적인 것으로 알려진 법이 계급투쟁 속에서 항상 변질된다는 사실을 우리는 수많은 역사적 사례를 통해 목격할 수 있었다. 마르크스는 1792년에 발표된 세계인권선언이 사실상 인류 전체가 아니라 귀족계급을 제치고 떠오르기 시작한 새로운 권력자, 부르주아 사회의 구성원만을 대상으로 하고 있다고 비난했다. 그에 따르면 세계인권선언이 표명하는 보편성과 윤리성이란 결국 부르주아의 이익을 정당화하는 수단에 불과하다는 것이다. 실제로 법제도는 지배자와 피지배 간의 권력관계에서 지배자들의 권익보호를 대변하는 권력의 시녀가 될 수 있다. '자유'라는 아름다운 개념 뒤에는 아무런 제재 없이 기업운영의 이익추구를 실현하려는 욕망이, 평등이라는 고귀한 이상 뒤에는 모든 인간은 경쟁관계에 놓여 있으며 어떤 약자도 예외적인 보호대상이 되어서는 안 된다는 잔인함이 포함되어 있다. 이 경우 법제도는 계급적 이익수호의 위선적 방편에 불과하며 기존 질서의 모습 아래에 숨어 있기 때문에 더욱 무서운 조직적 폭력이 될 수 있다. "법의 절정이 곧 불의의 절정이다"라는 키케로의 유명한 문구가 시사하듯이 이상적으로 보이는 법체계(완전한 정의)조차도 정의의 이상을 저버리고 강자의 편에 설 수 있다.

역사를 뒤돌아볼 때 많은 사상가들은 힘이 법을 정당화한다고 주장했다. 파스칼은 "사람들은 정의로운 것을 강하게 할 수 없었기 때문에, 강한 것을 정의로 만들어왔다. 정의를 강하게 할 수 없음에도 불구하고 정의와 힘을 함께 있게 하기 위해서, 최고선인 평화가 있게 하기 위해서 힘을 정당화시켜 왔다"라고 말했다. 실제로 기독교 국가의 왕들은 정의는 신의 속성이고 신은 의로운 자에게 승리할 수 있는 힘을 주므로 군사적인 승리가 결국 자신의 권리익 정당함을 증명한다고 주장한 바 있다. 나아가 히틀러와 나치 수용소의 대량 학살자들도 자신들을 "권리와 문명의 전사"로 간주하였다. 라퐁텐(J. de La Fontaine)의 유명한 우화를 보면 늑대와 양의 이야기가 나오는데 여기서 강자를 상징하는 늑대는 자신에게 불리한 법을 부

그리스의 철학자 피타고라스는 "법은 변천하는 권력의 표현이고 강제의
권리"라고 말했다. 만약 법이 부정의하고 폭력적이라면 이에 대항하는 것이
바람직한가? 아니면 악법도 법으로 간주해야 하는가?

정의한 법으로 간주하고 양을 잡아먹을 수 있는 법을 합법화한다. 이러한 상황을 우리는 권력남용이라고 부르는데 권력남용이란 법을 개인의 임의적인 목적을 위해 사용함을 뜻한다. 인간의 본성과 직결된 권력남용을 인간은 과연 피할 수 있을까? 권력남용은 이기심과 지배욕구의 표출이다. 우리는 사심 없고 공정하며 윤리적인, 즉 현자나 성인과 같은 지도자가 나타나길 기대하지만 이런 기대는 유토피아적 환상에 불과하다고 할 수 있다. 사실 역사적으로 볼 때 법은 항상 강자들과 특권집단의 이익을 위한 법이었다. 권력 집권자들은 자신의 힘을 정당화하기 위해 난폭한 힘을 명예로운 구실로 은닉해 왔다. 난폭한 힘은 호소력을 잃기 때문에 사람들의 마음을 움직이기 위해 법의 모습으로 정의를 연기했던 것이다. 실제로 정의의 가면을 쓰지 않은 법은 비난을 면할 수 없다. 만약 한 폭군이 자신이 일으킨 전쟁이 불의하고 비도덕적인 전쟁이라는 사실을 인정한다면 그는 이 전쟁에 국민을 동원시킬 수 없을 것이다. 그렇다면 우리는 법이 강자의 편에서 정의를 유린한다는 것을 알고 있음에도, 인간의 선천적 이기심과 공격성으로부터 스스로를 보호하기 위해 법에 복종한다는 상당히 비관적인 결론에 이르게 된다. 법에 복종한다는 것은 위장된 폭력에 굴복한다는 뜻인가?

우리가 존중하는 것은 정의이다

그러나 지금까지 주장해 온 입장은 두 가지 면에서 충격적일 수 있다. 우선 인간에 대해 너무 국한된 개념을 제시하지 않았는지에 대해 생각해 볼 수 있다. 단지 힘과 위협만이 인간 행동의 원동력이 된다고 주장하는 것은 인간의 성격에서 그 부정적인 면만을 부각시키는 것이 아닐까? 나아가 대부분의 국민을 자발적인 행동이 불가능한 보호해야 할 철부지로 간주함으로써 권위적인 정치제도를 정당화하는 것이 아닐까? 우리가 단지 결과(처벌, 이익, 불이익)에 대한 두려움 때문에 법을 따른다면 우리는 음식과 체벌 때문에 복종하는 동물과 다를 바 없다. "권력은 정의롭지 않음 그 자체이다. 그러나 그보다 권력은 정의와 상관없다는 표현이 더 적절할 것이다. 왜냐하면 늑대를 보고 정의롭지 않다고 말하는 사람은 없으므로"라고 알랭은 말했다. 실제로 인간과 동물을 구분하는 여러 기준 중 윤리성은 중요한 위치를 차지한다. 만약 약자가 자신의 생존에 대한 위협을 느껴 강자의 법을 따른다면 그것은 동물의 세계에서 볼 수 있는 폭력의 구조와 다를 바 없다. 동물의 세계에서 힘의 위계질서에 의해 폭력과 복종이 행해지는 것은 자연스러운 것이지만 인간사회에서 힘이 체벌의 기준이 되는 것은 비도덕적인 것이다. 루소는 "힘에 굴복하는 것은 필요에 의한 행동이지 의지에 의한 것이 아니다. 기껏해야 그것은 신중한 행동이다. 어떻게 힘에 굴복하는 것이 의무가 될 수 있는가"라고 말하면서 권력이 도덕적 영역까지 힘을 미칠 수 없음을 강조했다.

무엇보다 중요한 것은 힘의 구현으로서의 법은 결코 지속성을 갖지 못한다는 사실이다. 힘의 논리에 의한 법의 위선성은 결국 인간의 감정과 이성에 의해 심판을 받게 된다. 애덤 스미스는 분개는 자연으로부터 부여받은 중요한 도덕 감정이며, 이러한 '분개'라는 자연적 감정 위에 바로 '정의'의 개념이 기초하고 있다고 설명했다.

“약자를 보호하고 난폭한 사람을 억제하며 죄를 지은 사람을 응징하기 위하여, 자연은 인간의 가슴속에 악덕에 대한 인식과 정의를 위반할 때 가해지는 응분의 처벌에 대한 공포를 인간사회의 위대한 파수꾼으로서 심어주었다.” 요컨대 법적 효율성이 법을 현존케 한다면, 정의는 그것을 지속하게 한다. 그리고 이런 의미에서 악법에 대한 시민 불복종의 가치는 강조되어야 한다. 법이란 보편적인 동시에 이성 자체의 요구에 부합할 것을 조건으로 한다. 즉, 모든 개인이 이성에 따라 자발적으로 법에 복종하는 것을 이상으로 하기에 루소나 칸트는 법의 존중과 자유는 본질적인 연관관계를 맺는다고 주장했다.

그러나 만약 나와 많은 사람들의 이성으로 도저히 용납할 수 없는 법이 있다면 그 경우에도 그 법을 지켜야 하는가? 인류는 항상 평화를 추구해 왔지만 우리가 평화라고 부르는 것 중에는 표면만 평화인 경우가 더 많다. 감히 지배자에게 반항할 수 없는 지배자와 피지배자 사이의 주인-노예 관계에서도 진정한 평화가 가능할까? 단지 투쟁의 부재가 평화라고 말할 수 없다. 투쟁의 부재는 휴전에 불과하며 진정한 평화는 모두의 자유와 평등이 보장되었을 경우에만 가능하다. 마르크스는 “평화란 소수에 의한 다수의 착취를 전제로 한다”고 말하기까지 했다. 가령 독재국가의 경우 겉부기엔 정상적으로 법이 제정되었다 하더라도 이 경우 악법에 대한 불복종이야말로 성의와 이성이 살아 있다는 것을 증명하는 유일한 수단이다. 법이란 인간이 만든 것이며, 따라서 항상 불완전하고 그에 대한 불복종 역시 존재할 수밖에 없다. 만약 위반할 가능성이 없는 법이라면 처벌규정이 존재할 까닭이 없다. 소포클레스의 안티고네는 인간 세상의 법과 국가권력에 당당하게 맞서 도덕적 의무를 선택하는 상징적 인물이다. 왕이 명령을 거역하는 자는 사형에 처한다고 포고하였음에도 불구하고, 안티고네는 "인간의 의지와 무관한 가장 오래된 법률", 즉 도덕법칙에 따라 오빠의 시체를 수습하여 매장하고 결국 감옥에서 목숨을 잃게 된다. 이때 안티고네가 크레온의 법을 거부한 것은 권력의 힘보다 인간답게 행동할 정의를 더 수호했기 때문이다. 루소는 전쟁이 일어났을 경우 참전을 요구하는 법을 따르지 않는 것이 정당하며 살인을 거부하는 것이 이성에 부합하는 정당한 행위라고 주장하기까지 했다.

소로(H. D. Thoreau)는《시민의 반항》에서 "우리는 먼저 인간이고 그 다음에 시민이어야 한다고 나는 생각한다. 법에 대한 존경심을 계발하는 것은 정의에 대한 존경심을 계발하는 것만큼 바람직하지는 못하다"라고 말했다. 그렇다면 법을 무조건 따르는 것보다 용감하게 법을 위반하는 자가 더 존경받을 수 있지 않을까? 악법에 대한 불복종은 권력에 대한 저항이며 정상적인 법의 복원을 상정하는 준비과정이기에 결코 법의 이상에 어긋나지 않는다. 스피노자는 폭력적이고 권위적인 정부와 법은 거부되어야 한다고 주장함으로써 윤리적 평가를 내릴 수 있는 개인의 자유와 존엄성을 부각시켰다. 그에 따르면 "절대권력은 그 권력의 지배를 받는 신민에게 불의하게 행동하고 그들의 권리를 침해한다고 할 수 있다. 왜냐하면 참이라고 인정하는 것이나 거짓이라고 거부하는 것은 각자에 속한 고유의 권한이며 본인이 원하더라도 포기할 수 없는 권한이기 때문이다.” 법의 강제성이 사회질서 유지를 위해 필요불가결한 것이라 할지라도 그것만으로 인간은 만족할 수 없다. 제도적 폭력은 언젠가는 불법적인 힘으로 판명될 것이며, 또 정당한 힘이지만 현실적으로는 불법적인 것으로 제재당하는 힘은 언젠가 합법적인 것으로 승인될 것이다. 요컨대 보편이성에 부합하는 정의로운 법만이 역사적 발전과정에서 그 정당성을 부여받으며 존속할 수 있다고 말할 수 있다.

“법은 정의다”라는 이상이 비록 법의 기원은 아니지만 그것은 법의 현실을 비판할 수 있는 기능을 수행한다. 알랭은 “정의는 법을 지키기 위한 법에 대한 의심이다”라고 말했다. 정의는 법적 현실의 모순을 가슴의 논리로 대면케 한다. 그리고 법의 목적이 단순히 사회의 효율성과 이익산출에 머무는 것이 아니라 인간성의 실현과 현실의 개혁이라는 실천에 있음을 보여준다. 그러므로 법의 정당성을 전면적으로 부정하는 것은 도덕적 양심, 즉 인간성을 부정하는 것을 의미한다. 물론 현실의 법은 수많은 약점과 한계를 지니고 있지만 실제법의 이상적 모범이라 할 보편법이 정의의 이름으로 현실을 비판할 수 있는 기능을 상실한다면 법의 현실적 실용성마저 큰 위기를 맞게 될 것이다. 인간에게는 악한 것을 보면 분노하고 선한 것을 선호하는 기본 본성이 있으므로 법이 정의롭기를 바라는 염원 역시 존재한다. 그렇다면 법이 정의를 구현한다고 말하기보다는 정의를 지향한다고 보아야 옳을 것이다. 스스로를 존중하는 인류가 공동의 목적을 위해 “법은 정의다”라는 주장을 받아들일 때 현실주의자들이 덧없는 유토피아라고 생각하는 법의 이상은 그 가치를 발휘하게 될 것이다. 법은 국가권력에 의해서만이 아니라 국민 전체에 의해서 추구되는 역사적 과업이다. 정의를 날마다 쟁취하는 자만이 자유에 대한 권리가 있다.

결론

"법에 복종한다는 것은 정의를 수호한다는 뜻인가, 권력에 굴복한다는 뜻인가?"라는 질문에 대한 위의 상반된 주장은 인간이 지니고 있는 내부적 모순을 나타낸다고도 말할 수 있다. "법을 존중하는 것은 권력에 굴복하는 것이다"라는 주장은 현실적인 태도로, 어떠한 이상이나 환상도 용납하지 않는다. 이는 주로 정치가들이 현실 속 인간들을 있는 그대로 보고자 하는 태도에서 나타난다. 반면 법의 존중을 정의에 대한 수호로 보는 관점은 좀더 이상적인 관점으로 인간의 진보와 인간의 위대성을 신뢰하며 인간은 어떠하여야 한다는 목적성을 내포하고 있다. 그러므로 법과 정의의 문제를 다룸에 있어 우리는 인간의 내부적 모순과 그 가능성에 대해 우선적으로 생각해 볼 필요가 있다.

법을 강자의 힘과 동일하게 여기는 것은 폭력의 정치를 선택하는 것인데 폭력의 정치는 정의와 양립될 수 없다. 그러나 반대로 순전히 관념론적인 이상론을 따라 정의만을 최고 가치로 생각하는 것은 현실적인 문제점을 외면하고 자칫 형식적 논리에 그칠 가능성이 높다. 왜냐하면 힘이 없는 정의는 현실적으로 무능력하기 때문이다. 법은 겉보기엔 냉정하며 보편적이라 해도 사실상 권력을 위한 계급투쟁이라는 역사적 현실을 포함하고 있다. 오늘날 선진국들이 내세우는 보편적 권리와 법도 세계적으로 증대하고 있는 국가간, 대륙 간의 불평등을 억제하지 못하고 있다는 점에서 이 사실에 주의를 기울일 필요가 있다. 그러나 권력과 힘은 법의 필요조건이지 충분 조건은 아니다. 법을 지킴에 있어 정의와 도덕성을 염두에 두지 않는다면 우리는 출구 없는 터널을 헤매는 상황에 놓이게 될 것이다. 권력의 시녀이기를 거부하는 정의로운 법은 비록 현실적으로는 부재하나 인류가 추구해야 할 목표로서 충분한 의미를 지닌다. 그러므로 법과 정의의 관계에 대해 회의하는 자에게 정의는 어려운 화두가 될 가치가 있다.

바칼로레아의 질문들

- 어떤 조건하에서 법을 인정하지 않을 수 있는가? (2000)
- 법의 평등성이 인간간의 평등을 보장해 주는가? (1999)
- 법은 권력관계를 표현한 것에 불과한가? (1991)
- 법의 적용은 상황에 따라 달라지는가? (1995)
- 법이 자유를 보장해 주는가? (1996)

더 생각해 봅시다 ❶

불복종이 의무일 수 있는가? (1998)

소크라테스는 악법도 법이라고 말하면서 독약을 마셨다. 소크라테스처럼 무조건 법에 복종해야 하는가? 아니면 경우에 따라 불복종이 더 정의로운 행동인가? 왜, 언제, 어떤 이유로 우리는 불복종을 감행해야 하는가? 무조건적인 복종이 반드시 좋은 것만은 아니다. 법에 복종할 경우 그 법은 분명한 원칙에 기초하여야 하며 사회를 구성하는 사람들은 그 법을 지킴으로써 개인적인 이익을 얻을 수 있다는 확신을 갖고 있어야 한다. 맹목적인 복종이란 전체국가에서나 볼 수 있는 자기 포기의 행동이다. 군인, 법관, 공무원 들이 그들의 결정이 어떤 의미를 지니는지도 알지 못하고 그저 국가에 충성하는 것만을 목적으로 한다면 과연 이런 행동을 정의롭다고 말할 수 있을까? 독재자의 악행을 보며 그저 자신의 안전만을 도모하는 것이 진정한 시민의 자세일까?

그러나 개인들의 이익과 가치관이 모두 다른 이상 개인을 중심으로 사회와 법을 평가하고 비판한다면 사회는 곧 카오스 상태에 놓이게 될 것이다. 법에 대한 불복종이 정당화된다면 어떻게 사회가 유지될 수 있을까? 어떤 경우에 불복종이 필요하며, 어떤 경우에 법에 복종해야 하는지를 논의해 보자.

더 생각해 봅시다 ❷

정의는 무엇에 기초하는가?

영화를 보면 정의의 사도라 자칭하는 주인공들이 등장하는 것을 보게 된다. 이들은 악을 벌하고 선을 포상한다. 그러나 어떤 이들은 정의란 결국 힘, 즉 강한 자의 법이라는 회의적인 주장을 펼친다. 과연 정의의 근원은 무엇이며 정의를 하나의 도덕적 가치로 만드는 원리는 무엇인가?

일반적으로 정의란 각자에게 그가 받아야 할 마땅한 대가를 능력, 자질, 노력 등에 따라 정당하게 배당하는 것을 말한다. 실제로 '각자에게 그의 몫을 주라'라는 그리스-로마 시대의 보편적인 법이념이야말로 정의의 개념을 가장 잘 제시해 주고 있다고 말할 수 있다. 예를 들어 부의 분배에 있어 더 열심히 일한 자가 더 많은 돈을 버는 것은 정당하다. 그리고 이 경우 정의란 권리의 문제와도 연관된 것임을 알 수 있다. 정의는 의로움과 유사한 윤리적 덕목이기에 타인과의 관계에서 이기적이거나 무책임하게 행동하지 말 것을 요청하기도 한다.

정의란 기본적으로 추상적이고 이상적인 개념으로 비록 현재 상황이 정의롭지 못하더라도 그렇게 되어야 한다는 당위적 현실을 제시한다. 그러므로 여기서 우리는 다음의 질문을 던질 수 있다. 정의의 이상은 현실과 융합될 수 있을까? 부정의한 평화도 평화인가? 정의는 힘이라는 주장과 정의는 윤리적 이상이라는 주장에 대해 생각해 보자.

더 생각해 봅시다 ❸

소크라테스

지금 내가 이곳을 탈출하여 도망치려 했을 때 국법이나 국가가 "소크라테스, 말해 보게. 자네는 무슨 짓을 하려는가? 자네가 하려는 일은 우리 법률과 나라 전체를 자네 마음대로 파멸시키려는 것이 아닌가? 자네는 한 나라에서 일단 내려신 판결이 아무 효력도 거두지 못하고 한 개인의 임의대로 무효가 되고 파괴될 경우, 그 나라가 멸망하지 않고 존속할 수 있다고 생각하는가?"라고 묻는다면 크리톤, 나는 어떻게 대답해야 하는가? …… 국법은 내가 다른 어느 누구보다도 더 분명하게 따르겠다고 동의하지 않았느냐고 말할걸세. ─플라톤, 《크리톤》

18

토론에 의해 진리에 다다를 수 있는가?

Baccalauréat, 2005

정치적 논쟁은 너무 자주 벙어리 사고를 위한 귀머거리들의 대화로 마감된다.
프레데릭 드빌(Frederic Deville, 벨기에 화가)

권위적으로 대화를 이끄는 이는 지성을 증명하는 것이 아니라 단지 기억을
사용하는 것이다.
레오나르도 다빈치(Leonardo da Vinci, 이탈리아 르네상스 화가)

진리를 찾지 않으며 이비 그것을 소유하고 있다고 주장하는 자와 토론하는
것은 불가능하다.
로망 롤랑(Romand Rolland, 프랑스 작가)

서론

토론은 자신의 의견과 관점을 정당화하거나 비판하기 위한 대화술로서, 일반적으로 대화자의 역할구분을 통해 이루어진다. 한 사람이 특정 이론을 옹호하면 다른 한 명은 그것을 비판한다. 다시 말해 토론이란 해결하고자 하는 논점에 관한 다양한 제안과 이해방식들을 내놓고 서로 의견을 합쳐 그 타당성이나 적실성 등을 검토하는 대화를 가리킨다. 이런 과정을 통해 사람들은 문제를 새로운 각도에서 조명하거나 문제의 본질을 더 잘 이해하게 되어 보다 적절한 해결책을 이끌어내게 된다. "혼자서는 현자가 될 수 없다"고 라로슈푸코(F. de La Rochefoucauld)는 말했다. 토론에 의해 우리는 진리에 보다 가깝게 접근할 수 있을까?

토론이 반드시 진리로 가는 지름길은 아니다

토론은 많은 경우 해결책을 제시하지만 수학이나 경험과학에 있어선 그리 중요한 역할을 하지 못한다. 물론 과학분야에서도 토론은 분석을 증명하거나 전개하는 과정에서 유용하게 쓰일 수 있다. 하지만 본질적으로 과학적 진리의 원천은 논증, 계산, 경험적 검증이다. 만약 내가 화성의 지름이 6794km라고 확고히 주장할 수 있는 실험적 규약을 세웠다고 상상해 보자. 이 주장을 뒷받침해 주는 증거들이 이성적으로나 경험적으로 이론의 여지가 없다면 타자는 반박할 수 없을 것이며 토론도 필요 없을 것이다. 산술학, 기하학, 논리학과 같은 분야에서도 확신과 진리는 일치한다. 만약 어떤 계산이나 실험이 정확하다고 그 분야의 전문가가 확신한다면 타자의 동의나 의견은 전혀 필요치 않을 수 있다. 이 경우 보다 정확한 과정과 방법을 통해 자신의 추론을 검증하는 것이 더 중요할 것이다.

철학의 경우에는 어떠한가? 주장에 대한 검증이나 실험을 필요로 하지 않는 철학의 경우에 토론은 매우 중요할 것이라고 사람들은 생각한다. 그러나 토론이 철학적 진리를 찾기 위해 반드시 필요한 것일까? 현실적으로 이념을 둘러싼 토론은 쉽게 흑백논리의 문제에 당면하게 되는 경우가 많다. 상대방의 의견을 전혀 수용할 의향 없이 자신의 논지만을 강력하게 고수하는 태도는 정치·철학 토론에서 우리가 흔히 볼 수 있는 풍경이다. 토론을 할 때 우리는 중요한 개념을 사용하게 되는데, 이 개념의 본뜻을 상대방이 제대로 이해 못했을 때 토론은 귀머거리들의 대화가 되게 마련이다. 가령 내가 사용하는 '사회주의'와 상대방이 사용하는 '사회주의'는 전혀 다른 맥락에서 사용될 수 있다. 이처럼 서로 다른 개념사전을 갖고 토론에 참여할 경우 우리는 대화보다는 독백을 하게 될 가능성이 높다. 우리가 토론 중 자주 사용하는 표현들, 가령 "그러니까, 내 말은"이나 "내 말이 의미하는 바는" 들도 개념에 대한 상대방의 몰이해와 오해의 가능성을 우리 스스로도 의식하고 있음을 잘 보여준다. 언어는 매우 미묘하고 섬세한 것이라 같은 단어도 상황과 맥락에 따라 달라지기 때문에 대화자가 어떤 생각을 갖고 있고 어떤 삶을 살았으며 그의 책의 주된 내용이 무엇인지를 알지 못하고 무작정 토론에 임할 경우 피상적인 정보교환에 그칠 위험이 있다.

들뢰즈(G. Deleuze)에 의하면 대부분의 토론자들은 토론의 결과에 큰 관심을 갖지 않기에 토론은 서로 자신의 의견을 표명하려는

노력으로 그치기 쉽다. 그는 《대담》에서 다음과 같이 말한다. "토론
이란 그처럼 어려운 것이다. 또 그래서 토론의 여지란 없는 것이다.
결코, 사람들은 누구에게 대고 '네가 말하는 것에 대해서는 아무 흥
미가 없어!'라고는 말하지 않는다. '그건 틀렸어'라고는 말한다. 하
지만 누군가가 말하는 것이 틀리는 법은 없다. 틀리는 것이 아니라,
바보 같거나 전혀 중요하지 않을 뿐이다. 수천 번도 더 반복된 얘기
이기 때문이다. 중요, 필요, 흥미 등의 개념들이 진실의 개념보다
훨씬 더 결정적인 것이다." 실제로 우리는 상대방이 지적한 부분적
비판에는 수긍한다 해도 우리의 기본 가치관은 고수하는 경향이 있
다. 가치관은 인식의 문제를 넘어서는 신념의 문제이기 때문에 가
치관 자체에 대한 반박을 받아들이는 것은 결코 쉽지 않다. 고르기
아스(Gorgias), 폴로스(Polos), 칼리클레스 등은 바로 이러한 어려
움을 직시했기에 소크라테스와의 대화를 거부하였다. 토론자들은
토론에 들어가기 전에 어떤 문제가 제기될 것인지를 짐작할 수 있
다. 만약 상대방의 비판과 지적이 자신의 가치관과 절대로 타협할
수 없는 것이라면 그는 실질적으로 어떤 토론도 가능하지 않을 것
이라는 것을 알기 때문에 토론에 참여할 의욕을 잃게 될 것이다. 이
러한 사실로부터 들뢰즈는 "철학은 엄밀히 토론과는 전혀 상관이
없는 것이다"라는 회의적인 결론에 이르게 된다.

진리의 원천으로 간주된 토론과 대화에 대한 맹렬한 비판은 고대
소피스트들에게서 이미 발견되었다. 소피스트들이란 "잘 말하고"
어떤 관점(철학적, 정치적 관점 등)이라도 특정한 목표를 위해 잘 옹
호할 수 있는 언변가들을 일컫는다. 그들 중에는 여행을 좋아하는

사람들이 많았는데 그들은 여행 중 많은 사람들을 만나 대화를 나누면서 개인마다 의견과 가치관이 다르다는 것을 알게 되었고 결국 아무것도 믿지 않게 되었다. 그들에게 있어 논변이란 보편진리 추구를 위한 수단이라기보다는 명성, 권력, 그리고 돈을 얻기 위한 수단에 불과했다. 즉, 그들에게 있어 중요한 것은 대화의 효율성이었으므로 그들은 대화의 내용이 진실인지 아닌지에 대해서는 큰 관심을 두지 않았고 어떻게 하면 더 효과적으로 대중들을 설득할 수 있을는지에 대해서만 생각했다. 소피스트들에 의하면 일상적으로 우리가 진리라고 일컫는 것은 존재하지 않는다. 존재하더라도 인간은 그것을 알 수 없다. 진리는 어떤 원천도 갖지 않으므로 토론이 진리의 지름길이 될 수도 없다. 반면 토론이 권력의 도구가 될 수는 있다. 토론을 통해 더 많은 사람들의 동의를 얻게 된다면 그 주장은 보다 큰 경제적·정치적 힘을 얻게 될 것이다. 이 경우 토론은 정직하고 진실된 사상의 교환이 아니라 강력한 이데올로기들간의 수사학적 능력의 경연이 될 것이다. 이런 주장에 공감한 소피스트 시대의 많은 선동정치가들은 정치에 있어 중요한 것은 보다 많은 대중을 설득하는 것이며 토론이 반드시 진리의 문제를 다룰 필요는 없다고 생각했다.

이 점에서 우리는 토론이 지닌 권력적 성격을 발견하게 된다. 의식적이건 부의식적이건 토론은 단순한 말과 생각의 교환이 아니라 권력의 교환이다. 따라서 토론자의 사회적 위치가 어떠한가에 따라 그의 발언을 대하는 상대방의 태도는 달라질 수 있다. 그의 발언이 그리 타당치 않다 하더라도 그의 사회적 권력과 영향력에 따라 우

리는 그의 의견에 승복할 수 있으며 이러한 사실은 토론이 진리추
구의 방법이기에는 한계를 지님을 잘 보여준다.

진리는 토론을 조건으로 한다

앞서 우리는 과학분야에서 추론과 검증에 의해 획득된 결과는 학자
들 간의 토론에 의해 확증될 필요가 없으므로 토론은 과학적 진리
의 원천이 될 수 없다고 말했다. 그러나 가장 간단한 결과(가령 순수
수학이나 분자화학과 같은)와 관련해서 토론이 불필요한 것이 사실
이라 해도 보다 복잡한 과학연구에서도 토론이 필요하지 않다고는
말할 수 없다. 과학에서 토론이 필요 없다고 생각하는 것은 과학에
대한 오래된 선입견이다. 과학탐구에 있어 공개적인 토론은 매우
중요하다. 만약 과학자가 과학공동체를 외면한 채 홀로 연구하기를
고집한다면 그는 많은 오류를 범하게 될 것이며 특히 물리학에 있
어 동료들의 도움 없이 중요한 발명과 발견을 이룬다는 것은 오늘
날 거의 불가능하다. 예를 들어 아인슈타인에 의해 구축된 상대성
이론을 옹호하는 과학자들과 끈이론[16]을 옹호하는 과학자들 사이
에서의 열띤 논쟁은 과학의 발전을 위해 기존 이론에 대한 비판과

---

16) 우주를 구성하고 있는 최소 단위를 점 입자가 아니라 끊임없이 진동하는, 매우 가느다란 끈
　　으로 보는 이론. 끈이론은 만물의 최소단위를 점 알갱이에서 끈으로 대치시켰을 뿐이지만
　　그 파장은 대단하다. 끈이론은 아인슈타인의 일반상대성이론이 틀렸음을 지적하고, 지난
　　50년 동안 과학계를 지배했던 빅뱅이론을 부정하며, 전혀 다른 개념의 우주론을 제시하는
　　혁명적인 이론이다.

토론은 피할 수 없는 것임을 잘 보여준다. 칼 포퍼는 이론이란 원칙적으로 반박될 수 있는 한에서만 과학적이라고 말했다. 그렇다면 증거자료를 공개하지 않고 다른 학자들에 의해 검증, 비판되는 것을 거부하는 이론은 그 폐쇄적 태도만으로도 과학적이지 않은 것으로 평가될 수 있다. 포퍼에 따르면 과학적 진리를 포함한 모든 진리는 잠정적이므로 항상 비판되고 검증되어야 한다. 그리고 이 과정에서 토론은 과학적 발전의 중요한 원천이 된다.

들뢰즈, 데리다(J. Derrida) 등에 의해 진리추구에 있어 토론이 실질적으로 어떤 도움을 줄 수 있을까 하는 회의론이 제기되었지만, 철학에서도 토론은 여전히 필수불가결하다. 전통적으로 철학자들은 논리적 사고와 대화술을 통해 보편진리에 다가갈 수 있다고 생각했다. 예를 들어 진리에 이르기 위해 소크라테스는 대화자에게 지식을 주입하지 않고 질문만을 해서 대화자 스스로가 자신도 모르는 사이에 진리를 상기시켜 알아내게 하는 산파술을 사용했다.《메논》에서 플라톤은 토론을 젊은 노예가 기하학적 법칙을 찾을 수 있는 방법으로 제시한다. 이러한 토론기술(질문과 대답에 의한 대화법)을 플라톤은 변증법이라고 부른다. 변증법은 대화와 진리추구의 기초 규칙에 부응하는 사고의 모델이다. 변증법을 사용할 때 주의할 것은 사용하는 개념을 분명히 밝히고 그 의미를 명확히 하여 오해의 여지를 남기지 않도록 하는 것이다. 특히 상대방이 사용하는 개념에 주의를 기울이는 것이 필요한데 만약 개념이나 단어 사용에서 오해가 발생한다면 토론은 무의미한 결과를 낳게 될 것이다. 토론의 목적은 자신의 개인적 감정을 토로하는 것도 아니고 논쟁에서

우리가 민주주의를 옹호하는 것은 표현과 토론의 자유가 금지된 전체주의
국가나 종교국가에서 사고가 정체되는 현상을 수없이 목격했기 때문이다.
다양한 의견의 교환은 민주주의의 건강상태를 가늠하는 기준이 된다.

반드시 이기기 위한 것도 아니다. 물론 때때로 토론은 해결책을 간구하는 과정에서 경쟁적인 성격을 띠기도 하고 상호비판으로 치닫기도 한다. 그러나 토론의 유일한 목적은 다양한 의견을 교환하면서 상호 이해와 협조를 통해 공동의 진리를 추구하는 것이므로 독선이나 흑백논리는 토론의 기본 이상에 반대된다. 토론은 욕망이나 감정이 아닌 이성에 기반한 객관적 대화이다. 이러한 원칙이 지켜질 때 우리는 다양한 논의방법을 습득할 수 있을 것이며 토론의 경험이 쌓일 때마다 조금씩 자신의 사고력과 지적 수준이 향상되는 것을 느낄 수 있을 것이다.

우리가 민주주의를 옹호하는 것은 표현과 토론의 자유가 금지된 전체주의 국가나 종교국가에서 사고가 정체되는 현상을 수없이 목격했기 때문이다. 다양한 의견의 교환은 민주주의의 건강상태를 가늠하는 기준이기도 하다. 권력자들은 대중들이 자유로운 토론을 통해 권력을 비판하고 사회질서를 전복시킬 것을 항상 두려워하기에 언론조작이나 선전문구를 통해 대중이 진리를 모르고 있다는 사실을, 즉 토론이 필요하다는 것을 최대한 은닉하려고 노력한다. 그러나 자유로운 표현과 의사소통은 인간의 기본 권리인 동시에 사회평화를 위해서도 반드시 필요하다. 스피노자는 토론을 통해 사회는 폭력을 피할 수 있다고 생각했으며 "자유로운 국가 안에서는 모두가 원하는 대로 생각하고 생각하는 것을 말할 수 있다"고 주장했다. 즉, 독단주의를 피하고 자신의 의견을 남과 나누기 위한 노력 속에서만이 사고는 발전할 수 있으므로 토론은 사회발전과 자아성장 모두에 있어 중요하다.

토론의 종류와 한계

들뢰즈가 주장하는 것과 달리 철학적 활동은 대화를 조건으로 한다. 그러나 대화가 소크라테스적 변증법에 국한되는 것은 아니다. 토론은 상호 소통이 가능한 선에서 생각과 판단을 교환할 수 있을 때 언제라도 시작될 수 있다. 데카르트는 고전작품을 읽는 것은 역사를 통한 토론이며 이것은 개인에게 많은 풍요로움을 가져온다고 말했고, 세네카(L. A. Seneca)도 독서의 중요성을 다음과 같이 피력했다. "우리는 소크라테스와 토론하고 카르네아데스와 함께 의심하고 에피쿠로스와 함께 쉬고 스토이스트들과 함께 인간 본성을 물리칠 수 있다. …… 마찬가지로 우리는 세월을 초월하여 한 사회의 사상을 접할 수 있다. 그렇다면 왜 우리 모두가 세상에서 가장 좋은 사람들과 공유하고 있는 이 영원하고 무한한 생각에 몰두하려 하지 않겠는가?"

무로부터 사고를 이끌어내는 이는 아무도 없다. 아무리 독창적인 사고라 할지라도 그것은 이미 존재하는 사고들의 조합에 의해 창조된 것이다. 과거나 타자와의 대화를 배제한 사고는 바람직하지 않을 뿐 아니라 불가능하다. 보다 극단적으로 혼자 하는 생각이나 독백도 스스로와의 대화라고 말할 수 있다. 사회적 도구인 언어를 쓰는 이상, 그리고 그것을 사용해 생각을 표현하는 이상, 우리의 대부분의 생각은 그것이 독백이라 할지라도 사실상 대화의 형태를 취하고 있다. 나 안의 또 다른 나를 발견하는 것, 예상치 못한 미지의 타자를 만나는 것, 이 모두가 토론을 통해 이루어진다.

그러나 언어와 토론만으로 진리에 이를 수 있는 것은 아니다. 종교적·신비주의적 사상가에 의하면 우리 언어와 이성의 능력은 한정되어 있으므로 우리는 결코 형이상학적인 문제를 과학적으로 해결할 수 없다. 예를 들어 신이나 죽음 후의 생을 증명하려 할 때 우리는 토론의 한계에 도달하게 된다. 플로티노스와 에크하르트(M. Eckhart)와 같은 신비주의자들의 초감각적 세계에 대한 초이성적 믿음이 보여주듯 절대성의 추구는 본질적으로 토론과 개념화의 논리를 초월하므로 말할 수 없는 것에 대해선 토론도 큰 도움을 줄 수 없다.

결론

"타자와의 진정한 대화가 과연 가능한가?"라는 질문은 항상 제기되지만 인간은 근본적으로 독백이 아닌 대화의 존재이므로 토론이 진리, 혹은 의미의 발견에 있어 반드시 필요한 조건임은 누구도 부인할 수 없다. 다른 이해관계와 가치관을 가진 사람들끼리 서로 이해를 도모한다는 것은 매우 어려운 일임이 분명하다. 그러나 나의 진정한 적은 타자가 아니라 나 자신, 내 안의 모순과 결함이 아닐까? 아무리 자신의 생각에 자신감을 갖고 있다 해도 통괄적으로 자신의 모든 것을 이해하는 것은 불가능하다. 나의 취약한 점을 지적해 줄 수 있는 사람이 바로 타자이기에 우리는 그의 비판을 긍정적으로 수용해야 한다. 그런 성숙한 자아비판 과정을 거쳐야만 우리는 보다 완벽하고 섬밀한 앎을 지닐 수 있다. 한편 토론에 있어 비판의 대상이 되는 것은 토론자가 아니라 그의 주장이기에 항상 상대편에 대한 예의를 지키고 잘 말하는 것만큼이나 잘 경청하는 미덕을 실천하도록 노력해야 한다. 겸허한 마음과 열린 사고를 갖지 않는다면 아무리 많은 토론에 참가한다 해도 나는 나의 부족함과 모순을 인식하지 못할 것이다. 참된 토론은 대화자 사이의 갈등을 해소시키고 우애를 산출하며 화합의 진가를 발휘하게끔 한다. 요컨대 대화와 토론은 사고의 교환방식이기 전에 삶의 소중한 수단이다. 나의 사상은 타인과의 토론을 통해 확인되며 타자와의 사상과 결합되면서 보다 창조적인 것으로 발전하게 된다. 그러므로 열린 마음으로 타자와의 대화에 응할 때 우리는 보다 다양한 사고와 깊이 있는 이해를 갖게 될 것이며 진리에 보다 가까이 다가갈 수 있을 것이다.

바칼로레아의 질문들

- 어떤 조건하에서 진정한 대화가 가능한가?
- 생각과 감정을 교환할 수 있는가?
- 모든 대화가 폭력을 배제하는가?
- 협약은 대화의 조건인가, 대화의 결과인가?
- 타자의 동의를 얻어내는 것이 토론의 목적인가?

우리나라에서 토론이 발전하지 않은 이유는 무엇일까?

우리나라에서 토론이 발전하지 않은 이유는 무엇일까? 우선 위계질서에 따른 권위적 대화술을 그 원인으로 지적할 수 있다. 전통적인 유교적 가치관에 따라 우리는 나이가 많거나 지위가 높은 사람의 의견에 반대할 수 있는 자유를 갖지 못했고 그보다는 복종과 순응이 미덕으로 간주되었기에 지금도 권위관계를 넘어서는 비판에 한국사람들은 익숙지 않다. 말보다는 침묵이, 다변가보다는 점잖은 사람이 더 인정받았다는 것도 토론문화를 위축시킨 요인으로 들 수 있다.

또 우리나라 사람들은 아직도 개성이나 독창성에 대해 그리 관용적이지 못하며 다수의 의견과 일치하지 않는 새로운 주장에 대해 호기심을 나타내기보다는 적대감을 나타내는 경향이 있다. 오랫동안 남의 시선이나 판단을 중시하는 공동체 중심적 가치관에 따라 충돌이나 갈등보다는 어울림을 강조했기에 우리나라에서 언어로 상대방을 공격하는 태도는 폭력적이고 개인주의적인 행동으로 비춰질 위험이 있다.

한편 한국인의 특징이라 할 '정'의 문화에 대해서도 생각해 볼 필요가 있다. 이성이나 합리성보다는 정과 감정에 치우치는 국민적 특성에 의해 우리나라 사람들은 논리적으로 자신의 의견을 게재할 기회를 많이 갖지 못했다. 감정보다 이성을 강조하는 사람들에 대한 사회적 인식은 서구국가에 비해 부정적이다. 우리나라에서 인정을 받는 사람은 똑똑한 사람보다는 사람 좋고 인간성이 좋은 사람이다. 충돌보다는 정을 바탕으로 한 화해나 복종을 선호했기에 문제를 냉정하게 파헤치는 모습에 쉽게 적응하지 못하고 있는지도 모른다.

토론문화가 정착하지 못한 데에는 교육의 책임도 크다. 그동안 한국 교육은 주어진 것의 암기에 치중해 왔기에 학생들은 자신만의 사고를 적극적으로 발전시킬 수 없었다. 또한 입시경쟁만 신경쓰다 보니 다른 사람들과 협력하고 함께 성취하는 방법에도 익숙지 못하다. 토론은 개인의 사고력과 타인에 대한 존중을 기초로 하며 이 둘은 많은 독서와 도덕적 훈련을 통해 이루어지는데 우리나라 교육실정은 얼마 전까지만 해도 이 문제에 무심했다. 그러나 갈수록 독서와 토론에 대한 관심이 증대하고 있으므로 곧 보다 활발한 토론문화가 정착되리라 기대할 수 있다. 토론은 민주주의적이고 창의적인 사고와 문화적 역량의 시작이다. 토론문화와 톨레랑스의 연관관계에 대해 생각해 보자.

대화의 실패 원인은 무엇인가?

올바른 대화의 조건은 무엇일까? 대화를 파기한다거나 중단할 때는 언제이며 왜 그런 일이 발생하는 것일까? 대화를 하기 위해선 화자들이 일정 부분에 대해 동의하고 협의해야 한다. 만약 이런 사전작업 없이 무조건 대화를 시도한다면 폭력이나 오해를 피할 수 없다. 우리는 일반적으로 서로의 의견이 다르기 때문에 대화를 시도한다고 생각하지만 사실 좋게 끝나는 대화의 경우 이미 대화가 있기 전에 얼마간의 협약이 이루어졌음을 볼 수 있다. 그렇다면 모순적이게도 동의는 대화의 결과물이라기보다 시작의 조건일 가능성이 크다. 정치적 문제가 발생했을 때의 지도자들 간의 대화를 생각해 보자. 그들은 문제를 해결하기 위해 모인다고 하지만 근본적인 동의가 전제되지 않는다면 회의에 참석조차 하지 않을 것이다. 요컨대 대화는 일정한 합의가 이루어질 것이라는 동의를 전제로 시작된다. 여기서 합의와 동의의 차이는 무엇인지에 대해 생각해 보자.

'내가 옳아'라고 말할 때 내 상대편은 침묵해야만 하는가? (1985)

내가 옳다고 말할 때 나는 내가 진리를 쥐고 있기에 나의 의견과 상충되는 의견은 필연적으로 잘못된 생각이라는 가정을 하게 된다. 말하자면 진리에 대한 믿음을 갖는 순간부터 그것에 반하는 모든 타자의 의견은 자연히 덜 진실한 것으로 간주된다. 그리고 이 경우 토론 자체는 무의미한 것이 된다. 진리를 보유하고 있다고 생각하는 자에게 토론은 타인에게 나의 생각을 강요하고 그가 틀렸음을 지적하는 수단이지 결코 나의 단점을 인지해야 하는 장일 수 없다. 그러나 "내가 옳다"라는 주장은 "나는 안다"라는 확신과는 다른 것이다. "내가 옳다"라는 주장에는 이미 나는 그렇게 확신한다는 주관적 판단이 개입되어 있으며 결과적으로 그것이 객관적 진리라고는 볼 수 없다. 만약 이성이 아닌 자신의 믿음에 근거하여 나의 주장만을 옳다고 생각하고 타인에게 침묵을 강요한다면 우리는 진정한 보편진리를 찾을 기회 자체를 놓치게 될 것이다. 대화를 통해서만이 우리는 보다 완벽하고 객관적인 진리에 다다를 수 있다. 정념이나 주관적 믿음에 의해 왜곡되지 않는 올바른 토론방식에 대해 생각해 보자.

323

19

과학자는 발견하고
예술가는 창조한다는 말은
타당한가?

Baccalauréat, 1978

안다는 것은 전혀 중요하지 않다. 상상하는 것이 가장 중요하다.
아나톨 프랑스(Anatole France, 프랑스 작가)

컴퓨터는 민첩한 바보이다, 상상력도 없고 스스로 행동할 수도 없다.
현재에도 미래에도 컴퓨터는 단지 인간의 도구일 뿐이다.
미국도서관협회의 Univac(전자계산기 상품명)에 관한 1964년도 성명서

과학은 우리가 이디로 가는지를 말해 주지 않는다. 그것은 예술의 역할이다.
과학은 우리가 어디에 있는지를 알려줄 뿐이다.
로랑 르미르(Laurent Lemire, 프랑스 기자)

서론

예술과 과학 사이에는 어떤 관계가 존재하는가? 인간의 문화를 대표하는 이 두 분야의 공통점은 무엇이며, 이 둘을 대립하게 하는 것은 무엇인가? 사람들은 예술가란 형체가 없는 물질(나무, 돌, 언어, 색깔, 음 등)을 재료로 미적인 가치를 지닌 독창적 형상을 만들어내는 창조가라고 말한다. 반면 과학자들은 이미 존재하는 것, 자연의 법칙을 발견할 뿐 창조하지는 않는다고 생각한다. 일상에서 과학자들은 엔지니어나 기술자의 동의어로 이해되기도 한다. 논리와 이성이 중시되는 과학에 상상이 자리할 수 있을까? 사람들은 과학을 딱딱하고 지루한 학문으로 규정하는 경향이 있다. 그러나 과학자가 계산과 논리성만을 중시한다는 것은 너무 극단적인 주장일 수 있다. 예술과 과학이 모순적일 수밖에 없다는 주장은 지나치게 단순화된 선입견이 아닐까? 과학과 예술은 세상에 일상적이지 않은 질문을 던지고 세상의 본질을 이해하고자 하며 그러한 이해를 근간으로 새로운 미래를 추구한다는 점에서 일치하는 면도 많다. 예술가는 창조하고 과학자는 발견한다는 주장은 과연 타당한가?

예술과 과학의 차이

예술은 주관적이고 과학은 보편적이라는 본질적 차이를 부인할 수는 없다. 시인 베를렌(P. M. Verlaine)은 "제군들, 예술은 절대적으로 자기 자신이다"라고 말했고, 과학자 클로드 베르나르는 "예술은 나이고 과학은 우리이다"라는 말을 통해 과학과 예술은 구별되는 것임을 명시했다. 즉, 예술은 스스로의 법칙을 만드는 주관적인 창조물인 데 반해 과학의 목표는 경험적 사실을 근거로 하여 자연현상을 주관하는 보편적이고 객관적인 법칙들을 발견하는 것이라는 것이 일반적인 견해이다. 바슐라르는 《과학적 정신의 형성》에서 제어되지 않은 상상에 의한 전과학적 앎이 야기하는 문제점들을 지적하면서 은유적 상상의 일반화는 객관적 지식에 있어 위험하다고 설명했다.

과학은 경험하지 않은 것에 근거할 수 없으며 모순성을 해결하려 노력해야 하고, 여기서 맞는 말이라면 저기서도 맞아야 한다는 보편성의 법칙을 따라야 한다. 또한 과학은 집단적으로 인정된 정확한 목적을 위해 주관성과 모호성을 제거하고 발견한 진리를 사람들에게 납득시켜야 한다. 아리스토텔레스는 "실제적인 것은 개인이며 보편적인 것은 과학이다"라는 문장을 통해 구체적인 것을 추상적인 사고로 만드는 것이 과학에 있어 필수적임을 강조했다. 우연성과 불확실성, 특수성을 용납하는 과학 공식은 없다. 과학이 설명할 수 있는 것은 일정하게 법칙을 따르는 것뿐이다. 반면 예술가들은 보편법칙을 발견해야 할 의무를 지니지 않으며 그들에게 있어 모호한 현실은 해결해야 할 문제라기보다는 그 자체가 실험의 영역이 된다. 예술에서 이성적이고 합리적인 설명은 최고의 가치가 아니다. 왜냐하면 예술적 창조과정은 이성적 목표를 초월하기 때문이다. 이와 관련해서 가에탕 피콩(Gaétan Picon)[17]은 "의식은 창조적

---

17) 가에탕 피콩(Gaétan Picon, 1915~1976) : 프랑스 예술비평가, 에세이스트.

일 수 없다. 발명은 의식의 속성이 아니라 특별한 힘의 결과이다"라고 명시했다. 우리는 흔히 과학자들을 똑똑한 사람으로 지칭한다. 그러나 예술가를 똑똑한 자로 인식하는 것에는 왠지 모를 어색함을 느낀다. 추론, 판단, 분석 등의 논리적 지성이 과학자의 특성이라면 예술가에게는 딱딱한 이성보다는 설명할 수 없는 주관성, 독창성이 더 어울린다고 생각하는 것이 일반적이다. 실제로 예술은 무의식적 잠재력에 기초하기 때문에 과학적인 정당화의 방법은 예술가에게 위협적으로 느껴질 수 있다. 예술품의 가치는 객관적인 법칙이나 증명에 의해 검증될 수 있는 것이 아니다. 그보다는 내면적 진실에 그 근거를 두어야 한다.

"예술작품은 기계적 산출품이 아니기에 법칙에 종속될 수 없다"고 헤겔은 《미학》에서 밝힌 바 있다. 말하자면 예술에서 '반드시'라는 규칙은 존재하지 않는다는 것이다. 예술은 실험을 하더라도 객관적일 필요가 없고 예술 이외의 목적을 지향할 필요도 없다. 왜냐하면 순간순간의 창조가 바로 예술작품의 목표가 되기 때문이다. 과학은 반대로 매우 엄격한 법칙에 종속되어 있다. 과학이론의 타당성은 지켜야 될 법칙을 수용했느냐 효용성이 있느냐 등에 따라 결정된다. 물론 예술가 역시 발견가일 수 있으며 그 나름대로 일상 속에 묻혀 있는 진리를 발견할 수 있다. 그러나 예술의 주목적은 현실을 이해하는 것이 아니라 그것에 새로운 형태를 부여하여 여태껏 존재하지 않았던 것을 창조하는 것이다. 반면 보편진리를 통해 현상을 설명하는 것이 과학의 궁극적 목적이다. "현상의 법칙 속에 과학은 실제로 존재한다"고 오귀스트 콩트는 말했다. 그런데 이 법칙은 그것을 발견하는 사람에 앞서 이미 존재하므로 그것을 발견하는 과학자가 그것을 창조했다고는 볼 수 없다. 과학자는 현상의 본질을 변형할 수도 창조할 수도 없으며 단지 그것을 이해할 수 있을 뿐이다.

과학은 단 하나의 절대적 진리 발견을 목표로 하며 따라서 진보라는 개념을 적용할 수 있는 공동작업적인 성격을 띤다. 과학에서 과거 이론은 새로운 발견을 위한 수단이 된다. 아인슈타인은 뉴턴의 물리학으로부터 출발하여 뉴턴의 물리학을 넘어섰다. 그러나 예술에 있어 레오나르도 다빈치나 고흐의 그림을 피카소가 뛰어넘었다고 말할 수는 없다. 예술에 있어 궁극적으로 발견해야 할 진리는 존재하지 않으며 진보란 개념도 의미가 없다. 정리하자면 과학자는 있는 그대로의 세상을 발견하고 예술가는 스스로의 세계를 창조한다. 이 예술적 세계는 항상 미래를 향하고 있으며 현재를 초월하는 특징을 지닌다. 즉, 과학자가 현실을 냉정하게 파악하고 자연의 법칙에 순응하는 데 반해 예술가는 현실을 극복하고 초자연적인 세계를 창조하는 것을 목적으로 한다.

창조적 발견

그러나 "과학자는 창조하지 않는다"는 것은 고정된 선입견이 아닐까? 보들레르는 "상상은 가장 과학적인 상상력이다"라고 말하면서 창조성과 과학성신 간의 밀접한 관계를 강조했다. 실제로 과학사를 살펴볼 때 과학적 상상력은 중요한 대부분의 발견에서 그 근원이 되었음을 쉽게 알 수 있다. 바슐라르가 지적했듯이 과학자들은 진리에 근접한 인식을 갖고 있을 뿐 현실에 대한 정확한 앎을 보유하고 있는 과학자는 아무도 없다. 따라서 과학자는 잠정적으로나마 현상을 설명할 수 있는 모델을 창조하는데 이 모델들은 과거에 존재한 적이 없기 때문에 과학자가 단순히 이미 존재하는 것을 발견했다고는 말하기 어렵다. 과학자들은 실험에 들어가기에 앞서 가설을 세운다. 예를 들어 뉴턴이 무게를 지닌 것은 모두 떨어진다는 중력의 법칙을 세우기 전에 아리스토텔레스, 케플러, 갈릴레이, 데카르트 등 수많은 철학자들은 각각 상상력을 동원해 물체의 낙하를 설명하려 노력했다. 이러한 상상 중 현실과 일치하는 것이 진리로 받아들여지는 것이다. 부인할 수 없는 과학자와 예술가의 또 다른 공통점은 둘 모두 작업 속에서 감동과 놀라움을 경험한다는 점이다. 이러한 놀라움의 경험으로부터 그들은 새로운 것을 창조하게 된다. 어떤 풍경을 보고 놀란 화가가 그 풍경에 새로운 이미지를 부여하듯이 과학자는 어떤 현상에 놀라고 그것을 설명할 수 있는 방법을 상상해 낸다.

한편 개념들을 형성하는 데 있어서도 과학자들은 창조자의 역할을 수행한다. 과학의 언어는 일상언어와 다르다. 과학적 용어는 일상적인 삶에서 전혀 쓸모없는 개념을 개입시킨다. 독창적이고 특이한, 즉 이미 존재하지 않는 언어를 창조한다는 점에 있어서도 과학은 창조적인 작업이라고 할 수 있다. 실제로 새로운 과학적 개념들은 예술가들의 상상력을 자극하는 시적인 호소력마저 지니고 있음을 우리는 종종 목격한다.

사람들은 창조적인 상상을 가장 우수한 사고 형태라고 말한다.

스티븐 스필버그(Steven A. Spielberg)의 영화 〈ET〉의 한 장면.
이티와 소년이 보름달을 가로지르며 자전거를 타고 하늘을 나는 장면은 어린이만의 순수한 상상의
세계를 화려한 영상으로 보여준 영화사에 빛나는 장면으로 기억된다.

사물을 분석하고 그 관계를 이해하고 분류하는 다른 지성적 능력과 달리 창조적 상상력은 기존의 관계를 다시 종합하여 새로운 것을 만드는 힘이기 때문이다. 라플라스(P. S. de Laplace)는 다음과 같이 말한다. "모든 분야에서의 발명은 그때까지 따로 떨어져 있던 아이디어들을 결합시키는 것이다." 즉, 지금까지 아무런 연관이 없어 보이는 것 간의 공통점을 발견하고 연관시켜 새로운 것을 만들어내는 재능에서 우리는 상상력의 저력을 발견할 수 있다. 과학자들의 창조력을 예를 들어보자. 프레넬(A. J. Fresnel)은 빛과 음파의 관계를, 파스퇴르(L. Pasteur)는 세균성 질환과 발효의 관계를, 라부아지에는 호흡과 연소의 관계를, 드 브로글리(de Broglie)는 물질과 광선의 관계를 발견하였고, 그전에 사람들이 예상하지 못했던 관계를 그들이 종합하고 분석함으로써 새로운 이론들이 탄생할 수 있었다. 과학적 발견은 콜럼버스가 아메리카대륙을 발견했다는 식의 발견이 아니라 창조적 발견이다. 과학자들은 기존의 개념들을 새롭게 연결하고 자연현상에 다시 재결합시킴으로써 새로운 구조와 논리를 창조한다. 예술적 창조 역시 어떤 점에선 아직 미발표된 관계를 만드는 것이다. 그 대표적 경우로 시의 은유법을 들 수 있다. 아무도 예상하지 못했던 두 사물간의 관계를 부각시킴으로써 시는 새로운 세계를 산출한다. 초현실주의자 엘뤼아르(P. Eluard)의 유명한 은유 "대지는 오렌지처럼 파랗다"가 보여주듯이 현실에서 예상할 수 없는 관계의 형성은 예술적 힘으로 발휘된다.

예술은 상상적이고 주관적이며 종합적 사고에 기초한다는 주장과 과학은 논리적이고 객관적이며 분석적 사고에 기초한다는 일반적인 생각은 인위적인 것에 불과할 수 있다. 과학적 창조나 예술적 창조 모두 분석과 종합 사이를 오가며 무의식과 잠재적 직관에 의해 자극을 받는다. 베르그송은 직관의 중요성을 강조하면서 사물의 본질을 잘 포착하는 창조가들은 이성에 의거해 추론하기보다는 본능적인 직관과 감수성으로부터 더 큰 도움을 받는다고 보았다. 그런데 이런 창조적 직관은 과학자와 예술가 모두에게서 발견되는 특성이다. 물론 예술과 과학 사이에는 방법론적 차이가 있지만 적어도 창조라는 활동영역에 있어 과학적 투사력과 예술적 직감은 부분적으로 일치한다.

본질에 대한 추구

최초의 노벨화학상 수상자인 네덜란드의 화학자 야코부스 반트호프(Jacobus H. van't Hoff)는 "가장 혁신적인 과학자들은 언제나 미술가, 음악가이거나 시인이다"라고 말했다. 실제로 예술과 과학은 별로 관계가 없어 보이지만 상상력의 힘에 의해 서로 밀접한 관계를 맺고 있다는 사실이 밝혀지고 있다. 예술 속에서 우리는 진리에 대한 추구와 과학적 이해의 활용을 발견하며 과학적 탐구에서 예술적 직감은 점점 더 큰 역할을 수행한다.

과학사를 살펴보면 "뛰어난 예술가는 뛰어난 과학자이기도 하다"는 말을 증명하는 학자나 예술가들이 많았음을 볼 수 있다. 르네상스 시내의 대표적 천재로 간주되는 레오나르도 다빈치를 바라보는 시각은 크게 두 가지로 나뉘는데, 첫 번째는 예술가로서의 과학자이고, 두 번째는 창조자와 발명가로서의 예술가이다. 코페르니쿠스와 파스퇴르는 과학자이면서 타고난 예술가였고 슈바이처, 아인 슈타인은 음악과 과학을 동시에 사랑했다. 화가들 중에도 과학으로 부터 도움을 받은 사람들이 많다. 피카소나 그리스(J. Gris)[18] 같은 입체파 화가들이 고전적인 회화의 표현을 넘어 최첨단 과학으로 통찰력을 얻기 위해 푸앵카레(J. H. Poincaré)의 물리학과 비유클리드 기하학을 공부했다는 것은 널리 알려진 사실이다. 순수한 정신활동인 과학과 예술은 모두 표면적인 현상을 넘어 그 속에 감추어진 본질을 이해하려는 노력이며 이 점에 있어 과학과 예술의 만남은 필연적이라고까지 말할 수 있다. 푸앵카레는 과학적 활동의 순수함을 다음과 같이 표현한다. "과학자의 자격이 있는 과학자는 미적인 감동을 느끼기 위해서 또 이러한 감동을 느낄 수 있는 사람들에게 이러한 감동을 전하기 위해서 일한다." 20세기 화단의 거장 피카소는 "내 그림들은 모두 연구와 실험"이라고 설명하면서, 자신의 그림을 논리적 순서를 가진 '연구'로 생각한다고 강조했다. 반대로 미술로부터 영감을 얻은 과학자들도 많다. 갈릴레이는 젊은 시절 미술아카데미를 다닌 지식으로 그리 높지 않은 곳에서 망원경으로 달을 관찰하면서 달의 표면이 고르지 않음을 확신할 수 있었고 독일 지리학자 훔볼트(A. von Humboldt)는 영국의 화가 윌리엄 호지가 그린 열대 풍경을 보고 온도, 주민, 지형, 생태계가 모두 연결돼 있다

---

18) 그리스(Juan Gris, 1887~1927) : 스페인 출신. 큐비즘의 대표적 화가. 단순한 형태의 부활을 통해 종합적이고 통일적인 화면 구성을 기도했다.

는 독특한 이론을 발전시켰다. 미란 자연의 힘으로 인식되었기에 고대 그리스부터 철학자들은 진-선-미의 필연적 연관성을 강조했고, 수학적 비율과 조화로운 음계의 관계에 대한 이론도 발전시켰음은 유명한 사실이다.

한편 보편적 세계의 본질을 밝혀내는 데 있어 예술의 역할도 과학 못지않게 중요하다. 시인 키츠(J. Keats)는 "상상력이 아름답다고 포착한 것은 항상 참일 수밖에 없다"고 기술했다. 진리가 있는 곳에 아름다움이 있고 아름다움이 있는 곳에 진리가 있다는 것이다. 다시 말해 예술가가 창조하는 아름다움이 동시에 진리의 발견일 수 있다. 이런 관점에서 현대 물리학의 거장 하이젠베르크는 "자연이 극적인 단순성과 아름다움을 보여준다면 그것은 진리일 수밖에 없다"고 말했고 수리물리학자 헤르만 바일(Hermann Weyl)도 "내 자신의 작업은 진리와 아름다움을 결합한 것"이라고 하면서 자신이 이중 하나를 선택해야 한다면 항상 아름다움을 선택할 것임을 강조했다. 진리는 발견되는 것인가? 창조되는 것인가? 진리를 미적인 시각에서 관망한다면 그것은 매번 다른 창조를 통해 재발견되는 것이라고 우리는 결론내릴 수 있지 않을까? 진정한 예술작품은 진리에 무관심하지 않다. 예술은 새로운 것을 창조할 뿐 아니라 우리에게 잘 보이지 않는 세계의 모습을 보여주며 그 본질을 이해하려는 노력 속에서 현실의 부정적인 면을 개선하고자 하는 동기를 지닌다. 이처럼 과학과 예술은 본질적인 아름다움과 새로움을 추구한다는 점에서도 유사성을 보인다.

335

결론

사람들은 과학과 예술이 마치 자석의 양극처럼 상반된 관계를 맺고 있다고 생각한다. 그들은 과학은 이성, 실험, 논리적 추론에 따라 객관적 진리를 발견하는 것을 목적으로 하는 데 반해 예술에 있어선 상상력과 자유로운 창작활동이 중요하다고 본다. 물론 과학과 예술은 전자가 현실에 대한 설명을 제공할 의무가 없는 반면 후자는 보편적 설명을 제공하는 데 매진해야 할 의무를 지닌다는 점에서 차이를 나타낸다. 그러나 상상력에 의거하지 않고 중요한 이론을 발명한 과학자는 없다. 마찬가지로 예술적 창작은 세계에 대한 의미 있는 질문을 던지고 그것을 해결하는 과정에서 진리를 발견한다는 점에서 과학과 공통점을 지닌다. 발견과 창조, 종합과 분석과정을 통해 예술과 과학은 세계에 대한 통찰력을 키우며 세계를 새롭게 변화시킨다. 상상을 통해 정신은 발견을 하고 창조 속에서 정신은 현실에 동참한다. 과학은 창조적 발견이며 예술은 발견을 통한 창조이다.

바칼로레아의 질문들

- 상상은 앎을 풍요롭게 하는가? (1998)
- 상상은 이성이 적인가? (1995)
- 과학적 발견에 있어 상상력의 역할은 무엇인가? (1996)
- 창조적인 작업을 하는 자는 예술가뿐인가? (2000)

● 예술은 현실을 외면하는가? (1996)

더 생각해 봅시다 ❶

꿈을 현실로 간주할 수 있는가?

어떤 사람이 자신의 꿈은 현실이라고 주장할 경우 우리는 그를 몽상가, 즉 현실적 감각이 없는 사람으로 간주한다. 그리고 그에게 환상이나 상상에서 벗어나 어른답게 이성적으로 행동할 것을 촉구한다. 실제로 현실과 꿈을 착각하는 이들은 대부분 어린이들이다. 어른이 된다는 것은 결국 꿈과 현실이 다르다는 것을 인식하는 것이라고도 볼 수 있다. 그러나 꿈을 현실로 간주하는 것은 참기 힘든 현실을 견디는 좋은 방법이지 않을까? 우리는 진리와 현실을 더 중요한 것으로 생각하지만 꿈이 없는 현실이 과연 의미가 있을까? 만약 진리가 나를 불행하게 한다면 상상 속에서 행복을 추구하는 것이 더 낫지 않을까?

분명한 것은 꿈에 의해서만이 현실은 변할 수 있다는 것이다. 68혁명의 구호 "상상을 권력의 자리로", "우리는 지금 가능한 것을 하지만 후에 우리는 불가능한 것을 이룰 것이다"를 생각해 보자. 만약 하늘을 나는 상상을 하지 않았더라면 항공과학과 우주과학의 발전은 이루어지지 않았을 것이다. 그렇다면 중요한 것은 비생산적인 망상과 상상을 구분하는 것이라 하겠다. 미래에 대한 계획이나 현재의 노력을 포함하지 않는 착각은 개인의 불행을 유발하지만 미래로 향한 꿈은 현실을 개척할 수 있다. 긍정적인 상상과 부정적인 망상에 대해 토의하고 그 예를 들어보자.

337

우리가 과학에 요구하는 것은 단지 진리뿐인가?

일반적으로 우리는 견해(opinion)와 과학적 지식을 구분하고 후자만을 믿을 수 있다고 생각한다. 왜냐하면 견해란 즉각적이고 비이성적일 확률이 높고 논리적 추론과정을 거치지 않기 때문이다. 과학은 보편적·필연적 추론과정을 통해 우리로 하여금 진리에 이르도록 한다. 아리스토텔레스는 "과학과 그 대상은 보편적이고 필연명제에 의해 추론되며 필연적인 것은 그외 다른 것일 수 없다는 점에서 견해, 그리고 그 대상과 구별된다"고 말했다.

말하자면 어떤 이론이 과학적이란 칭호를 얻기 위해서는 '그것은 검증된 진리여야 한다'는 조건이 충족되어야 한다. 그렇지만 우리가 과학에 바라는 것은 단지 진리뿐일까? 우선 효용성에 대해서 생각해 보자. 진리로 확고히 증명되지 못했다 할지라도 기술적 발전을 가져와 우리의 일상에 도움을 준다면 그것이야말로 과학적 이상의 실현이 아닐까? 지금까지 우리는 과학을 너무 관념적으로만 접근한 것일 수도 있다. 데카르트는 자연의 질서를 이해하고 과학을 발전시킴에 따라 인간이 자연의 주인이 될 수 있었다고 말했다. 그렇다면 과학의 진정한 목적은 인간이 보다 더 풍요롭고 행복하게 살도록 도와주는 것이 아닐까? 만약 진리가 행복과 일치하지 않는다 해도 우리는 그 진리에 연연해야 하는지 그보다는 과학의 실용적인 측면을 더 강조해야 하는지 자문하게 된다. 과학에 있어 진리란 무엇을 의미하는지에 대해 생각해 보자.

상상의 도움 없이 진리추구가 과학에서 이루어질 수 있는가?

파스칼은 상상력을 오류와 거짓의 원천이라고 비판했다. 그외에도 상상이 진리로부터 인간을 멀어지게 하고 우리를 환상에 빠지게 하는 위험스러운 것으로 지적한 철학자들은 많다. 그러나 상상력 없이 과학적 가설을 세운다는 것은 거의 불가능하다. 상상력이란 호기심을 의미하고 호기심 없는 과학이란 의미가 없기 때문이다. 현재의 관점에서는 오류로 보일 수 있는 상상이 미래에는 진리가 될 가능성도 배제할 수 없다. 이와 관련해서 흄은《인간본성론》에서 의식은 상상활동을 필요로 한다는 것을 명시한 바 있다. 물론 긍정적인 상상력과 부정적인 망상은 구분할 필요가 있다. 긍정적인 상상력을 적극적으로 과학에 활용할 경우 그것은 자연을 총괄적으로 구성하는 자연의 숨겨진 법칙을 찾아내는 힘이 될 수 있다. 과학적 가설과 상상력의 관계에 대해 좀더 생각해 보자.

20

정의로운 전쟁은
존재하는가?

Baccalauréat, 1998

전쟁이 나쁜 것이라고 생각되는 한 전쟁은 언제까지나 그 매력을 지닐 것이다.
전쟁이 야비한 것이라고 생각되는 한 그것은 인기를 잃을 것이다.
오스카 와일드(Oscar Wilde, 아일랜드 작가)

전쟁이란 국가가 국민을 농락하려는 일종의 속임수와 같아서 그 속임수를
쓰게 되면 단 한 사람도 도망치지 못한다.
마르셀 프루스트(Marcel Proust, 프랑스 작가)

전쟁을 하는 방법으로 오십 가지가 있는 것이 아니다. 전쟁을 하는 방식은 단
한 가지이다. 더러운 방법.
프랑수아 카바나(Francois Cavanna, 프랑스 작가·만화가)

서론

정의로운 전쟁이란 표현은 그 자체로 모순되어 보인다. 라틴어 jus 에서 비롯된 정의란 공동체 안에서 인간이 지켜야 할 규범과 가치를 의미하는 데 반해, 전쟁은 힘과 폭력의 통치를 의미하기 때문이다. 정의가 개인들 간의 관계를 평화롭고 공정하게 조장하는 것을 목적으로 한다면, 전쟁이란 폭력과 무법의 상태를 뜻한다. 이런 의미에서 볼 때 정의로운 전쟁이란 표현은 그 자체로 납득하기 어렵다.

"한 사람을 죽이면 살인자이지만 백만 명을 죽이면 영웅이 되고 모두를 죽이면 신이다"라고 장 로스탕(Jean Rostand)은 말했다. 이상이나 이념을 위해 수많은 사람들을 희생자로 몰고 간 전쟁영웅들을 생각해 보자. 역사소설에 등장하는 전쟁영웅들의 모습은 용감하고 지혜로운 자, 충성심이 강하고 나라와 가족, 동료에 대한 신의가 강한 자로 미화되게 마련이며, 그가 얼마나 잔인하게 적군을 살해했는지에 대한 설명은 대부분 생략되어 있다. 호메로스(Homeros)는 전쟁 그 자체가 자연의 상태의 일부이며 단지 불운일 뿐이라고 《일리아스》에서 말한다. 과연 전쟁은 불운인가 부정의인가? 아무리 이유가 정당하다 해도 정의로운 전쟁이 가능한가? 그것이 가능하다면 도대체 전쟁을 할 수밖에 없는 정의로운 명분과 정의로운 수단이란 무엇인가?

평화를 목적으로 전쟁을 행한다

전쟁은 불가항력적이고 불가피한 것인가? 인류는 전쟁으로 인해 수없이 고통을 받아왔고 그에 대한 반성을 반복하지만 지금도 세계

곳곳에서는 전쟁이 벌어지고 있다. 많은 국가들은 정치적인 문제를 전쟁을 통해 해결하려 하며, 이러한 상황은 우리로 하여금 '전쟁은 필수불가결한 것이다'라는 결론에 이르게 한다. 전쟁사학자인 제프리 블레이니(Geoffrey Blainey)는 전쟁의 원인을 정치적 효율성에서 발견한다. "전쟁이란 국가들이 그들의 의지를 평화로운 방법인 설득을 통해서보다 싸움을 통해 보다 효율적으로 상대방에게 관철시킬 수 있다고 믿는 신념을 말한다." 실제로 전쟁전문가들은 전쟁의 매력은 오랫동안 정치적 외교로 해결하지 못한 문제를 단숨에 해결하는 데 있다고 말하곤 한다.

전쟁은 단기적인 경제적 이익만을 목표로 하지 않는다. 전쟁은 우선적으로 국제사회에서의 패권 획득을 위한 투쟁이다. 따라서 기존 위계질서에 도전하는 국가가 있을 때 패권국가는 전쟁을 통해 권력을 행사하게 된다. 이러한 행동은 인권적 차원에서는 비판될 수 있지만 패권국가의 국민에게는 피할 수 없는 유혹이다. 마키아벨리는 전쟁을 포함한 모든 정치적 행동은 국민 전체의 이익과 관계가 있는 중대한 행동이기 때문에 국가의 이익이라는 명목하에선 모든 수단이 정당화된다고 말한 바 있다. 그에 따르면 공공의 이익과 평화를 얻기 위해서라면, 이 정도의 악랄함과 잔인함의 대가는 그리 큰 것이 아니라는 것이다. 만약 한 국가가 평화를 수호하기 위해 어떤 선생도 거부한다면 그 국가와 그 국가의 시민들은 결국 파멸을 면할 수 없을 것이다. 그렇지만 자국가의 이익을 위해 타국가의 이익을 저해하고자 전쟁을 행했다고 고백하는 국가는 없다. 자기가 다른 사람들의 악의의 희생자라고 생각하기는 쉽지만, 자기가 정의에 어긋나는 잘못을 저질렀다는 것을 인정하기는 쉽지 않기 때문이다. 파스칼에 따르면 사람들을 행동하게 하는 것은 무력이 아니라 여론이다. 만약 어떤 국가가 이웃나라를 상대로 벌이는 전쟁이 이기적이고 비도덕적인 전쟁이라는 것을 인정한다면 이 전쟁에 국민을 동원시킬 수 없다는 것은 확실하다.

19세기 세계 곳곳에서 감행되었던 식민지 정책과 인종차별주의는 수많은 전쟁과 폭력을 유발했다. 강대국들은 자국의 영광과 자국 부르주아의 이익을 위해 무력을 사용한 식민지 정책을 벌였고, 그 결과 막강한 경제력과 군사적 패권을 획득할 수 있었다. 그러나 당시 그들의 침략은 식민국의 문명화라는 명목으로 정당화되었다. 전쟁연구가 클라우제비츠(K. von Clausewitz)가 "전쟁은 정치의 또 다른 수단"이라고 말했듯이 전쟁은 정치의 연장이라고 볼 수 있으며 자기의 뜻을 남에게 강요하는 이기적인 목적을 지닌다. 그러나 대부분의 경우 실질적 목적은 은닉되고 인류를 위한다는 이유로 전쟁은 감행되게 마련이다. 사람들은 범죄자에 대한 처벌을 전쟁으로 공포하기도 하고 신의 이름으로 종교전쟁을 벌이기도 한다. 성전론을 신봉하는 사람에 따르면 신을 믿지 않는 사람들을 죽이는 것은 신성한 신의 뜻이며 그 자체로 정의롭다. 성 아우구스티누스(Saint Augustinus)는 왜 전쟁이 일어나는지는 신만이 알고 있기에 전쟁은 신의 섭리에 따른 것이며 인간은 전쟁의 폐해를 줄이고자 노력할 수 있을 뿐이라는 정당한 전쟁론을 펼치기도 했다. 고전적인 입장에서 전쟁을 인간의 죄에 대한 신의 벌, 정의의 실현으로 해석하는 사람들도 있었다. 그러나 십자군전쟁에 참가한 기독교인들의 태도를 이웃을 사랑하라는 기독교의 기본 사상과 어떻게 양립시킬 수 있겠는가?

목적의 긍정성을 부각시키면서 학자들은 전쟁에 부분적이나마 정당성을 부여하기도 한다. 아리스토텔레스는 "우리는 평화를 목적으로 전쟁을 행한다"고 말하면서 전쟁을 인간의 사회적 조건으로 간주했다. 그러나 평화의 이름을 빌려 전쟁을 벌인다는 것은 곧 전쟁을 정당화하는 일반적인 정치수단에 불과하지 않을까? 현실적으로 수많은 전쟁은 정의의 이름으로 감행되었다. 어떤 침략자나 정복자도 다른 나라를 침략할 때 그들이 단지 자신들의 이익을 위해 부정의한 전쟁을 벌이고 있다고 말하지 않는다. 그들은 침략국의 이익과 평화를 도모한다고 말하며 그들의 침략은 인류애를 실현하기 위함이라고 주장한다. 역사는 승자에 의해 기록되기 때문에 역사적으로 정당한 전쟁이 있었다는 것 또한 승자에 의해 쓰여진 역사라는 사실을 염두에 두고 비판적으로 수용해야 한다. 전쟁의 명분은 객관적으로 평가할 수 없는 주관적 관점에 의해 결정된다. 전쟁으로 인해 이익을 얻을 수 있는 패권국가가 전쟁의 명분을 아무리 이상화한다 해도 침략을 받은 국가에게 전쟁은 폭력에 불과하다. 한편 한쪽에서 봤을 때 테러로 느껴지는 것이 다른 한쪽에서는 해방전쟁을 의미할 수도 있다.

키케로(M. T. Cicero)는 전쟁이 필요한 경우는 오직 비전쟁의 상황이 악을 용인할 때라고 말했다. 그런데 '악을 용인하는 것'이 무엇을 의미하는지에 대해 생각해 볼 필요가 있다. 정확히 악이 무엇인지를 알려주는 지침은 존재하지 않기 때문이다. 악은 재산이나

무명 용사들의 묘지.

'정당한 전쟁은 가능한가'라는 질문은 '정당한 살인은 가능한가', '죽음을 원하는 사람이 있는가'라는 질문과 유사한 성격의 것이다. 달콤한 죽음을 상상할 수 없듯이 정의로운 전쟁이란 존재하지 않는다.

생명의 손실인가, 물리적이고 심리적인 고통인가? 만약 손실된 것을 되찾기 위해 전쟁을 일으켰다고 치자. 전쟁이 손실된 것보다 더 많은 손실을 가져왔을 때 우리는 그래도 그 전쟁이 정의롭다고 말할 수 있을까? 더욱이 당신의 적이 악을 상징한다고 해도 그것이 당신이 선하다는 것을 의미하지는 않는다. 다시 말해 타인이 내게 해를 입힌 것에 내가 복수를 했다 해서 내가 선한 일을 했다고 말할 수는 없다는 것이다. 아무리 정의로운 전쟁이라도 전쟁은 전쟁이며 선보다는 악을 산출한다.

오늘날 정의로운 전쟁을 옹호하는 자들은 무고한 시민의 살상을 극소화하고 물적·인적 피해를 극소화하는 '깨끗한 전쟁'을 수행한다고 주장한다. 그러나 군인도 인간이며 인간을 살생하는 것은 분명한 악이다. 정의로운 전쟁을 옹호하는 자들도 실제 전쟁터를 방문한다면 정의라는 가치에 회의를 갖게 될 것이다.

자유를 목적으로 한 저항으로서의 전쟁

그러나 모든 전쟁을 똑같은 악이라고 규정하는 것은 극단적 평화주의와 마찬가지로 위험한 주장이 아닐까? 《전쟁과 살인》의 저자 앤스콤(E. Anscombe)은 "모든 전쟁을 똑같은 것으로 취급하는 것은 결과적으로 전쟁을 통제하기보다는 오히려 통제할 수 없는 것으로 만드는 효과를 갖는다"고 평했다. 예를 들어 억압으로 점철된 부정의한 평화에 의해 지속적으로 개인의 자유와 존엄성이 훼손되었을 때 전쟁을 감행하는 것이 더 낫지 않을까? 강자에 의해 행해진 전쟁이 침략적 이미지를 띤다면 약자에 의해 행해진 전쟁은 저항운동과 같이 다른 의미를 지닐 수 있다. 가령 식민지 국가의 국민들이 평화의 이름으로 모두 굴복한다는 것은 받아들이기 어렵다. 자국민의 안전을 책임지고 있는 국가가 적국의 부당한 침략전쟁에 대항하여 수행하는 방어전쟁이나 침략의 희생자에 대한 지원을 위한 전쟁은 정당한 전쟁이 아닐까? 적국이 자국이나 제3국에 대하여 부당한 행동을 하였다면 이를 방지하거나 응징하기 위해 수행하는 전쟁 역시 정당하다. 무고한 인명을 보호하거나 기본적 인권을 보장하기 위해 전쟁을 용납해야 하는 경우도 있다. 침략자인 중심국가에 대한 주변 약소국가들의 대항은 실패로 끝난다 해도 윤리적인 면에서 높이 평가되어야 한다.

무조건적인 비폭력적 평화주의는 여러 문제점을 드러낸다. 비폭력적 평화주의자들의 주장에 따르면 타인에 대한 폭력행사는 어떤 경우에도 용납될 수 없다. 하지만 비록 전쟁이 폭력임이 분명하다 할지라도 피치 못할 상황에서의 전쟁은 감수해야 할 인간의 조건이 아닐까? 가령 악법이 지배하는 사회에서 강자의 법에 대항하여 쿠데타를 일으키는 경우를 생각해 보자. 이 경우 그 국가에서 적용되던 기존 법에 대한 고찰이 필요하다. 아무리 강한 자라도 영원히 지배자일 수는 없기에 독재자는 그의 힘을 법으로, 복종을 의무로 전환시키는 경향이 있기 때문이다. 권력남용으로부터 가장 강한 자의 법이 초래되는데 겉으론 아이러니해 보이지만 많은 사회에서 이러한 형태의 법이 소통되고 있다. 그러나 폭군이 설립한 법을 반드시 지켜야 할 의무가 우리에게 있는가? 법적인 것과 정의로운 것은 분명히 구별되어야 한다. 소포클레스의 유명한 비극《안티고네》를 보면 왕 크레온의 명령에도 불구하고 안티고네는 처형당한 후 짐승의 먹이로 버려진 자신의 오빠를 매장하는 용기를 발휘하지만 그 대가로 사형을 선고받게 된다. 여기서 우리는 다시 한번 사회적 제도에 의해 설립된 법과 인간의 마음에 호소하는 윤리적 당위 간의 심각한 갈등을 볼 수 있다. 만약 이처럼 정의롭지 않은 상황이 사회적 상황으로 파장될 경우에도 시민과 국민들은 평화의 이름으로 침묵을 지켜야 하는가? 아인슈타인은 "나는 단순한 평화주의자가 아니라 전투적인 평화주의자이다. 나는 평화를 위해 투쟁할 것이다"라고 말했다.

평화란 지속적인 방식으로 모든 갈등이 멈춘 상태를 의미한다. 그런 의미에서 평화는 단순한 전쟁의 종식이나 휴전과는 의미를 달리한다. 평화란 투쟁 중인 사람들간의 협상을 통해서만 얻어질 수 있는데 적군과의 동의와 협상이란 사실상 불가능하다. 역사를 돌아보면 수많은 형태의 평화가 존재해 왔다. 가령 로마제국의 경우 평화는 적에게 침묵을 강요함으로써 가능했는데 이런 평화를 정의롭다고 말하긴 어렵다. 평화는 단지 전쟁이 없는 소극적 상태가 아니라 인권, 사회정의 등이 실현되는 적극적 상태이기에 단지 위협적인 적의 종식이 평화를 의미하는 것은 아니다.

평화에는 정의로운 평화가 있고 부정의한 평화가 있다. 부정의한 평화란 강자가 약자에게 받아들일 수 없는 조건을 강요한 경우에 발생하게 되는데 이 경우 부정의한 대우를 받게 된 약자들이 힘을 합쳐 전쟁을 벌이는 것은 정당하다고 말할 수 있다. 사람들은 모두 평화를 꿈꾸지만 때로는 전쟁의 상태가 위선과 말 없는 폭력으로 가득한 가짜 평화의 상태보다 낫지 않은가 하는 생각을 하게 된다. 모든 평화가 같은 가치를 지니는 것은 아니다. 묘지나 감옥에서의 침묵과 같은 평화도 있는가 하면, 자유의 유사어로서의 평화도 있다. 내적으로 안정되고 개개인의 자유가 보장되는 평화야말로 진정한 평화이다.

전쟁은 인간의 조건이다

모랄리스트 보브나르그(Vauvenargues)는 평화의 본질과 현실적인 평화의 차이에 대해 고찰할 것을 요구했다. 그에 따르면 평화의 본질은 평화가 영원하다는 것을 상정하는데 역사를 뒤돌아볼 때 역사는 평화보다는 충돌과 갈등으로 점철되어 왔다는 것이다. 즉, 현실적으로 평화는 진정한 평화상태라기보다는 단순한 전쟁의 종식상태라고 보아야 옳다. 홉스는 《리바이어던》에서 국가란 모두가 모두에 대한 전쟁인 자연상태에서 벗어나는 것을 목적으로 한다고 적고 있다. 그러나 표면적으로 나타나는 폭력을 제어한다고 해서 인간 본성의 이기심과 폭력마저 종식시킬 수 있을까? 마키아벨리에 따르면 인간은 탐욕스럽고 이기적이고 악의가 있는 존재이므로 전쟁은 불가피하다. 이처럼 전쟁에 대해 현실주의적 입장을 고수하는 사람들은 강한 자가 약한 자를 지배하는 것은 자연의 이치이며 권력, 이해관계, 생존의 문제는 인간의 필수조건이므로 죽음의 문제와 마찬가지로 전쟁은 피할 수 없는 것이라고 말한다. 요컨대 평화란 휴전상태에 불과하다는 것이다. 이와 관련해서 보브나르그는 평화의 기간은 길지 않으며 주어진 제도와 권력관계를 파괴하고자 하는 욕망을 지니고 있다고 밝힌 바 있다.

　반면 계몽주의자들과 이상주의자들은 인류가 발전함에 따라 이성과 계몽에 의해 전쟁은 결국 사라질 것이라는 낙관적 견해를 내놓는다. 자유주의자들도 자본주의와 민주주의에 의해 전쟁이 퇴화될 것으로 생각했으며 반대로 마르크스는 봉건제도나 자본주의제도 안에서 발견되는 전쟁이 모두가 평등한 사회주의 체제하에서는 사라질 것이라고 전망했다. 그러나 이성과 교육에 의해 인간의 이기적 욕망과 공격성마저 제어할 수 있을까? 전쟁은 개인간의 충돌이 집단적 형태로 발전된 것에 불과하다. 인간 개개인의 행동을 살펴보자. 인간은 단지 자신의 생존을 보장하기 위해서가 아니라 남의 땅과 소유물을 빼앗기 위해 싸움을 벌인다. 인간은 부, 명예, 권력을 위해 끊임없이 경쟁하고 같은 목적을 지닌 자들을 적대시한다. 즉, 지배하느냐 복종하느냐의 갈림길에 놓여 있기에 인간은 한시도 평화로울 수 없다. 개인의 공격성이 모여서 전쟁이 되는 것이다. 인간의 이기심과 공격심이 보편적이듯 전쟁도 보편적인 것이다. 인류의 역사를 보면 전쟁의 근원에는 분노와 증오의 감정이 존재한다. 복수를 위해, 명예를 회복하기 위해 수많은 민족이 타민족에게 전쟁을 선포했다. 어떤 의미에서 전쟁은 운명과도 같은 것이었으며 개인의 의지로 피하기에는 너무 강력한 힘을 지닌다. 전쟁을 정치와 권력이라는 맥락에서 이해하는 현실주의자들은 전쟁을 인간의 윤리를 벗어난 피할 수 없는 자연현상으로 이해한다. 그러나 전쟁을 단순히 인간의 본성이나 분노의 문제로 환원하는 것은 무책임한 태도일 수 있다. 어떤 전쟁을 정당화할 수 있는 보다 합리적이고 보편적인 이유가 존재하지 않을까?

　정치세계는 다양성과 권력투쟁의 장을 상징한다. 권력이 있는 곳에는 반드시 반대의 목소리가 있으며 권력싸움이 있다. 이는 한 나라 안에도 적용되지만 국제정치사회에서도 적용된다. 국가간의 친밀도와 우정은 각 국가의 이익에 따라 언제든지 변할 수 있다. 전쟁은 항상 비판되었지만 그럼에도 반복해서 일어났고, 앞으로도 악하지만 불가피한 것으로 남을 것이다. 현실주의자들은 이러한 상황에 대해 비관적인 태도를 취할 필요는 없다고 말한다. 아무런 충돌이 없는 화합과 조화로 가득한 사회와 세상을 우리는 가장 이상적인 세상으로 상정하지만 각자 다른 의견과 생각과 이익을 추구하는 인간사회에서 충돌을 배제한다는 것은 삶의 가장 기본적인 성격을 배제하는 것과 마찬가지이기에 현실을 인정해야 한다는 것이다. 전쟁의 필요성을 강조하는 현실주의자들의 주장은 다음과 같다. 세상은 결코 균질적이지 않으며 다양성에 의해 구성되어 있다. 그리고 바로 이 다양성은 항상 전쟁과 충돌의 가능성을 내포한다. 이러한 다양성의 충돌은 사회에 반드시 활력을 제공해 준다. 즉, 수많은 전쟁을 통해 각국의 문화가 교환되었듯이 이러한 충돌을 통해 대화가 이루어지고 사상의 교환이 이루어질 수 있다는 점에서 전쟁은 반드시 부정적인 것만은 아니라고 현실주의자들은 평가한다. 그러나 거시적 측면에서 전쟁이 나름의 유용성을 지닌다 해도 그것이 개인의 희생과 죽음을 정당화해 줄 수 있을지는 의문이다.

전쟁이 필연적이라 해도 전쟁은 정의로울 수 없다

자연론적 측면에서 평화보다는 전쟁이 더 자연스러운 것으로 간주된다 해도 전쟁은 정의로운 것이 될 수 없다는 것이 많은 철학자들의 공통된 의견이다. 전쟁은 국가들 사이에 일어나는 집단적이고 조직적인 살인행위이다. 칸트에 따르면 전쟁이 비난되어야 하는 것은 무엇보다 전쟁이 인간 개개인을 존중해야 할 주체가 아닌 목적에 따라 이용할 수 있는 도구로 사용하기 때문이다. 그러므로 정치, 경제적 힘, 필요, 이익에 의해 전쟁이 정당화될 수는 있다 하더라도 비도덕적인 수단으로 도덕적인 목적을 실현한다는 것은 논리적으로 정당화될 수 없기 때문에 칸트는 어떤 상황에서도 전쟁은 악으로 규정되어야 한다고 주장했다.

벤저민 프랭클린(Benjamin Franklin)은 "선한 전쟁이란 단 한번도 없었고 악한 평화 역시 한번도 없었다"고 말했다. 아무리 목적이 숭고하다 할지라도 목적이 수단을 정당화할 수는 없다는 것이다. 전쟁은 어떠한 경우에든 최후의 수단이며 전쟁을 피하기 위한 평화적이고 이성적인 대안들(외교협상, 해상봉쇄, 경제적 제재)을 소진한 경우에만 인정될 수 있다. 또 어쩔 수 없는 경우의 방어적인 전쟁이라 할지라도 그것은 정당한 전쟁일 뿐 정의로운 전쟁은 될 수 없다. 전쟁의 규준과 수단이 아무리 개선된다고 하여도 전쟁은 인간의 양심 앞에 결코 떳떳할 수 없다. 갈등과 대립의 해결을 폭력에서 찾는 것은 인간의 근원적인 폭력성 앞에서의 체념이기 때문이다. 전쟁에 의해 약속된 평화는 또 다른 전쟁을 준비하는 평화에 불과하다. 따라서 우리는 보다 강력한 도덕과 양심의 호소를 통해 정의로운 전쟁의 불가능성을 인지해야 한다.

결론

전쟁은 우리에게 해결하지 못한 과제로 남아 있다. 머리로는 평화를 염원하지만 손으로는 끊임없이 나의 이익을 추구해야 하는 현실 속에서 인간은 전쟁의 딜레마에 빠지게 된다. 말하자면 전쟁이란 인간이 피할 수 없는 실존적 조건과 같다. 그럼에도 전쟁을 비난하고 평화를 선호해야 하는 이유는 분명하다. 전쟁은 어떤 이상을 표방하더라도 폭력과 고통, 죽음의 장이다. '정당한 전쟁은 가능한가'라는 질문은 '정당한 살인은 가능한가', '죽음을 원하는 사람이 있는가'라는 질문과 유사한 성격의 것이다. 전쟁은 수많은 인명을 직접 살상한다는 점에서 집단적 살인과 다를 바 없으며 나아가 경제적 토대와 사회 하부구조를 붕괴시켜 인간의 생존을 위협한다는 점에서 간접살인이기도 하다. 달콤한 죽음을 상상할 수 없듯이 정의로운 전쟁이란 존재하지 않는다. 즉, 이론적으로 정의로운 전쟁은 존재할 수 있을지 모르나 피와 눈물과 죽음의 장은 어떤 명목으로도 정당화될 수 없다. 전쟁을 정의로움으로 받아들인다면 우리의 현실 속에는 고독과 생존투쟁이라는 잔인한 논리만이 남게 될 것이다.

더 생각해 봅시다 ❶

이라크 전쟁은 정당화될 수 있는가?

이라크 전쟁이 종결된 후 미국의 전쟁 명분이었던 이라크의 대량살상무기가 발견되지 않음으로써 이라크 전쟁의 정당성에 대한 의문이 제기되었다. 미국은 이라크 국민을 독재자의 압제로부터 해방시키길 원하며 이는 인도주의적 개입에 의한 인권의 보호이므로 정당한 전쟁이라고 주장하였으며 거듭하여 그 전쟁이 이라크 국민과의 전쟁이 아니라 그들 지도자와의 전쟁임을 말해 왔다. 그러나 많은 사람들은 이라크 전쟁을 미국의 이익을 위한 침략전쟁으로 간주하고 있으며 초강대국의 권력남용에 대한 우려를 표명하고 있다. 국제사회는 미국의 이라크 전생을 찬성하는 국가와 반대하는 국가로 양분되었으며 독일, 프랑스의 이라크 전쟁 반대는 전통적인 서구 진영의 동맹관계를 약화시켰다. 이라크 전쟁과 관련해 정의로운 전쟁의 조건과 평화의 가능성에 대해 논의해 보자.

누가 전쟁을 일으키는가? (1983)

만약 전쟁을 싸움이나 투쟁과 유사한 것으로 정의한다면 우리는 모든 사람이 모든 사람과 전쟁을 벌이고 있다고 말해야 할 것이다. 생존을 위한 투쟁은 모두에게 필수불가결한 실존조건이기 때문이다. 개인들 간의 폭력이 발전된 형태가 전쟁일까?

그러나 전쟁에 관한 이 정의는 너무 일반적인 감이 없지 않다. 우리는 친구들과 가끔 싸우기도 하지만 그렇다고 해서 전쟁을 벌인다고는 표현하지 않는다. 보다 면밀하게 정의하자면 전쟁은 체계적인 전투계획, 군대, 무기를 동반한 국가간의 싸움이다. 전쟁을 통해 우리는 적에게 우리의 의사를 따를 것을 강요한다. 그러나 전쟁을 일으킬 권리가 있는 나라가 존재할까? 영토싸움이나 주권분쟁이 있을 때마다 두 국가는 자신의 주장이 더 타당함을 강조한다. 또는 종교적·이념적 이유로 전쟁이 정당화되기도 한다. 인간의 이기심과 욕심, 본능적 폭력성을 전쟁의 원인으로 보아야 하는가? 이 경우 너무 숙명론적으로 전쟁을 용납하게 되는 것이 아닐까? 전쟁을 벌이는 자는 승리에 대한 확신을 가진 자이다. 약소국에 전쟁을 선포하는 강대국에 윤리적 비판을 가한다 할지라도 과연 강대국에 대한 현실적인 저항이 가능할까? 자국의 이익을 위해 전쟁을 일으킨 사람은 애국자인가 아니면 인류의 적인가?

권력남용은 불가피한가? (1999)

권력을 남용한다는 것은 자신이 소유하고 있는 권력을 지나치게 이기적인 목적으로 사용하는 것을 말한다. 즉, 권력남용이란 과잉의 부덕과 연관된다. 그러나 현실적으로 남용되지 않는 권력이 존재하는가? 몽테스키외에 따르면 권력은 반드시 부패하게 마련이다. 실제로 아무리 지혜롭고 덕스러운 사람도 명예, 돈, 정치적 권력 등을 맛본 후 그 유혹에서 벗어나지 못하는 것을 우리는 자주 목격한다.

현대 민주주의는 이런 문제점을 알고 있기에 삼권분립, 투표제도 등을 통해 절대권력의 군림을 막는다. 시민의식의 고양을 통해 권력남용에 저항할 것을 촉구하기도 한다. 그러나 현 국제사회에서 목격되는 강대국과 약소국 간의 갈등은 권력남용이 끊이지 않고 있음을 증명한다. 거의 생물적이라 할 이 권력남용의 본능 앞에서 우리는 어떤 태도를 취해야 할까? 권력남용을 숙명으로 받아들이지 않고 이를 지속적으로 비판할 수 있는 시스템으로 어떤 제도를 고안할 수 있는지 생각해 보자.

찾아보기

세계의 교양을 읽는다 3- 사회·자연과학편

1판 1쇄 발행일 2006년 1월 2일
1판 11쇄 발행일 2017년 12월 18일

엮은이 최영주

발행인 김학원
발행처 (주)휴머니스트출판그룹
출판등록 제313-2007-000007호(2007년 1월 5일)
주소 (03991) 서울시 마포구 동교로23길 76(연남동)
전화 02-335-4422 **팩스** 02-334-3427
저자·독자 서비스 humanist@humanistbooks.com
홈페이지 www.humanistbooks.com
유튜브 youtube.com/user/humanistma **포스트** post.naver.com/hmcv
페이스북 facebook.com/hmcv2001 **인스타그램** @humanist_insta

편집주간 황서현 **기획** 이재민 **편집** 이명애 **디자인** AGI 윤현이 이인영 신경숙
조판 새일기획 **디지털POD** 테크디앤피

ⓒ 최영주, 2006

ISBN 978-89-5862-085-3 03100